莫 楠／著

《淮南子》的伦理思想

THE ETHICS OF *HUAINANZI*

社会科学文献出版社
SOCIAL SCIENCES ACADEMIC PRESS (CHINA)

目　录

绪　论…………………………………………………………………… 001

第一章　《淮南子》与刘安 …………………………………… 007
　　第一节　《淮南子》成书的时代背景………………………… 007
　　第二节　刘安与淮南宾客……………………………………… 014
　　第三节　《淮南子》其书……………………………………… 021

第二章　《淮南子》伦理思想的学术源流 ………………… 026
　　第一节　《淮南子》的思想结构……………………………… 026
　　第二节　《淮南子》对道家伦理思想的传承………………… 033
　　第三节　《淮南子》对其他诸家伦理思想的吸收…………… 036
　　第四节　《淮南子》的学派归属……………………………… 042

第三章　《淮南子》伦理思想的形上依据 ………………… 045
　　第一节　"夫道者，覆天载地"之道论……………………… 045
　　第二节　"烦气为虫，精气为人"之气论…………………… 062
　　第三节　"气有涯垠，清阳者薄靡而为天"之天论………… 071
　　第四节　"道散而为德"之德论……………………………… 080

第四章　《淮南子》伦理思想的现实范畴 ………………… 090
　　第一节　"和愉宁静，性也"之性情论……………………… 090
　　第二节　"性失然后贵仁，道失然后贵义"之仁义论……… 112
　　第三节　"不以利害义"之义利观…………………………… 126
　　第四节　"法之生也，以辅仁义"之德法论………………… 137
　　第五节　"福莫大无祸"之祸福观…………………………… 161

第五章　《淮南子》伦理思想的践行之道 ·· 170
　　第一节　"因其所喜以劝善"之道德教化 ······························ 170
　　第二节　"和愉虚无，所以养德也"之道德修养 ·················· 181
　　第三节　"所谓真人者，性合于道也"之道德理想人格 ············ 196

第六章　《淮南子》伦理思想的理论特色与现代启示 ·················· 209
　　第一节　《淮南子》伦理思想的理论特色 ···························· 209
　　第二节　《淮南子》伦理思想的现代启示 ···························· 255

结　语 ··· 263

附　录 ··· 266

参考文献 ··· 281

绪　论

　　《淮南子》是秦汉时期的重要学术著作，被梁启超先生誉为"西汉道家言之渊府，其书博大而有条贯，汉人著述中第一流也"①。伦理思想是《淮南子》思想中的重要组成部分，《淮南子》在概括全书的《要略》中就明确指出"夫作为书论者，所以纪纲道德，经纬人事"②，高诱在《叙目》中也称《淮南子》"共讲论道德，总统仁义，而著此书"③，表明伦理道德思想在《淮南子》中占有十分关键的地位。把《淮南子》的伦理思想作为研究对象，发掘其伦理思想精髓，给予其客观公正的评价，具有重要的价值。《淮南子》伦理思想有以"道德"为主轴，融会各家，兼顾道事的综合兼容性特色，形成了自身系统，而对《淮南子》伦理思想系统的研究有助于纠正对《淮南子》的偏见，给予其公正评价。同时在目前有关中国伦理思想史的研究中，对秦汉时期的伦理思想关注较少，这与秦汉时期伦理思想给人多综合少独创的观感有关。实际上，汉代面临的时代格局及课题都与先秦大不相同，思想主题也由"道术为天下裂"转向"百川异源而皆归于海，百家殊业而皆务于治"④（《泛论》），追求的是统一与完备，有着自身独有的气象。尤其是在汉代前期占优势的道家思想，"采儒墨之善，撮名法之要"，吸收了儒家及其他各家的伦理思想，以应对时代变化，作为"道家言之渊府"的《淮南子》无疑是其中最典型的。刘安曾自豪地称二十篇中，"天地之理究矣，人间之事接矣，帝王之道备矣"⑤（《要略》），该书试图提供的是一个可以容纳一切的思想结构，而它的伦理思想也本着通的理念，

---

①　梁启超：《中国近三百年学术史》，东方出版社，1996，第263页。
②　刘文典：《淮南鸿烈集解》，中华书局，1989，第700页。
③　高诱：《叙目》，刘文典：《淮南鸿烈集解》，中华书局，1989，第2页。
④　刘文典：《淮南鸿烈集解》，中华书局，1989，第427页。
⑤　刘文典：《淮南鸿烈集解》，中华书局，1989，第707页。

通观古今，融汇诸子，贯穿宇宙、个人、世道、国家治理中，并力图综合成一个体系。因此，站在客观的角度审视《淮南子》的伦理资源，寻找在综合融通中体现出的创新和价值，能使中国伦理思想研究的资源更完备。

本书探讨的问题主要有以下几个方面。一是《淮南子》伦理思想的全貌为何。其伦理思想中包含哪些内容、有着怎么样的脉络体系。二是《淮南子》伦理思想"新"在何处。《淮南子》作为综合性著作是仅对思想进行拼贴组合，还是集众家之长有所创新？姚舜钦在《秦汉哲学史》中说秦汉哲学是"混成"又"翻陈出新"的，"造成新说，乃冒旧说之名"①，《淮南子》伦理思想的新体现在何处，是需要加以挖掘的。此外，还应当进一步追问，为何有这样的创新，本书力求从史与论上都予以回答。三是对《淮南子》中思想矛盾的判断和探究。矛盾，是在《淮南子》研究中必然会碰到的问题。一方面是《淮南子》在综合各家思想时如何克服它们彼此间的矛盾；另一方面是《淮南子》在融合众家之后自身思想呈现的矛盾。我们看到，对一些问题，《淮南子》在不同章节中有着不同的论述，不少研究依此认为这是《淮南子》思想中存在的矛盾，进而认为《淮南子》是杂糅无中心的。应当承认，《淮南子》思想中确有矛盾之处，但只从表面文字上断言是矛盾，显然有失精当，所以应对《淮南子》中或隐或显的"矛盾"加以厘清，找出其中真正存在的矛盾并探究其深层原因。

为了回答这些问题，本书从《淮南子》伦理思想的背景考察入手，定位这一思想所处的历史坐标与时代环境；同时，《淮南子》伦理思想有很强的综合性，这种综合沿着怎样的路线来进行，吸收了哪些学派的思想，都需要加以分析。在了解这些背景和基本思路的基础上，本书再展开对其伦理思想具体内容的论述与研究。围绕其形上依据、现实范畴与践行之道，②从横纵维度展开《淮南子》伦理思想的图卷，最后以对《淮南子》思想的理论特征及现代影响的总结与评价收尾，体现出《淮南子》伦理思想的应有地位和历史延续。

经典的写就，总离不开相应的时代背景与作者的经历。《淮南子》写于

---

① 姚舜钦：《秦汉哲学史》，商务印书馆，1936，第6页。
② 许建良在《魏晋玄学伦理思想研究》中指出道德的根据、道德的范畴、道德教化、道德修养、道德人格五个问题是中国古代伦理思想研究的主要问题域。（许建良：《魏晋玄学伦理思想研究》，人民出版社，2003，第24页。）本书的写作也是在这一框架启发下进行的。

景帝、武帝时期，伴随着汉帝国的统一及国力的恢复，"一统"已成为时代的主题，体现在政治上便是从分封诸王到强化皇权，以及从休养生息到积极"有为"，这也意味着诸侯王的生存空间被不断压缩。而在文化上，自汉初开始，思想界对秦朝灭亡教训不断反思，以期从中找出兴亡规律，使自身学说成为王朝的主导思想。各家思想在互相竞争的同时又互相综合与融通，这也正是统一王朝的建立与统一意识的趋势对思想的影响的体现。这种趋势及天下安定、可有所作为的局面，使得思想家们崇尚务实致用，希望自己的学说能成为天子术。了解了这一背景，就不难理解《淮南子》中各家思想的交融以及强烈的与事、与世结合的倾向。同时，《淮南子》作者刘安的身份与命运也对书的写作及流传产生重要影响，而他门下宾客的学术背景也影响了《淮南子》的思想及文字。《淮南子》伦理思想富于综合性，以道家思想为主，吸收儒、法、墨、阴阳、兵等各家又有所改进调整，这种综合是本于"治"的目的，围绕"思""事""史""世"结合的思路来进行的。由于不是对某家思想全盘接收，所以对其到底传承了道家伦理精神的哪些核心精神，以及吸收了其他学派哪些内容还要进行梳理。在此之上可对《淮南子》学派归属做出回答。

《淮南子》中说："知天之所为，知人之所行，则有以任于世矣。知天而不知人，则无以与俗交；知人而不知天，则无以与道游。"①（《人间》）因而伦理思想研究一方面要论述伦理思想的形上依据，以为人的伦理道德行动提供本根和生存上的理由；另一方面要论述现实世界中的具体道德范畴，为人们的生活提供指引。无论人间事还是帝王道，都离不开天地之理，均从道到德展开。《淮南子》的思想系统的终极依据就是"道"，所以本书先论述"道"，包括"道"之演变、特质、要求。"道"与人如何相通，如何落到现实，还需对"气""天"思想进行论述。"气"涉及的是万物如何生成的问题，"气"是从"道"那里产生出来，这就在生成论上将"道"与万物联系起来。《淮南子》以"气"来解释宇宙万物生成，所以人与万物可相通感应，同时人的性情品质还会受到风土之气的影响，这也是人能彼此感应交流的基础。"天"是连接"道"与"人"的中间环节，"道"往往通过更易为人们感受的"天"体现。由于人与天都由气构成，所以天人相

---

① 刘文典：《淮南鸿烈集解》，中华书局，1989，第621页。

通既有形体上的结构相近也有天人间的相互感应，更重要的是，人应以天的规律、原则为自身行动的法则。"德"则是"道"落实于万物的直接体现，但随着时代发展，"德"却发生退化，造成严峻后果，因而"德"的理想目标就是要实现"和"，包括人自身之和、人与人之和，乃至达致天下和洽。

论述完形上依据后，则需要对《淮南子》伦理思想中的主要范畴进行论述。首先便是性情论。《淮南子》中说："率性而行谓之道，得其天性谓之德。"①（《齐俗》）道、德首先落实在人的本性上，性是每个人自然具有的，是人行动的推动力，故而人性是形上的道德及形下的活动结合的联结点。本然之性—人性异化—"反性"的过程构成《淮南子》人性观的主轴。情与欲是人性向外发动中产生的，所以在人性观后论述情、欲，《淮南子》承认情、欲属于人性中固有的或是容易滋生的东西，同时也看到情、欲一旦超过正当界限就可能成为对性的破坏，所以强调对情，尤其是对欲要加以正确的引导与节制。然而人在成长中，本性能否得到保持，人生意愿能否实现，不仅有赖于自我，与命也息息相关。《淮南子》中的"命"体现为人遭遇的时与世，通过对性命关系的论述，伦理思想就从人的内在性情进入外在社会领域。由于情欲及命的影响，人性不免背离原初的"清净恬愉"，这才有了仁义代表的道德规范的产生空间，所以在性情论后论述仁义思想。《淮南子》虽然对仁义进行批评，但并没有完全否定仁义，而是在道德为本的前提下，将仁义包纳于道德之中，主张仁义必须依道循德，将规范建立在顺应人自然本性的基础之上，以仁义协调人伦关系。在明确道德与仁义的关系及其背后的原因后，还需要对《淮南子》中仁、义所具内涵做分析。人为了维持自身，必然会有对利益的追求，而与利益追求相伴而生就是这种追求是否恰当，在物质利益与道德之间应选择何者为行动归依的问题，所以在仁义论后需要讨论义利观。人在利中取大的欲望加上人多财寡的社会现实，使人们在求利过程中必有纠纷，因而需要道德来协调，所以出现义利之争。《淮南子》继承贵义轻利的观点，同时又主张尊重人的正当利益，不仅要利自身，还要利人、利天下。但对义利矛盾的最终超越应当是心返于初，回到自然朴素状态，在这种状态下生产生活也就少了争

---

① 刘文典：《淮南鸿烈集解》，中华书局，1989，第343页。

斗，这从根本上清除了矛盾。可是心返于初不是仅靠个人意愿就能达到，还有赖于国家秩序的安定。要达到这点，仅有道德还不够，还需要法，要将德与法相结合，继而需要探讨德法观。《淮南子》认可法的功用，并对法加以改良，将法化为社会全体均需遵守的规范。然而法自身的局限与不足，让《淮南子》认为法须和道德相结合，才能在国家治理中真正改变世俗、扭转人心。在德治上，《淮南子》一方面强调贤人贤君的作用，另一方面，将"道"作为治理的最高依据，提出"治在道，不在圣"①（《原道》），治理的理想境界是使人们的行为自然合德，达到"无为而自治"。由于德与法各自有难以替代的作用，所以《淮南子》主张在治理中德法并用。祸福是人的境遇、命运的整体性体现与衡量，让人过上幸福生活是道德哲学最核心的目的；这不仅关系到个人，也是衡量社会、国家状况的重要标尺。祸福思想的关键就在于明晰造成人祸福命运的原因，并激发人们追求"使患无生"的忧患意识。

　　理论思考要变为现实还需有切实的践行之道，《淮南子》伦理思想在实践层面的运作，分为道德教化、道德修养和理想人格三部分。《淮南子》中指出，随着社会前进、物质增多，道德反而出现了退化，这就需要道德教化引导人们养成正确的价值观以醇化社会风俗。教化何以必要与可能？《淮南子》认为外在影响、个体素质间的差异、人性可变以及人性中有向善因子可做出解释，正因如此，《淮南子》中最为重要的教化原则是"因"。但由于人性容易受情欲的影响及不良世俗的破坏，所以自身的道德修养不可少，教化也需要通过修养才能内化，修养的主要目标就是学会尊重顺应天道、守住自身最重要的自然本性。修养内容上需要既重视精神修养又注重身形修养。理想人格是道德修养和教化成果的具象，也是人所追求的理想境界，《淮南子》推崇的理想人格最主要的是圣人、至人、真人三种。体道证德是三者所具有的共同特征，而从圣人到真人，对世俗的超越性越来越强，和道的合一程度越来越高。如果说从道到德、性是道向人的落实，那理想人格境界就意味着人向道的回归。这也表明，《淮南子》虽致力于为人们在现世中如何终年、经世提供画卷和指引，但同时也没有忘记对个体自由超越境界的追求，这充分体现了其道家气质。

---

　　① 刘文典：《淮南鸿烈集解》，中华书局，1989，第 22 页。

通过对《淮南子》伦理思想的整体梳理和综合评价，我们既能对其伦理思想的主要特色进行归纳总结，同时也可以从价值选择、道德实践方式等方面分析《淮南子》伦理思想如何与现实接轨，以期为现实提供可供借鉴的精神资源。当今社会在物质生活取得进步的同时，出现了精神世界空虚、环境污染、人际疏离等问题，使人们面临巨大挑战，而《淮南子》中对历史上物质文明进步、道德倒退过程的论述正像是对现今生活的预言。《淮南子》提出的一系列原则和措施，无疑能够为摆脱现今困境提供帮助。同时，作为一部综合兼容型的著作，《淮南子》从不同角度提出见解和解决措施，同时针对人们的道德觉悟各不相同的状况，不做硬性统一要求，而是有相应观念和准则，以满足不同需求。这种包容的态度，这种系统性、实用性的导向，正是当今多元化社会中道德系统建设应当借鉴的。

第一章 《淮南子》与刘安

任何一种思想的产生，都无法离开其所处的时代土壤。就《淮南子》而言，由于其处在由分散向聚合转变的大时代，它的作者刘安自身的特殊地位和带有种种谜团的命运，以及《淮南子》曾面呈汉武帝且被"爱秘之"的境遇，共同决定了《淮南子》一书与当时的政治、文化趋向有着极为密切的联系。因而，了解《淮南子》成书的时代背景，不仅是研究《淮南子》伦理思想的必要知识，也是深入理解、探析《淮南子》伦理思想的必要前提。

第一节 《淮南子》成书的时代背景

《淮南子》一书由刘安及其宾客编撰而成，且于汉武帝建元二年（前139）献于武帝，结合刘安生卒年，《淮南子》应成书于汉景帝与武帝年间。这一时期是汉王朝由修养巩固向全盛转变的时期，故而时代背景与时势变化在《淮南子》一书思想中也留下深刻烙印。

一 政治背景

汉代自高祖、惠帝起采用"休养生息"政策，至文、景之时，治理中仍力求俭约，使社会财富得到极大积累。随着汉朝国力的逐渐恢复与强大，"一统"已逐步成为时代的要求，体现在政治上便是一方面加强对诸侯国的控制与削弱诸侯国权力，加强中央皇权；另一方面，在政策上从修养无为向奋发有为转变。

（一）从分封诸王到强化皇权

秦失其鹿，天下共逐之，刘邦在楚汉争霸中最终取胜，分封异姓诸侯王。这些诸侯王在汉王朝成立后成为皇权的重要威胁，于是刘邦自即位起就开始找借口铲除异姓王，改封同姓王。自此，中央政权与地方诸侯王势力间的博弈，即皇权与王权的矛盾就未曾消停，刘安之父便是这一斗争中的牺牲者。景帝之时，采用晁错的建议削藩，引发七国之乱。叛乱平定之后，景帝乘机进一步削弱诸侯王的实力，如对诸侯王的封地做分裂切割，像齐、赵都被一分为六；同时向各诸侯国指派相等官吏，逐步剥夺诸侯王手中的行政、经济、军事权。元朔二年（前 127），武帝赐淮南王刘安几杖，准许其不朝。同年，武帝用主父偃之言，颁布"推恩令"，诸侯王除由嫡长子继承王位外，还可以将封地分封给其他子弟为侯，由朝廷来给定封号。这一政策分散了诸侯王力量，皇权胜势已定，散落在地方的各种权力逐步聚合到君主手中，诸侯王境遇一落千丈，不仅只剩虚衔，还要时刻担心有罪名加之于身。

具体到刘安，一方面，他对中央的政策措施应是反感乃至反对的，推恩令颁布后，他拒绝分封自己庶出的儿子不害，这固然是刘安不喜不害，同时也是其对中央政策一种变相的抗议；但另一方面，刘安曾入朝觐见景帝与武帝，并进献《淮南鸿烈》书稿，与中央政权又保持相应友好关系。所以我们从《淮南子》中可以看出，他一方面有支持一统的倾向，明确提出书是为了"统天下，理万物，应变化，通殊类"①（《要略》）而作，同时又主张保持各地的相对自由与独立，认为"古者天子一畿，诸侯一同，各守其分，不得相侵"②（《本经》）。

（二）从休养生息到积极"有为"

汉朝建立之初，由于战祸方结束，汉朝统治者采用修养生息的策略，采用黄老道家"无为"政策，轻徭役、减刑罚，经七十年生息，使社会得到了平稳发展，《汉书》中记载：

> 至武帝之初七十年间，国家亡事，非遇水旱，则民人给家足，都鄙廪庾尽满，而府库余财。京师之钱累百巨万，贯朽而不可校。太仓之粟陈陈相因，充溢露积于外，腐败不可食。众庶街巷有马，阡陌之

---

① 刘文典：《淮南鸿烈集解》，中华书局，1989，第 711 页。
② 刘文典：《淮南鸿烈集解》，中华书局，1989，第 267 页。

间成群，乘牸牝者摈而不得会聚。守间阎者食粱肉；为吏者长子孙；居官者以为姓号。①

如钱穆先生所说，武帝时"社会财富，日益盈溢。又其功臣外戚同姓三系之纷争，亦至武帝时而止。中央政府统一之权威，于以确立。而民间古学复兴，学者受新鲜之刺激，不肯再安于无为"②。其实自景帝后期起，已大兴土木建宫殿楼台，到武帝之时，有为之迹更重。刘安敏锐地观察到这一点，故在《淮南子》中再三强调"无为"。然入朝献书的第二年即建元三年（前138），刘彻便出兵东瓯与闽越交战，汉与闽越、南越战事因此而起，足见刘安预见之敏锐。而武帝在一代雄主的光环之下，不断对外征战和对内重刑重敛，"诏狱逮至六七万人，吏所增加十有余万"；且将之前积累的大量财富用于求仙长生或大兴土木广盖宫室上，至晚年"天下虚耗，人复相食"③，几重蹈秦朝覆辙。故钱穆先生说："盖汉武鄙薄始皇，远慕唐虞。究其所至，仍亦为始皇之所为而止耳。"④ 从中足见，武帝对《淮南子》的"爱秘之"应只有"秘之"，将其束之高阁，并未学习和采纳书中的无为思想。

二 文化背景

公元前221年，秦王嬴政扫六合统一天下，但这位自信所建王朝能千秋万代的雄主也没预料到二世而亡的下场。秦王朝的命运证明，其所奉行的严刑峻法的法家思想无法成为或者说单一的法家思想无法成为国家长治久安的思想基础。而随着秦朝灭亡，文化专制政策也随之结束，之前几乎失去生存空间的诸家思想又开始活跃，各家学者在总结秦朝灭亡教训的基础上，提出自家思想学说，希冀自己及所代表的学派的思想能被新王朝采纳、为世所用。在这样的背景和风气下，各家思想在互相争胜的同时又互相融合，这也就促成了综合各家学说的《淮南子》的出现。

---

① 《汉书》，中华书局，1962，第1135~1136页。
② 钱穆：《秦汉史》，生活·读书·新知三联书店，2005，第86页。
③ 《汉书》，中华书局，1962，第1137页。
④ 钱穆：《秦汉史》，生活·读书·新知三联书店，2005，第87页。

（一）对秦亡教训的反思

秦王嬴政横扫六国，建立起统一强盛的大秦帝国，但强大如斯的王朝却二世而亡。在王朝更替实现之后，汉初的思想家也不忘对"汉代秦起"这一过程进行反思，反思的目的是吸取其中的教训，以为新的王朝提出更加合适的新思想支撑。陆贾就是其中的代表人物，《史记》载：

> 陆生曰："……乡使秦已并天下，行仁义，法先圣，陛下安得而有之？"高帝不怿而有惭色，乃谓陆生曰："试为我著秦所以失天下，吾所以得之者何，及古成败之国。"陆生乃粗述存亡之征，凡著十二篇。每奏一篇，高帝未尝不称善，左右呼万岁，号其书曰"新语"。①

陆贾说动高祖要了解国家存亡之理，《新语》便是总结秦朝经验得失的代表作品。除陆贾外，贾谊也对秦朝命运有细致思考，其《过秦论》是千古名篇。在反思所得出的结论中，重刑、尚刑被看作秦灭亡的一个重要原因，陆贾明确提出"秦二世尚刑而亡"。秦之所以尚刑，理论依据在于秦王朝接纳采用的是法家思想，法家提倡以严刑峻法来富国强兵及确定君王权威地位，法家思想在秦迅速增强国力、消灭六国的过程中发挥了重要作用。但在统一后的治理之中，严刑峻法却成了点燃民众反抗怒火的火把，所以汉初知识分子认为法家思想不可长用。既然法家思想无法成为国家长治久安的思想基础，那何种思想才可为汉王朝所长用，这是汉初思想界最为热点及核心的问题。诸家思想围绕这一问题，都提出自身意见，彼此既相互竞争又相互借鉴。

《淮南子》中，对秦灭命运也时有提及，奢侈腐化、不恤民力、刑法苛刻是《淮南子》认为秦亡的主因，在《淮南子》中可多次见到对滥用刑罚现象的批判。但值得注意的是，《淮南子》在批判的同时，注意到由于秦之国情、习俗，用法是其必然选择，即"秦国之俗，贪狼强力，寡义而趋利。可威以刑，而不可化以善，可劝以赏，而不可厉以名。被险而带河，四塞

---

① 《史记》，中华书局，1959，第 2699 页。

以为固，地利形便，畜积殷富。孝公欲以虎狼之势而吞诸侯，故商鞅之法生焉"①（《要略》），体现出较为客观的态度。而正是在总结秦亡教训、提出新思想基础的背景下，《淮南子》才提出作"刘氏之书"的主旨。有观点认为这正体现出刘安的不臣之心，实际上，结合当时文化背景，可以看出，刘安不过和当时其他学者一样，希冀自身提出的学说能为世所用，成为王朝的指导思想。从这点上看，当时向朝廷提出的各种学说、著作都可视为"刘氏之书"的参选者，加之刘安自身的皇族身份，因而书中称"刘氏之书"并无不妥，若以此认为刘安有谋反之心，恐属过度延伸。

（二）各家思想的融合与争胜

汉初统治者一改秦朝的文化禁锢政策，实行较开明的文化政策，即《汉书》中记载的"汉兴，改秦之败，大收篇籍，广开献书之路"②。对秦朝不合理的文化律令如《挟书律》《妖言令》加以废除。这一系列政策措施为促进社会文化发展及学术思想的重焕活力，提供了有利的社会环境。

在这种环境之下，各家思想都开始重新活跃起来。由于汉初在政治、经济上采用休养生息政策，强调自然清静、主张因循的道家思想也就为社会所普遍崇尚，特别是得到了统治阶级的喜好与提倡，惠帝、吕后、窦太后都是黄老思想的支持者与提倡者。尤其是窦太后，《汉书》记载"窦太后好黄帝、老子言，景帝及诸窦不得不读《老子》，尊其术"③。窦太后经历三代，在她的坚持之下，黄老思想一直是统治者的指导思想，因而道家思想可说是汉初最具影响力及占据统治地位的思想学说，故而说"百家盛于战国，但后来却是黄老独盛，压倒百家"④。

道家思想在当时虽占据优势，但保持着较为开放的学术态度，并非一味打压排挤其他学说，加之当时开放的文化氛围，所以其他各家思想在黄老思想之下依旧能发展壮大，其中以儒家发展最为迅猛，逐渐成为可与道家一争长短的学说。儒学因秦朝的焚书坑儒而陷入低潮，汉代秦后，儒家思想又得以恢复发展，前文所举陆贾、贾谊即为汉初儒家代表人物，叔孙

① 刘文典：《淮南鸿烈集解》，中华书局，1989，第711页。
② 《汉书》，中华书局，1962，第1701页。
③ 《汉书》，中华书局，1962，第3945页。
④ 蒙文通：《略论黄老学》，《蒙文通文集》第1卷，巴蜀书社，1987，第279页。

通也因制定朝仪得到高祖赏识。同时，汉初"六艺"经传重又得到传播，为儒家思想提供了坚实的著作基础，儒家的地位逐渐上升。自文帝开始逐渐征召儒生为官，景帝及武帝初期，虽碍于窦太后，不敢重用儒生，但心中已有偏向。反映当时儒、道斗争的代表事件是窦太后惩治儒生，名儒辕固生被迫入圈刺豚，赵绾、王臧两位儒臣被迫入狱自杀。这一方面反映出道家思想在当时还占统治地位，另一方面也体现了儒家思想对道家思想地位的巨大冲击，使道家思想不得不靠政治手段以维护自身地位。而窦太后一死，武帝即用田蚡为相，并"绌黄老、刑名百家之言，延文学儒者数百人，而公孙弘以《春秋》白衣为天子三公，封以平津侯。天下之学士靡然乡风矣"①。儒学在争胜之中笑到最后。

道、儒和其他诸家学说虽互有竞争，但争胜的同时彼此间也相互吸收和交融，汉代已非"道术为天下裂"的时代，而是转向"百川异源而皆归于海，百家殊业而皆务于治"②（《泛论》）。法家的失败也让诸家意识到，单一某家思想已经无法适应统一的王朝和时代，各家思想要为世所用，所能走的只有一座独木桥，对他家思想吸收成为一种必然。像道家思想便是兼收并蓄的代表。《论六家要旨》中交代得清楚，"（道家）因阴阳之大顺，采儒墨之善，撮名法之要，与时迁移，应物变化"③，可见汉朝前期道家思想是在吸收儒、墨、名、法、阴阳诸家思想之上形成的，《淮南子》就是最好的例证。儒家同样没有忽略这一方面的努力，陆贾《新语》中有《无为》一章，开篇便说："夫道莫大于无为，行莫大于谨敬。"④贾谊《新书》中的《道术》《六术》《道德说》也彰显了贾谊试图融合儒道的努力。这种各家思想既有争斗、矛盾又有融合统一的状况在《淮南子》中得到显著体现，所以牟钟鉴先生称《淮南子》为"儒术独尊前最后一部能体现学术自由的巨著"⑤。

（三）崇尚务实致用的风气

"秦汉时期思维的主要内容是今生的人世。作者们关心的是据以了解宇

---

① 《史记》，中华书局，1959，第3118页。
② 刘文典：《淮南鸿烈集解》，中华书局，1989，第427页。
③ 《史记》，中华书局，1959，第3289页。
④ 王利器：《新语校注》，中华书局，1986，第59页。
⑤ 牟钟鉴：《〈吕氏春秋〉与〈淮南子〉思想研究》，齐鲁书社，1987，第284页。

宙及其运行的思想体系，或是人与周围的关系；他们或者急于想探索道德的制约、习惯的行为和法律的制裁在控制人类行为的活动中的地位。"① "百家殊业而皆务于治"的趋势加上安定开明的环境、蓬勃向上的王朝走势，以及统治者或诸侯王对贤才的招揽和重视，为各思想家提供了可展示自身才能的机会；而归附帝王或诸侯王的境遇也会促使思想家将思想关注点放在经世致用之上，以为统治阶级所用。所以汉初思想界将目光投向了如何解决当时的实际问题之上。汉初著名的思想家，从陆贾、贾谊到董仲舒，其著作中政论或伦理思想占据大量篇幅，而形上思辨、逻辑思辨则相对较少。《淮南子》中也处处显露出致用的倾向。正如葛兆光所说："这一时期（指战国末期到西汉前期——引者），知识的形上基础与形下操作，也就是古人说的'道'与'术'才得到了沟通，并形成一套规范与模式。"② 而从当时人们的一般观念看，"自由和超越作为人生幸福的内容，渐渐退居次要地位……而现实生活中的'富贵'与子孙的'繁衍'，却成了更现实的生活中的'幸福'，人们的渴求日益现实"③。这种日益实用的生活观念无疑使当时的思想界在功利价值与超越价值之间偏向功利价值，有很强的现实性。

　　统一安定王朝的建立为思想文化的发展创造了有利条件，但时代主题的改变和统一意识的趋势，以及汉初各家学者对于自身学说经世致用的追求，决定了各家学说若想要继续生存下去，折中和融合成为必然选择，即"为了'治'，思想必须重新整合，形成一个无所不包的体系，为了'治'，思想必须开出一套兼有形而上理论和实用效应的模式，这就叫'重定于一'和'道术相通'。因此，从大一统的时代即将来临的战国末年起，思想家就在开始建构这种也许不能称作'思想'而应当称作'意识形态'的大体系"④。这种体系的建立，所依靠的是继承某家学术宗旨并以此为基本立场，进而吸收组合其他各家学说。在汉初，虽然司马谈列出的主要学派有六家，但在争胜的同时又有着融合能力的其实只有道、儒二家，以道家立场来进行思想融合的代表著作即《淮南子》，而以儒家立场来综合各家的著作是之

① 崔瑞德、鲁惟一编《剑桥中国秦汉史》，杨品泉等译，中国社会科学出版社，1992，第764~765页。
② 葛兆光：《中国思想史》第1卷，复旦大学出版社，2001，第215页。
③ 葛兆光：《中国思想史》第1卷，复旦大学出版社，2001，第229页。
④ 葛兆光：《中国思想史》第1卷，复旦大学出版社，2001，第215~216页。

后董仲舒的《春秋繁露》。

《淮南子》所处的时代，是汉王朝逐步走向强盛的时代，"一统"成为国家中央政权的要求及时代的主题，统治者的指导思想也逐渐向积极有为转变。作为诸侯王及其宾客所作的道家著作，书中必然反映出与这些转变的矛盾及博弈。汉初思想界在总结秦亡教训的基础上，追求各自学说能成为当世的"治"之道，故而各家思想间的争胜及交融成为必然趋势，以道家思想为主轴的集大成之作《淮南子》是对这一趋势的回应及集中体现。

第二节　刘安与淮南宾客

《淮南子》为汉代淮南王刘安及其门下宾客共同创作，刘安自身的学术修养和身世命运，以及其门下宾客的学术背景，对《淮南子》的学术气质及问世后的命运产生了极大影响。

一　刘安其人

刘安，生于文帝即位年（前 179），死于武帝元狩元年（前 122），历文、景、武三代。关于他的生平，在《史记》与《汉书》中均有记载，不再详述，而在刘安不平凡的经历与命运中，值得注意的有以下几点。

（一）两代含冤的身世

刘安身世的突出特点之一，在于其祖上两代人均在所谓"谋反"事件中饮恨而亡。其祖母赵姬是当时的赵王张敖献给高祖刘邦的"礼物"，一夜侍寝之后怀有身孕，后来张敖叛乱，赵姬受牵连被捕，腹中胎儿的来历、身份饱受质疑，故她在生下儿子刘长后愤而自杀。而刘安之父刘长作为汉文帝之弟，因证据并不充分的"谋反"罪被流放，死在流放的路上，他的冤屈在当时可谓众所周知，其死后民间甚至有相关民谣流传。故文帝"追尊谥淮南王为厉王，置园复如诸侯仪"[①]，并封刘安及其弟三人为侯，后刘安作为长子袭王爵。由于其祖上两代均在中央政府压制之下含冤而亡，故刘安一直以来也被视为朝廷的潜在威胁。贾谊在刘安兄弟封侯后即进言：

---

① 《史记》，中华书局，1959，第 3080~3081 页。

"窃恐陛下接王淮南诸子……此人少壮，岂能忘其父哉？……虽割而为四，四子一心也。"① 态度极为鲜明地表明了对刘安兄弟不信任。《史记》中称刘安"时时怨望厉王死，时欲叛逆"②；东汉王充也认为"安嗣为王，恨父徙死，怀反逆之心，招会术人，欲为大事"③。几人均推测刘安因其父之死对中央政权有怨恨、芥蒂，表明这种观点在有汉一代为许多人所持有。这种出身上的"原罪"应当说伴随了刘安一生，他所受到的中央猜忌、他在《淮南子》中体现出的强烈危机感、对祸福无常的感叹和不安意识，包括导致他最后自尽的"谋反"案，都与这种作为叛王之子，刘安应心怀怨恨、他很可能会谋反的观念和逻辑有所关联。

（二）出众的文化素养

刘安虽为诸侯王，却不是骄奢淫逸、贪图享乐之辈，而是富于才华之人：

> 淮南王安为人好读书鼓琴，不喜弋猎狗马驰骋，亦欲以行阴德拊循百姓，流誉天下。④
>
> 时武帝方好艺文，以安属为诸父，辩博善为文辞，甚尊重之。每为报书及赐，常召司马相如等视草乃遣。初，安入朝，献所作《内篇》，新出，上爱秘之。使为《离骚传》，旦受诏，日食时上。又献《颂德》及《长安都国颂》。每宴见，谈说得失及方技赋颂，昏莫然后罢。⑤
>
> 《淮南王赋》八十二篇。《淮南王群臣赋》四十四篇。⑥
>
> 《淮南歌诗》四篇。⑦

从以上记载来看，刘安有着很高的学识修养，不仅好读书而且才华横溢，

---

① 《汉书》，中华书局，1962，第 2263 页。
② 《史记》，中华书局，1959，第 3082 页。
③ 黄晖：《论衡校释》，中华书局，1990，第 319 页。
④ 《史记》，中华书局，1959，第 3082 页。
⑤ 《汉书》，中华书局，1962，第 2145 页。
⑥ 《汉书》，中华书局，1962，第 1747 页。
⑦ 《汉书》，中华书局，1962，第 1754 页。

即便给武帝的上书也是锦绣文章，使武帝不得不找来司马相如等大文人来推敲给刘安的回信；同时刘安文思敏捷，不用一天便能写就《离骚传》。刘安不仅长于作赋，而且对道家思想深有研究，他的《庄子略要》和《庄子后解》虽已亡佚，但可说是有记载的较早研究《庄子》的作品。正因有如此才华和广博的学识，以及对道家原典的熟悉和专研，刘安方能和门下宾客共同创作出《淮南子》这部鸿篇巨制。当然，这种素养及对文化的喜好，既是刘安自身的性情和爱好使然，同时也可解读为对中央政权的猜忌所表现出的一种姿态，表明自身更乐于艺术文学、倾心于学问，而无不臣之心。也正因如此，在武帝初期，刘安和他那喜好艺文的皇帝侄子间的关系才较为融洽，甚至相谈甚欢。

（三）因"谋反"自尽

关于刘安的最后结局，《史记》中记录得很清楚："丞相弘、廷尉汤等以闻，天子使宗正以符节治王。未至，淮南王安自刭杀。"① 刘安谋反事败，在天子使节到来前自杀身亡。刘安谋反一案株连甚广，"所连引与淮南王谋反列侯二千石豪杰数千人，皆以罪轻重受诛"②，最终因此事被诛杀者成千上万。刘安身死之后，淮南国也随之消失，成为九江郡。《汉书》中对这段历史的记载基本沿袭太史公的说法，可见有汉一代，刘安谋反一事已成铁案。这位自封侯起就被怀疑有谋反可能的诸侯王，最终不出人们意料地走上谋反之路。宋代司马光在《资治通鉴》中也是直接沿用《史记》《汉书》的材料。可以说，自汉以降，刘安谋反几成定论。直至清代，才有学者对刘安谋反一事提出不同意见，认为其大有可疑③。

近代以来，随着新史料的出现及对旧记载的再解读，有不少学者对刘安谋反一事有所怀疑乃至否定，钱穆先生在《秦汉史》中就提及："惟考《史》《汉》所载，淮南王谋反状，似颇无实据。""所谓淮南谋反状，半出

---

① 《史记》，中华书局，1959，第 3094 页
② 《汉书》，中华书局，1962，第 2152 页。
③ 吴汝纶在《读淮南王谏伐闽越书后》中写道："吾考之史，淮南之反，则审卿、公孙弘构之，而张汤寻端治之，冤狱也。凡史所称反形未著，而先事发觉受诛者，事大率皆类此。"见《吴挚甫全集》第 2 册，台湾商务印书馆，1973，第 16~17 页。

影响，半出罗织。"① 徐复观先生在《两汉思想史》中更直接指出："淮南王安……其志只在学术的研究，并想以其研究充实汉家鸿业的内容。但武帝虽表面对这位多才好学的叔父'甚尊重之'，而内心特为忌毒。左右承其意旨，便诬构成一大冤狱……几万人的大屠杀，不仅摧毁了此一学术中心，并且也阻吓消灭了知识分子在思想上、在生活上一切带有一点选择自由的可能性。"②

时至今日，刘安是否真谋反仍未能定案。已有研究中，金春峰的《汉代思想史》、王云度的《刘安评传》认为刘安确实是谋反事发，而后畏罪自杀；而任继愈的《中国哲学发展史》、陈广忠的《刘安评传——集道家之大成》等书则主张刘安谋反一事是冤狱。关于此事件之前研究中已有许多考证，从已有的资料和研究成果来看，本书较认同后一种观点。刘安或许对皇权有过不满，但并没有转化为切实的谋反行动。从《淮南子》中思想来看，他并非反对国家一统，至多追求的是让诸侯国保持一定的独立性，与谋反意图自身登上大位不可同日而语。所谓谋反更多是武帝为了进一步打击诸侯王，强化王权所构陷的，原因有以下几点：

其一，就当时社会背景而言，皇权对王权胜势早定，诸侯王手中并无大量可用之兵，而皇权之下财力、军力正盛。刘安作为经历三代的诸侯王，不可能不明白天下之势，他在七国之乱时尚未起兵谋反，表明他本无反心；更无理由在自身处于绝对劣势之时，在私下不断筹划谋反之事。而且在谋反事发之前，他与武帝还保持着表面上的和平和相互尊重，武帝甚至赐杖准其不朝。

其二，从《淮南子》书中可以看出，刘安一直背负着担心受皇权迫害，重蹈其他诸侯王国破族灭覆辙的压力，故而书中有大量对于祸福特别是如何避祸的思考，很难想象他会故意谋反去惹祸。而《汉书》中记载刘安谋反的过程，其中有多次犹豫不决，如"王、王后计欲毋遣太子，遂发兵，计未定，犹与十余日""汉公卿请逮捕治王，王恐，欲发兵"③。在事件过程中，刘安对发兵与否犹豫未定，而且最终也未将发兵之事付诸行动。这

① 钱穆：《秦汉史》，生活·读书·新知三联书店，2005，第 81 页。
② 徐复观：《两汉思想史》第 1 卷，华东师范大学出版社，2001，第 109 页。
③ 《汉书》，中华书局，1962，第 2147~2148 页。

从侧面证明刘安并非一直有反意，所谓有发兵之意只是在汉廷有意构陷、步步紧逼之下的不得已想法。

其三，《史记》记载："辟阳侯孙审卿善丞相公孙弘，怨淮南厉王杀其大父，乃深购淮南事于弘，弘乃疑淮南有畔逆计谋，深穷治其狱。"① 审卿怨恨祖父为刘安之父所杀，利用自身与公孙弘关系贿赂公孙弘办案，使公孙弘欲将淮南一案办成大案，自然在办案中不免有编织放大成分，证词显然缺乏信服力。而其他谋反证据似乎只是与武安侯田蚡结交、招纳宾客这些可以有多种解读的事件，就证据充足性来看也难以服众。只是因为《史记》影响极大，故而此事在《史记》中一旦定性，自然就被广泛接受。关于这点，有研究者认为谋反这段描写，特别是刘安在谋反前后性格悬殊，是"司马迁有意识照抄'官文书'，把刘安的冤情、悲剧和武帝的残暴故意展示给世人，通过这种巧妙的行文方式揭露汉武帝对亲族残忍的谋杀"②，可做参考。

刘安谋反之事，"根本而言，是秦汉大一统政治发展演变的历史产物，更是新的皇权政治形成、巩固与强化过程中的现实结果"③。但需要注意的是，不能因"谋反"之事，影响对《淮南子》的理解与评价。王夫之在《读通鉴论》中认为：

> 淮南王安著书……亦云博矣。而所谋兴兵者，……其愚可哂，其狂不可瘳矣。……而安以文词得后世之名。由此言之，文不足以辨人之智愚若此乎！而非然也。取安之书而读之，原本老氏之言，而杂之以辨士之游辞。老氏者，挟术以制阴阳之命，而不知其无如阴阳何也。所挟者术，则可以窥见气机盈虚之衅罅，而乘之以逞志。乃既已逆动静之大经，而无如阴阳何矣；则其自以为窥造化而盗其藏、而天下无不可为者，一如婴儿之以莛击贲、育，且自雄也。率其道，使人诞而丧所守，狂逞而不思其居。安是之学，其自杀也，不亦宜乎！夫老氏者，教人以出于吉凶生死之外，而不知其与凶为徒也。读刘安之书，

---

① 《史记》，中华书局，1959，第 3088 页。
② 漆子扬：《刘安与〈淮南子〉》，博士学位论文，西北师范大学，2005，第 20~21 页。
③ 高旭：《大道鸿烈——〈淮南子〉汉代黄老新"道治"思想研究》，巴蜀书社，2020，第 155 页。

可以鉴矣。①

从刘安著作传世情况看，文中所说"刘安之书"，所指应是《淮南子》。王夫之用书中内容与刘安命运间的反差来批判书中思想乃至老子思想，实际上，这不过是仅从刘安"谋反"的结局来看《淮南子》，将其视为教人权术之书，这种评价无疑是缺乏严谨性的。《淮南子》一书曾上呈武帝，武帝并未认为有不妥，甚至"爱秘之"，如若其真为权术之书，内有谋逆之意，冷酷多疑的武帝怎会不以此发作？况且即便是谋反事发之后，《淮南子》也没有被认为是谋逆罪证，足以证明书中内容非仅是权术之言。对《淮南子》和刘安最终命运间的关系，既要看到关联影响，又不可过度发挥。

二 淮南宾客

刘安的文采、名声加之汉初承战国余习，养士之风依旧盛行，所以淮南国中，在刘安身边有大量宾客。刘安所处时代，全国由诸侯王及其门下士人、宾客形成了几个大的学术中心，如楚国、吴国、河间国和淮南国等，游士宾客帮助各自的侯王打理政务、著书立说，影响日益扩大。据《汉书》记载，刘安"招致宾客方术之士数千人"，淮南国与以河间献王刘德为核心的河间国是当时南北两大文化中心：

> 河间献王德以孝景前二年立，修学好古，实事求是。从民得善书，必为好写与之，留其真，加金帛赐以招之。……故得书多，与汉朝等。是时，淮南王安亦好书，所招致率多浮辩。献王所得书皆古文先秦旧书……其学举六艺。②

相比河间国学术中心多是儒生，淮南国学术中心的宾客组成则要复杂不少，高诱在注《淮南子》时说："天下方术之士多往归焉。于是遂与苏飞、李尚、左吴、田由、雷被、毛被、伍被、晋昌等八人，及诸儒大山、小山之

---

① 王夫之：《读通鉴论》，中华书局，1975，第 59 页。
② 《汉书》，中华书局，1962，第 2410 页。

徒，共讲论道德，总统仁义，而著此书。"①《盐铁论》中也对这种状况有所介绍："大夫曰：'……淮南、衡山修文学，山东儒墨咸聚于江、淮之间，讲议集论，著书数十篇，然卒于背义不臣，谋叛逆，诛及宗族。'"②

刘安门下的宾客鼎盛之时有千人之众，从学术背景来看，道家、儒家、墨家、阴阳家汇聚，正因门下宾客学术背景各不相同，才造就《淮南子》一书对各家思想的综合。淮南宾客的作品不止《淮南子》一部，据漆子扬博士的考证与统计，刘安及其宾客的著述，见于历代官私书目著录的共计49种（含后人伪托作品）。其中汉代典籍著录的计有20种，而汉以后典籍著录的与汉代不同的计有15种。这之中比较可信的著述有22种。学术方面的主要有《淮南子》《淮南道训》《庄子略要》《庄子后解》等，文学方面则有《淮南王赋》《淮南王群臣赋》《淮南王集》。《招隐士》《屏风赋》《琴颂》《长安都国颂》《颂德》《谏伐闽越书》，这些可能都是《淮南王集》的篇目。③ 而刘安身边的上千名宾客，最终能在史上留名的，即高诱所记的苏飞、李尚、左吴等八人及大山小山。苏飞等人在正史中记录很少，且对他们的记载与著书或学术无关，而是与刘安反案相关。关于宾客的学派归属问题，由于《淮南子》思想以道儒二家为主，徐复观先生认为苏飞等八人既然与"诸儒"相分别，当属道家之列，老庄思想分野与儒家分野的人物是刘安宾客中的两大类，这两种不同来源的思想在《淮南子》一书中相抗拒争胜。徐先生甚至认为《要略》由道家执笔，《泰族》则是儒家作结。④ 实际上，由于缺乏足够史料，仅靠高诱一段话的介绍，恐难证明苏飞等八人一定为道家，而将宾客分为泾渭分明的道、儒派别，将道儒思想上的冲突外化为宾客间的冲突，对《淮南子》思想的整体性也是种破坏。既然宾客的学派归属未有明确可信的记载，那不妨将淮南宾客视为一个群体，关注这个群体中各家思想的碰撞交融，而非执着于具体到个人之上的学派划分，当不失为较好的处理方法。

《淮南子》的作者刘安，虽贵为淮南王，但两代含冤的身世使其一直被汉廷视为不稳定因素，所受压力可想而知。《淮南子》中《人间》等章中对

---

① 高诱：《叙目》，刘文典：《淮南鸿烈集解》，中华书局，1989，第 2 页。
② 王利器校注《盐铁论校注》，中华书局，1992，第 113 页。
③ 漆子扬：《刘安及宾客著述考略》，《古籍整理研究学刊》2006 年第 1 期。
④ 徐复观：《两汉思想史》第 2 卷，华东师范大学出版社，2001，第 163 页。

人世命运无常的感慨、浓厚的危机意识，以及对自由超越境界的追求，无疑有刘安心态的映照在内。淮南学术中心对各学派宾客的容纳，造就《淮南子》中各家思想碰撞、融合的气象。而"刘安的悲剧就在于，他不仅失去了王国，还丧失了生命，连同他的家族及他悉心营造的淮南学术中心和追随他的大批优秀知识分子"①。这确实是令人叹息的。

第三节 《淮南子》其书

《淮南子》成书于西汉，迄今已超过 2000 年，由于史书中对于刘安作《淮南子》及进献此书于汉武帝的时间有明确记载，辅之以高诱注中所记叙的内容，其作者及大致写作时间目前观点较为统一。由于年代久远，《淮南子》在流传过程中产生了许多不同版本，形成二十一卷与二十八卷两大系统。由于《淮南子》内容庞杂艰深，加之在流传中文字多有散佚，故对其的校注也不在少数，其中以许、高二注为胜。《淮南子》文本是进行《淮南子》研究最为重要的资料，故需要对其版本状况进行简要梳理。

一 作者及成书时间

关于《淮南子》一书的写作情况，在汉代史书中已有记载，《汉书》曰："（刘安）招致宾客方术之士数千人，作为《内书》二十一篇。"②首次提到刘安招致宾客，撰著《淮南子》二十一篇的事，《汉书·艺文志》中也说："《淮南内》二十一篇，王安。"③高诱《叙目》中也说刘安与苏飞、李尚等人共讲论道德，总统仁义，写下《淮南子》。班固、高诱二人离《淮南子》成书之时不远，其记载应当可信，《淮南子》是淮南王刘安及其宾客共同撰著的这一观点当无疑义。后世学界有将高诱所说八个名字统称为"八公"者，于是《淮南子》的作者便被认为是刘安与其门下的八公及大山小山了，且这一说法在八公具体组成上存在分歧。现代研究者

---

① 陈静：《自由与秩序的困惑——〈淮南子〉研究》，云南大学出版社，2004，第 124 页。
② 《汉书》，中华书局，1962，第 2145 页。
③ 《汉书》，中华书局，1962，第 1741 页。

大多反对这一观点。① 本书采用通行说法，即《淮南子》是刘安及其门下宾客集体智慧的结晶，刘安本人在其中发挥最为关键的作用。

关于写作时间，《汉书》记载："初，安入朝，献所作《内篇》，新出，上爱秘之。"② 据史书考证，刘安入朝于武帝建元二年（前139），表明《淮南子》于此年已结集成书，由于有史书的明确记载，这一时间基本为历代公认。学界分歧主要在于《淮南子》写作经历时间，徐复观、牟钟鉴、吴光等人均做过考证。但日本学者金谷治指出，《汉书》中所记载的《内篇》是否与目前我们所看到的《淮南子》一样是本被编成二十一篇的有系统的著作无法确认，故公元前139年至刘安被诛的公元前122年刘安及宾客是否对《淮南子》做过修改也不得而知。③ 由于缺乏更加详尽的资料，目前已有的研究对写作时间的划定尚无特别坚实的依据，故而在成书时间上本书还是采用较为保守的说法，即《淮南子》在公元前122年以前成书。

二 《淮南子》版本情况

据罗浩（Harold D. Roth）教授的考察，《淮南子》的完本现存87个，删节本31个。在这87个版本中，存于中国的有宋本1个、明本25个、清本19个、民国以来的版本24个。日本存本有17种，都是较新近的版本，其中有7种是20世纪以前的版本，最早的一个版本出版于1664年。④ 所有的日本版本都有中国文本的来源和根据。此外还有1个朝鲜活字本。在历史上曾有所记载的《淮南子》版本则更多，根据何宁《淮南子集释》附录《淮南子书目》⑤ 著录及有关资料，《淮南子》有二十八卷本11种、二十一卷本13种、节选本23种、批校本58种、笺释书64种、辑佚本10种、译注本7种、日本《淮南子》书录38种。而流传的众多版本，依章节不同划分方式可分为二十一卷本和二十八卷本。

---

① 如陈静经过考证及对历代研究的梳理，认为八公之说来自传说，只是在《淮南子》流传中逐渐为人所接受，说八公是《淮南子》作者缺乏切实证据。参见陈静《自由与秩序的困惑——〈淮南子〉研究》，云南大学出版社，2004，第22~27页。

② 《汉书》，中华书局，1962，第2145页。

③ 金谷治：《秦汉思想史研究》，转引自川津康弘《〈淮南子〉认识论研究——以把握本质的方法为中心》，博士学位论文，西北大学，2008，第27页。

④ 转引自陈静《自由与秩序的困惑——〈淮南子〉研究》，云南大学出版社，2004，第63页。

⑤ 何宁：《淮南子集释》，中华书局，1998，第1465~1494页。

二十一卷是目前对《淮南子》比较通行的划分方式，《汉书·淮南衡山济北王传》记录《淮南子》二十一篇，《汉书·艺文志》中同样是记录二十一篇，《淮南子·要略》中说"凡《鸿烈》之书二十篇"，是指不包含《要略》在内有二十篇。以后的《隋书·经籍志》《新唐书·艺文志》《宋史·艺文志》均记载《淮南子》有二十一卷。二十一卷本的主要版本有：宋小字本（四部丛刊本）、万历温博茅一桂本、万历汪一鸾刻本、万历张象贤本、明刊白文本、明张斌如集评本、广汉魏丛书本、汪氏述古山庄本、明闵齐伋朱墨套印本、明吴勉学刻本、明刊花口九行本、文渊阁四库全书本、庄逵吉刻本、浙江书局二十二子本、崇文书局子书百家本、扫叶山房百字全书本、唐氏怡兰堂钞本等。明代刻书之风盛行，刻印《淮南子》的很多，其中多为二十一卷本，如茅一桂本、汪一鸾本都是其中代表。值得一提的是，清人庄逵吉据《道藏》本对通行本校订、整理出的二十一卷本，颇受认可，如梁启超就曾评价道："用道藏本校俗本，而以案语申己见，虽名校实兼注也。自庄书出，而诵习本书者认为唯一之善本，盖百余年。"①

明正统年间，《淮南子》被收入《道藏》之中，《道藏》本《淮南子》分为二十八卷，自此，《淮南子》便有二十一卷和二十八卷两大版本。二十八卷本是将《原道》《俶真》《天文》《墬形》《时则》《主术》《泛论》七篇一分为二，成二十八卷。二十八卷本主要版本有：正统道藏本、万历叶近山刻本、万历刘氏安正堂刻本、明王元宾刻本、道藏辑要本、弘治王溥校刻本（刘绩补注本）、弘治黄悼重刻王溥本、嘉靖王樊范庆刻本、嘉靖吴仲刻本、万历朱东光刻中都四子本、明刘莲台小字本等。② 由于《道藏》本整理较精，也很受历代学者推崇重视。清人王念孙就认为其所见《淮南子》诸本中，《道藏》本最优。

三 《淮南子》校注情况

《淮南子》一书内容庞杂精深，早在东汉就有学者为之作注。根据记载，当时为《淮南子》作注的有许慎、马融、延笃、卢植、高诱等。其中

---

① 梁启超：《中国近三百年学术史》，东方出版社，1996，第 263 页。
② 二十一卷本及二十八卷本主要版本，参考川津康弘《〈淮南子〉认识论研究——以把握本质的方法为中心》，博士学位论文，西北大学，2008，第 34 页；陈静《自由与秩序的困惑——〈淮南子〉研究》，云南大学出版社，2004，第 68~111 页。

最早对《淮南子》作注的是许慎，他所作《淮南子注》，书名在《隋书》《新唐书》等史书中均有出现，许慎所撰《说文解字》也时引《淮南子》作例子，这一注本迄今仅存八篇。东汉大学者马融也曾注《淮南子》，《后汉书·马融列传》记载马融"注《淮南子》"①，但注作已失传。延笃和卢植也注过《淮南子》，但已亡佚。卢植的学生高诱继承前人成果，撰《淮南子注》，今存十三篇。许慎和高诱的注本并行于世，但在流传的过程中，两家注逐渐交融在一起。《隋书·经籍志》《新唐书·艺文志》都记载《淮南子》二十一卷本有许、高两家注，证明两个注本在相当长时间里是并存的。北宋苏颂《校淮南子题序》通过对比7种不同版本的《淮南子》注文，提供了分辨许、高二注的关键特征，并以此定为许注十八篇、高注十三篇。经清代学者考证，今传《淮南子》注，实源自元代以后的人合许、高两家为一家。高注本十三卷，元明时期补入许注中的八卷，成为今天题为高诱注的二十一卷本，其中《原道》《俶真》《天文》《墬形》《时则》《览冥》《精神》《本经》《主术》《泛论》《说山》《说林》《修务》等十三卷为高注，《缪称》《齐俗》《道应》《诠言》《兵略》《人间》《泰族》《要略》等八卷为许注②。

汉魏以后，《淮南子》受到冷落。在隋代到明代之间，仅有周必大《淮南子辨》、苏颂《校淮南子》、归有光《淮南子评点》等少量研究著作。到了清代，考据之风兴起，《淮南子》重新成为学者的研究对象，除前文提及的庄逵吉外，考据大家王念孙九次考校《淮南子》，贡献巨大。另外，有清一代，俞樾、陶方琦、孙诒让、王绍兰、洪颐煊、王引之等学者从文字、音韵等各个方面对《淮南子》进行了考察，成果颇丰。到近现代，学者们对《淮南子》进一步做校释、增补、修正，同样取得了不俗的成果，代表性的有刘文典《淮南鸿烈集解》、吴承仕《淮南旧注校理》、杨树达《淮南子证闻》、张双棣《淮南子校释》、何宁《淮南子集释》、于大成《淮南子校释》等③。此外，学者们还在《淮南子》旧注考辨和《淮南子》辑佚方

---

① 《后汉书》，中华书局，1965，第1973页。
② 许、高二注划分情况，参见漆子扬《刘安与〈淮南子〉》，博士学位论文，西北师范大学，2005，第59~60页。
③ 《淮南子》校注的详细发展脉络，参见王丽《刘文典〈淮南鸿烈集解〉研究》，硕士学位论文，南昌大学，2010，第1~4页。

面做了大量杰出的工作，如杨树达《淮南子证闻》、于大成《淮南鸿烈遗文考》①。

《淮南子》一书是刘安及淮南宾客集体智慧的结晶。自汉以来，《淮南子》在中国历史上长期受到忽视，虽然在明清重获关注，但在儒学一统天下的环境下，其所处的依旧是边缘地位，直至今日仍遭受相当的偏见与忽视，这正是本研究的拓展空间所在。而《淮南子》版本的纷杂，也使依据历代注家的校注进行文本的校定工作十分重要。本书主要引用的是刘文典所撰《淮南鸿烈集解》。刘书以庄逵吉本为底本，沿用二十一卷本的版本系统，全面地校理了《淮南子》，汇总了清以来对《淮南子》的校释，对涉及《淮南子》的古籍进行完整梳理，勘订了前人校释及异文。同时，此书开了民国时期《淮南子》文本整理研究的先河，促进了《淮南子》的传播和研究，故被公认为一个多世纪以来影响最为深远的校勘本之一。出于图书质量及学术传统传承角度考虑，本书所引《淮南子》文字，主要来自此书。但《淮南鸿烈集解》本身也存在底本不精、对旧注校勘整理略显粗略的问题，故除此书外，本书还采用张双棣所著《淮南子校释》及何宁所撰《淮南子集释》为补充。

《淮南子》的创作处在政治、经济、文化各方面向大一统转化的时期，时代的要求加上汉代学术崇尚实用的风气，使各家思想间的斗争和交融成为必然。刘安三代与中央政府纠结不清的身世及诸侯王的身份，使其思想与大一统的一元独尊观念必然有所疏离，故而《淮南子》在既有"统天下，理万物，应变化，通殊类"②（《要略》）的气魄的同时，又反复强调要有尊重、因顺、包容的精神。这样的背景造就了《淮南子》在实用精神指引下，以道家思想为基础，能容纳而非压制诸家思想的综合性。在中国历史上，《淮南子》虽一直未能成为显学，但其在历史上传承不绝，尤其是在明清两代备受关注，证明了它的思想具有显著特色与跨越时空的生命力。

---

① 《淮南子》辑佚情况，参见杨栋《出土简帛与〈淮南子〉研究》，中国社会科学出版社，2018，第177~178页。
② 刘文典：《淮南鸿烈集解》，中华书局，1989，第711页。

第二章　《淮南子》伦理思想的学术源流

汉初各家思想相互争胜而又互相融合的背景，加上参与撰写人员的众多，使《淮南子》包容了各家思想，其伦理思想也是如此。各家思想是以何种逻辑结构在《淮南子》中交融，《淮南子》伦理思想又吸收了哪些学派的思想，何种思想位于中心地位：这些问题是在对《淮南子》伦理思想作具体剖析前需要加以探究的。对《淮南子》中思想融合的现象进行分析、梳理，寻找在综合融通中体现出的创新和价值，有助于更深入准确地理解《淮南子》乃至汉初的学术风貌。

第一节　《淮南子》的思想结构

自班固《汉书·艺文志》首次把《淮南子》列为杂家之后，"杂"似乎就已经成为《淮南子》身上揭不下的标签。古代不少研究者如黄震、刘绩因书中内容混合诸子、存在观点冲突，认为其仅是各家思想杂糅；到近现代这种观点仍广泛存在，如范文澜、冯友兰先生都认为《淮南子》仅杂取众家，缺少体系。与之相对的意见则认为《淮南子》并非只是思想堆砌，而是以道家思想为中心的思想综合，属于有主调的"融合的杂"①，章学诚、梁启超、胡适、刘文典先生都持此类观点。无论是将"杂"理解为杂乱无章还是杂而有序，《淮南子》调和、综合诸子百家思想的特点是得到公认的。思想综合是秦汉哲学的一大特点，而汉初各家思想争胜而又融合的背景、淮南宾客群体的多样性，使《淮南子》中自然包容了各家思想，其伦理思想也具有思想融合的特性。

《淮南子》以百川归海的姿态及开放性，吸收各家思想于自身之中，既

---

① 韦政通：《中国思想史》，水牛出版社，1980，第390页。

是对前人思想的继承、总结，又在此之上有所突破和发展，这是《淮南子》思想的特点，也是其容易引发争议之处。《淮南子》中有段话直接论述诸家思想："百家之言，指奏相反，其合道一也。譬若丝竹金石之会乐同也，其曲家异而不失于体。"①（《齐俗》）百家之言也许在旨趣、方式方法上大相径庭，但从合道这一点上来看，却又是一体，这就好像在曲子演奏中，丝、竹、金、石这些乐器无论音色及演奏方式如何不同，都不可能脱离乐曲及曲谱。这表明《淮南子》认为在诸家思想背后，一定有共同的目标所在。"百家殊业而皆务于治。"②（《泛论》）治当然可理解为治理，认为百家都瞄向如何治理天下，但治同样也是一种天下之状态，即所谓天下大治。"凡属书者，所以窥道开塞，庶后世使知举错取舍之宜适。"③（《要略》）写书窥大道开闭塞，要使人们知道如何举措才是适当合宜的。治的状态，也就意味着人们都履行着适宜的行为。"故著书二十篇，则天地之理究矣，人间之事接矣，帝王之道备矣。其言有小有巨，有微有粗，指奏卷异，各有为语。今专言道，则无不在焉，然而能得本知末者，其唯圣人也。今学者无圣人之才，而不为详说，则终身颠顿乎混溟之中，而不知觉寤乎昭明之术矣。"④（《要略》）《淮南子》中虽有天地理、人间事、帝王道，但就其伦理思想而言，最为关注的还是"人间之事"，即如何生活才是根本。然而仅窥"道"便能知道如何做，见本便能知末的只有圣人，对于常人来说，仍然需要解释引导，所以《淮南子》中才营造了包罗万象的系统，希望给人们在各个领域的行动提供依据、加以引导。昭明之术即光明之术，《淮南鸿烈》中的"鸿烈"所指也是大光明⑤，《淮南子》所最终希望的是使人迈向大光明之道。

作为《淮南子》全书总结的《要略》，在最后部分论述了诸家思想产生的原因，认为诸家思想是历史与时势的产物。"周公受封于鲁，以此移风易俗。孔子修成、康之道，述周公之训，以教七十子，使服其衣冠，修其篇

---

① 刘文典：《淮南鸿烈集解》，中华书局，1989，第363页。参照王念孙注释改定。
② 刘文典：《淮南鸿烈集解》，中华书局，1989，第427页。
③ 刘文典：《淮南鸿烈集解》，中华书局，1989，第706页。
④ 刘文典：《淮南鸿烈集解》，中华书局，1989，第707页。
⑤ 高诱在《叙目》中便言："鸿，大也；烈，明也，以为大明道之言也。"高诱：《叙目》，刘文典：《淮南鸿烈集解》，中华书局，1989，第2页。

籍，故儒者之学生焉。墨子学儒者之业，受孔子之术，以为其礼烦扰而不悦，厚葬靡财而贫民，久服伤生而害事，故背周道而用夏政。禹之时，天下大水，禹身执虆垂，以为民先，剔河而道九岐，凿江而通九路，辟五湖而定东海，当此之时，烧不暇㩘，濡不给扢，死陵者葬陵，死泽者葬泽，故节财、薄葬、简服生焉。"①（《要略》）周公不用兵戈，而用礼乐来宁静王室，镇抚诸侯；孔子继承的是周公之道，故门下弟子注意穿先王规定的衣服，学习先王礼法，所以儒家提倡学周礼，沿袭先王之道。而墨子则认为周代礼乐过于烦琐，易劳民伤财，所以学夏代的节财、薄葬、简服等思想，这些思想的形成是和夏代自然灾害众多、天下事务繁忙的历史状况分不开的。"桓公忧中国之患，苦夷狄之乱，欲以存亡继绝，崇天子之位，广文、武之业，故《管子》之书生焉。齐景公内好声色，外好狗马，猎射亡归，好色无辩。作为路寝之台，族铸大钟，撞之庭下，郊雉皆雊，一朝用三千钟赣，梁丘据、子家哙导于左右，故晏子之谏生焉。"②（《要略》）齐国之所以先有《管子》之书、后有晏子之谏，就在于齐国在不同时期的状况不同。而纵横之术、申子的刑名之书、商鞅之法之所以出现，一方面是诸侯争霸历史局面的影响，另一方面也是受制于韩、秦所处地理位置。《淮南子》在这些描写中只作陈述而未有评价，因而，通过和历史乃至地理状况相联系，各家思想都有了出现及存在的理由。当然，在这些论述的基础上，《淮南子》还是凸显出了自身精妙之处：

> 若刘氏之书，观天地之象，通古今之事，权事而立制，度形而施宜，原道之心，合三王之风，以储与扈冶，玄眇之中，精摇靡览，弃其吟㩫，斟其淑静，以统天下，理万物，应变化，通殊类，非循一迹之路，守一隅之指，拘系牵连之物，而不与世推移也。故置之寻常而不塞，布之天下而不窕。③（《要略》）

"观天地之象"指的是观察天道之运行，以为人世之行动提供依据，也便是有

---

① 刘文典：《淮南鸿烈集解》，中华书局，1989，第709~710页。参照王念孙注释改定。
② 刘文典：《淮南鸿烈集解》，中华书局，1989，第710~711页。参照庄逵吉注释改定。
③ 刘文典：《淮南鸿烈集解》，中华书局，1989，第711~712页。

"原道之心"；"通古今之事"则是以历史为鉴，为现实提供经验和指引，在《淮南子》看来主要是要继承三王时代的风气；而在道和史的基础上，还要根据现实的事件、情形来订立制度并合理施用。《淮南子》成书的目的，是教人在"道"之玄妙领域中，让精神自由运行，从而能扬弃约束，保持清澈宁静，进而能够一统天下，调理万物；而其中重要的是要在把握基本原则、原理之上，应对各种变化，贯通不同物类，而非死循某一道路、固守某一指向，将牵连的事物都拘限起来，而不懂随世之变化而转变。这段文字强调"世"的重要影响。思想学说的提出，一方面必然受所处时代、现实的影响，是现实的反映；另一方面，思想理论也要能与现实实践结合，解决现实及时代的课题，尤其是伦理思想，更应注重在现实中发生效用，能为世所用。陈静在《自由与秩序的困惑——〈淮南子〉研究》中用"自由与秩序的困惑"来概括《淮南子》所反映的汉初思想态势，汤一介先生也表达了一定程度上的认同①。从时代背景来看，随着王朝更替，原有的靠严苛刑律建立的旧秩序被打破，无疑给自由提供了发展空间，加之汉初的清静无为政策也促进了这一状况；而大一统的局面日益形成，又必然要提出建立新秩序的要求。从这点上看，确实存在自由与秩序这对矛盾。然而仅以自由来概括道家是不全面的，道家同样也有对秩序的追求。实际上，道、儒、墨、法诸家伦理思想的提出均是为了让人及社会回到有序状态，其差别只是对秩序的界定和设计不同。道家反对仁义礼法建立的秩序，并不意味着要求无秩序的自由。因为仁义礼法是对人本性的束缚压制，建立在此之上的秩序难以长久维系，而且会成为人发展的桎梏。在道家看来，只有依顺人的自然本性，由人发挥内在自能机能自发建立的秩序才能持久稳定。秩序是《淮南子》伦理思想的着力点，书中说得明白，"德形于内，治之大本"②（《要略》），治的根本在于内在有德，而道德之作用也在于以柔性方式建立起合乎人性人心的秩序。《淮南子》之所以包罗万象，正在于其试图在人道、世道、政道中建立起适宜秩序或者提供指引。"言道而不言事，则无以与世浮沉；言事而不言道，则无以与化游息。"③（《要略》）"道"所代表的原理、规律及在此之上的道德

① 汤一介：《序》，陈静：《自由与秩序的困惑——〈淮南子〉研究》，云南大学出版社，2004，第 1 页。
② 刘文典：《淮南鸿烈集解》，中华书局，1989，第 706 页。
③ 刘文典：《淮南鸿烈集解》，中华书局，1989，第 700 页。

哲学思考，是《淮南子》伦理思想的基础，然而理论应和实践相结合，世事复杂且变迁极快，而"道"对于常人而言又显高远，若不注意与"事"结合，很难指引人在人世中生存；同样，只注意实践中如何应对世事，而不注重以更高层次的思想为目标及指针，那人的精神境界也无法提升。所以《淮南子》伦理思想主张人及社会的应然要考虑到现实中的实然，注意适宜性和实用性；同时，现实中的"是"又必须以道德上的"应当"为指引，并向"应当"的方向努力。从春秋战国的历史发展看，道、儒之道德哲学长于对"道"的思考，然而对人要求较高，在当时未能为世所用；用以统一天下的是更具实用性的法家思想，然而法家思想在导人进一步向真向善上有所忽视，所以持续时间也无法长久。这表明在一个由多元走向统一的社会之中，秩序的建立所要依靠的不能是单一的某家思想，而应当是以某一思想为基本立场及主轴，综合各家所形成的思想。

《淮南子》以道家思想为基本立场，老庄尤其是庄子思想向往自由不假，但自由并非由自，不是随心所欲不要秩序。道家与其他诸家思想对秩序的认识差异不在于是否要秩序，而在于要自然秩序还是人为形成的秩序。人最大的自由同时也是最大的约束就是自然，人需要超越强制控制而去获得更加自然、合乎人性人情的秩序。但这种理想秩序是思想家心中所设计与认为应该如此的，是"道"是"思"，而《淮南子》强调"道"与"事"结合，意味着不能忽略经验世界种种，要解决的是"道"的落实和体现的问题，这就无怪《淮南子》中有"体道者不专在于我，亦有系于世矣"①（《俶真》）的感叹。经验世界中的"事"给"思"中所认为的"应当"提出了种种问题及挑战，"道"自身恒常不变，但在落实中有时不免要做出一定的改造和价值调和，这也就给了诸家学说相融合的空间；而《淮南子》中许多所谓"矛盾"正是在"道""事"结合的状况下出现的。

"道"与"事"的结合效果如何，最好的检验者便是时间，《淮南子》中非常重视历史的作用，在对思想的论述中，总是与历史发展进程或历史

---

① 刘文典：《淮南鸿烈集解》，中华书局，1989，第76页。

事件相结合。① 这不仅是为了增加论述的丰富性和可信性，还是让"史"作为连接"道"与"事"的桥梁，"道""史""事"三者结合。如果说"道"代表应然，"事"代表实然，那"史"则是已然，"史"的源头是社会状况最理想、秩序最自然的状态，与"道"相连；同时，"史"是由一世一世组成，也是由一事一事构成，现实同样也是"史"的组成部分。"史"连接"道"与"事"，在历史发展进程中，除却原初之时是人与"道"相合，秩序最自然外，在各世中，"道"对所面临之事的挑战的应对，对"道""事"间关系的处理情况，决定着人及社会的秩序。故《淮南子》提出"经古今之道，治伦理之序"②（《要略》），这无疑是其伦理思想的核心要求之一，即要通过经理古今历史演变之道，汲取其中营养，从而处理好现实之中的伦理秩序。历史是纵向时间轴的延伸；"道""事"结合，"道"在个人、社会、国家中的落实，则是横向空间的展开。而时空轴的交织，也为诸家思想的综合营造出可能的场域。

《淮南子》主张"论世而立法，随时而举事"③（《齐俗》）。规则订立、事件处理均要顾及世与时之状况，故而《淮南子》主张合理秩序的建立，需要有通与变的思想。"事者，应变而动，变生于时，故知时者无常行。"④（《道应》）《淮南子》明白交代了事—变—时的序列，知道时变的人不拘泥于"常行"。我们知道，老子强调"知常"，而《淮南子》中一方面反对守常，"常故不可循"⑤（《泛论》），"礼乐未始有常也"⑥（《泛论》）；另

---

① 陈超群认为《淮南子》正是用了"道事并论"的手法才让各家观点实现有机统一。（陈超群：《中国教育哲学史》第 1 卷，山东教育出版社，2000，第 522~523 页。）韩国学者金容燮也认为"道事观"与"历史观"在《淮南子》对道、儒、法思想进行"批评性的综合"中发挥了关键作用。（金容燮：《〈淮南子〉思想的基本逻辑》，《经济与社会发展》2005 年第 2 期。）这些观点都富于见地，然而从另一个角度看，《淮南子》中的历史观不只是用来解释各家思想生成顺序，"道""事"并重也不仅是为了克服各种观点融合中的矛盾；"道""事""史"的结合的着眼点不光是学术问题，更是人如何生存、秩序如何保持这样的实践问题，各家思想的融合也是为了回答好这样的问题，给人以指引。

② 刘文典：《淮南鸿烈集解》，中华书局，1989，第 706 页。

③ 刘文典：《淮南鸿烈集解》，中华书局，1989，第 361 页。

④ 刘文典：《淮南鸿烈集解》，中华书局，1989，第 392 页。

⑤ 刘文典：《淮南鸿烈集解》，中华书局，1989，第 423 页。

⑥ 刘文典：《淮南鸿烈集解》，中华书局，1989，第 426 页。

一方面，又强调需有常，"以清静为常"① （《要略》），"不变其故，不易其常"② （《道应》）。那究竟何者可常，何者不可常？"道德可常，权不可常。"③ （《说林》） 不可常的是"权"，也就是权宜之术之计，它们只是"时"的选择；进一步说，在时间河流中的所谓"常"其实并不可常，因为这里的"常"不过是某段时间首尾相比没什么改变，然而这不是时间河流的全段，所以这种常是有局限的，毋宁说是不常。真正的"常"是要和没有时间限制之存在相联系的，"《淮南子》强调的秩序是自然之势与人的意志的统一，他们的合力构成了秩序产生的原动力。但它依然继承了道家哲学中最高的道的源头意义"④。"常"是与"道"相合的规律、原则、秩序。"道"是无限制的，包括无时空限制，所以是终极之常，合"道"才是真正的"常"，故在人世中，需循不变之常道，行可变之事，这是常与变的辩证关系给我们的启示。

《淮南子》伦理思想以"道"为最高所在，无论是思想还是现实中的实践运用，"道"都是根本。"道"是"思"所设想的人之行动准则，所向往的社会景况，是"应当"；而"事"代表的现实状况是"是"，"是"与"应当"间的关系应如何处理，是《淮南子》面临的一大难题。"史"所展示的原初到现实这一过程，是变的体现，既展示了道事结合的必然必要性，也为道事如何结合提供了经验，并为诸家思想存在的合理性及融合的可能性提供了证明。作为史的横截面的世、时则是伦理道德生长的大环境，同时也是重要的影响制约因素。"道""事""史""世"等的结合，也就面临着"常"与"变"的课题，何者守何者变，如何通如何行，也是《淮南子》面临的一大难题。"天下岂有常法哉！当于世事，得于人理，顺于天地，祥于鬼神，则可以正治矣。"⑤ （《泛论》） 天下确实没有一成不变的端正秩序之法，在合理的秩序的建立中，"顺于天地，祥于鬼神"强调的是要合乎天地阴阳的运行规律，但关键的还是如何能让道德和伦理在世事中达到"当"，能合人之理。"正治"这一课题加上前文所举两大难题，实已非

---

① 刘文典：《淮南鸿烈集解》，中华书局，1989，第706页。
② 刘文典：《淮南鸿烈集解》，中华书局，1989，第396页。
③ 刘文典：《淮南鸿烈集解》，中华书局，1989，第568页。
④ 梅珍生：《道家政治哲学研究》，中国社会科学出版社，2010，第94页。
⑤ 刘文典：《淮南鸿烈集解》，中华书局，1989，第429页。

一家之言所能解决，这就使《淮南子》立足道家的思想立场，综合其他各家思想因素变为必然选择。

第二节 《淮南子》对道家伦理思想的传承

《淮南子》中富于浓郁的道家气质为人们所公认，以道家思想为全书内核，其伦理思想也延续了道家的立场，这种传承不仅体现在书中多次出现的"道""无为"等字眼上，更是对道家核心精神、思考视野的延续，而道家道德哲学主张的人与社会秩序，也是《淮南子》认为的理想状态。

一 以"自然"为核心

道家不是无道德或者反道德的，而是强调道德的质朴自然[1]。《淮南子》袭用道家观点，提倡自然道德论，"自然"是《淮南子》伦理思想的核心。在道德的出发点——人性上，《淮南子》强调人的"自然之性"，如果"万物固以自然"[2]（《原道》），也就不会有"道""事"间的冲突，圣人无事可做，而世间道德也就无须出现和提倡。然而人的自然之性，在历史发展中不免受到破坏，所以圣人终究不能无事，而"圣人举事也，岂能拂道理之数，诡自然之性"[3]（《主术》），"自然"依旧是主轴。对于个人，应"自修则以道德"[4]（《泛论》）；而在社会秩序的治理上，"夫物有以自然，而后人事有治也"[5]（《泰族》），道德最后所要到达的目标是"正其道而物自然"[6]（《泰族》），万物回复"道自然"的存在状态。这样一个循环过程均是围绕"自然"所展开的。

---

[1] 许建良教授在《先秦道家的道德世界》中提出"自然"为道家标志性概念，并从生成论、本根论、存在论、方法论四层面做了分析。（许建良：《先秦道家的道德世界》，中国社会科学出版社，2006，第12~23页。）《淮南子》也继承了先秦道家传统，重视自然。

[2] 刘文典：《淮南鸿烈集解》，中华书局，1989，第19页。

[3] 刘文典：《淮南鸿烈集解》，中华书局，1989，第285页。

[4] 刘文典：《淮南鸿烈集解》，中华书局，1989，第450页。

[5] 刘文典：《淮南鸿烈集解》，中华书局，1989，第670页。徐复观先生认为《泰族》章是儒家所做的全书总结。（徐复观：《两汉思想史》第2卷，华东师范大学出版社，2001，第163页。）但对自然的强调，显然是道家因子的体现，书中将物自然作为人治物的前提，并由此引发出统治者以礼法治理人时，也要因顺人的自然本性、爱好。

[6] 见刘文典《淮南鸿烈集解》，中华书局，1989，第665页，参照王念孙注释改定。

除"自然"二字之外，《淮南子》中还多次提及"自"："吾所谓有天下者，非谓此也，自得而已。自得，则天下亦得我矣。"① （《原道》）"故至精之像，弗招而自来，不麾而自往，窈窈冥冥，不知为之者谁，而功自成。"② （《主术》）"勿惊勿骇，万物将自理；勿挠勿撄，万物将自清。"③ （《缪称》）"所谓明者，非谓其见彼也，自见而已。所谓聪者，非谓闻彼也，自闻而已。所谓达者，非谓知彼也，自知而已。"④ （《齐俗》） 无论是自得、自理、自清、自成，还是感观上的自见、自闻、自知，都是自然而然的行为，是自己而然、自己如此的。在道德的知行中，唯有自然，才能保证道德出自人的真心，才能在各种事态、状况下自如应对，而不是让道德成为束缚人的教条或博取名利的工具。

二　万物的视野

道家道德哲学视野广阔，没有局限在人类世界中，而是将价值系统的坐标轴放在天地万物之上。《淮南子》中"万物"共出现138次，实际上，前文所引的关于"自然"的引文中，已多处出现"万物"或"物"，《淮南子》在论述著书目的时也直接提出"理万物"。"在万物的系统里，由于价值判断的标准在个物自身，故不存在统一的标准。在这样的价值系统里，大小的差异完全成为相对的产物，个物只要能够充分运作自己的'自能'机能，就能保持自足的状态。"⑤ 《淮南子》中对"自"的反复提及，也是对"自能""自足"机制的信心。故而在万物的价值系统中，人们"守其分，循其理，失之不忧，得之不喜"⑥ （《诠言》），这里所说的"分"所指的就是由自身之性而定的性分。人们守住性分，依循道理，外在得失都无法影响情绪的忧喜，因为每个人在自身世界中都是自足的。故而"名各自名，类各自类，事犹自然，莫出于己"⑦ （《主术》）。按照自己的性分自然地生存、发展即可，而无须一己之心的过多思虑与作为。

---

① 刘文典：《淮南鸿烈集解》，中华书局，1989，第36页。
② 刘文典：《淮南鸿烈集解》，中华书局，1989，第273页。
③ 刘文典：《淮南鸿烈集解》，中华书局，1989，第341页。
④ 刘文典：《淮南鸿烈集解》，中华书局，1989，第358页。
⑤ 许建良：《道家万物的视野及世纪意义》，《云南大学学报》（社会科学版）2011年第1期。
⑥ 刘文典：《淮南鸿烈集解》，中华书局，1989，第468页。
⑦ 刘文典：《淮南鸿烈集解》，中华书局，1989，第270页。

《淮南子》秉持万物视野的一个重要依据在于，其所主张的宇宙论中，万物和人都由气所构成，而且彼此间能够相互感应。这种同源所生、相互依存的关系，也就使人的道德不能只着眼于人类社会，对万物也要有平等、珍惜的态度。如《本经》中就认为自然界是由金、木、水、火、土五种物质构成，破坏这五种物质，不节制对它们的消耗，滥用自然资源来满足人的贪欲如建宫室、铸器皿，反会给人带来灭顶之灾。① 在万物视野之上，《淮南子》还继承了道家物各有其用的思想，认为万物均有各自独特的功能，人对它们的使用关键是要能依据它们自身的本性；同样，推演到人，每个人也都有着自身独特之用，关键是要依照每个人的本性分配在适宜之处，以物尽其用、人尽其能。这些不仅是《淮南子》伦理思想的有机组成部分，对于现代社会的生态伦理、用人伦理建设也有很大借鉴意义。

三 反思批判精神与反本的指向

重反思和批判是道家独特的精神气质，自老子起，道家哲学家就从"道"的高度，对现实进行冷峻的审视和无情的批判，并在庄子处达到顶峰。道家批判精神的可贵之处在于不仅对显而易见的异化现象进行批评，而且窥见隐藏在那些被人们认为是社会进步的表现和救万民于水火的良药的事物、思想背后的，使人在异化道路上渐行渐远的危险，比如仁义思想、机械器具。《淮南子》继承了道家这种反思批判精神，对现实中存在的问题及隐忧做了深入反思。受作者身份限制，《淮南子》对现实的批判无法过于用力，但"史"的引入，使《淮南子》的批判延伸到历史之中，反思精神贯穿在人及社会从原初的单纯、质朴到后世的复杂、堕落这一过程中，并借对历史的批判警示现实。既然原初状态最为理想，加之自老子提出"反者，道之动"起道家求反本复初的传统，所以意为返回的"反"字在《淮南子》中多次出现，意在提倡人及社会应回到原初之"朴"。"朴"本指未加工过的木头，蕴藏无数可能，这种"反"的思路，才会敞开让人不局限于某一模式限定，而能反思某一状态、秩序是否最好的可能。《淮南子》"用了一种理论模式，敞开了'这样'以外的其他可能，这就为现实的改变提供了理论的说明。《淮南子》的'反朴归真'，就是以否定已有的变化为

---

① 参见刘文典《淮南鸿烈集解》，中华书局，1989，第 261~264 页。

形式打破现实的封闭性而敞开了其他可能"①。从这里我们也可窥见为何《淮南子》反对时间意义上的"常",因为那会变为对现实的封闭,对种种可能性的封闭。

在这种反思精神与返初思路的指引下,《淮南子》不仅反思现实及历史中的不道德现象,也对道德自身作了反思,认为:"道灭而德用,德衰而仁义生。故上世体道而不德,中世守德而弗怀也,末世绳绳乎唯恐失仁义。"②(《缪称》)这是对《老子》38 章内容的延续,无论自然道德还是仁义,都是在大道遭破坏后才出现,无论修德安德,还是推崇仁义,都不过是处在中世、末世层面而已。在《淮南子》最为推崇的上世,人们"无为为之而合于道,无为言之而通乎德"③(《原道》)。言行都合乎本性,依从大道,人们处在幸福祥和之中,自然不需要道德。当这种状态被破坏后,道德才出现并成为必要,道德的存在及被推崇正表明世间还是少德。《淮南子》主张人及社会应"修伏牺氏之迹,而反五帝之道也"④(《览冥》)。道德的最终价值目标就是引导人和社会复归原初的和谐境界中,上世"体道而不德",当复归实现后,人们的行为自然合乎大道,道德也就不再是必要而走向消失,所以说"知神明然后知道德之不足为也"⑤(《本经》)。

各家思想发展到汉初,"道"、"德"乃至"无为"等概念都被不止一家使用,但对"自然"的强调,依旧是道家思想最重要的标志,对其他各家思想的吸收,也是在尊重、顺应人之自然这样一个理论前提下进行的。万物的视野使《淮南子》的视点不拘泥于人自身,"反"的精神与指向更让其在当时一片歌舞升平中保持难得的反思意识,从而使书中伦理思想体现出浓浓的道家气象。

第三节　《淮南子》对其他诸家伦理思想的吸收

道家思想虽然在《淮南子》中处于主导地位,然而面对历史演变与复

---

① 陈静:《自由与秩序的困惑——〈淮南子〉研究》,云南大学出版社,2004,第 271 页。
② 刘文典:《淮南鸿烈集解》,中华书局,1989,第 319 页。参照俞樾注释改定。
③ 刘文典:《淮南鸿烈集解》,中华书局,1989,第 2 页。
④ 刘文典:《淮南鸿烈集解》,中华书局,1989,第 215 页。
⑤ 刘文典:《淮南鸿烈集解》,中华书局,1989,第 251 页。

杂的世事的挑战，面对如何治"伦理之序"这样一个大课题。在道家思想立场上，也需要吸收其他各家的思想因素。《淮南子》中的道家立场强调每个人的性分自足，而性分的出现也就意味着有分殊，"未始有封"是"道"的初始状态①，然而道终究要落实到现实中；朴散为器后，各器即各存在物间也就有了相互区分，也就有了万物。对人而言，一个个分殊之人自然、自能，最终达致自由，是道家所提倡的。《淮南子》也明确意识到"方以类别，物以群分，性命不同，皆形于有"②（《诠言》）。天地间各物种，是以类来区别、以群体来划分的。对于人而言，不仅有"自"应如何的问题，还有"分"如何"群"的问题。虽然道家向往"小国寡民"这样的理想之世，但是历史的演变已经将这种时代甩在身后，人不可避免地要参与到群体公众生活中。在这一过程中，人类也产生各种群与类的划分，分类、分群也正是要形成一种稳定秩序，随着这种划分也就有各种关系的产生，最为基本的就是儒家所总结的"五伦"。道家虽不认可儒家以血缘关系为本位的道德思想，然而对伦理关系是接受的③。伦理关注的是社会关系网络，是人际的交流、相处。道家在对个人道德的思辨上已达到诸子中的最高境界，但在人如何"群"这一问题上，在对伦理关系的维持上，却较少涉及或思高行低，所以需要儒、法诸家思想的补充。如李增所说："《淮南子》体会到道德，不能只闭锁在道家的内在德性的恬愉清静里，他必须牵连到社会伦理的五伦系统的儒家仁义礼乐，也一定会涉及社会公众活动、政治活动、经济活动的法——换言之，他不能摆脱法家的法。所以他的道德理论必须要包容道、儒、法三家的道德学说。"④ 其他家伦理思想的加入，与道家伦理思想传统间形成互补与张力。

一　自然与规范

《淮南子》强调万物"固以自然"，如此方合大道，但体道不仅在我，

---

① 《庄子·齐物论》："夫道未始有封，言未始有常，为是而有畛也。"见郭庆藩《庄子集释》，中华书局，2004，第83页。
② 刘文典：《淮南鸿烈集解》，中华书局，1989，第463页。
③ 《庄子·人间世》："天下有大戒二：其一，命也；其一，义也。子之爱亲，命也，不可解于心；臣之事君，义也，无适而非君也，无所逃于天地之间。是之谓大戒。"见郭庆藩《庄子集释》，中华书局，2004，第155页。
④ 李增：《淮南子》，东大图书公司，1992，第110页。

还有系于世，所以"道""事"结合才为《淮南子》所提倡。但在"道"走向具体的过程中，由于人群关系的多样性及所处环境的复杂性，越是进入现实生活，越会发现秩序存在的重要性，引导人在各种关系中建立相应秩序成为必要的选择。先秦道家对伦理关系，并没有过多思考论述，乃至在一些典籍如《庄子》中对伦理关系有一定非议，但道家并非不重人际关系，道家道德是以"他人优位"为枢机，"在满足他者需要的实践过程里实现自己需要的满足和持有"①。然而在老子处就意识到现实中人之道与理想的天之道的差异，"他人优位"是对人的价值指引，但道德修养到一定程度方可做到。对于已浑浊的世中人而言，要恢复正常有序的人际关系，有着更为直接有效的方法，就是规范。除"自"的努力外，还需要外在伦理规范，需要仁义、法规等来"救败"。

道家思想虽批判仁义，但所批判的是人对仁义之名的追求，是仁义被过度拔高后对人的约束，是仁义中对血亲关系的强调，而对仁义自身及其作用不乏认可。《淮南子》中的仁义虽源自孔孟，但对仁义中以血缘为中心的因子加以去除，将仁义提升为人与人之间关系的规范，这也使仁义在《淮南子》中得到一定肯定和利用。至于法令，"推重自然的道家，同样也正视法令，这一结果的内在缘由是在自然、法本身内容的客观性、规律性，而法家正是注意到了道家的这一特点，创造了'道法'的概念"②，自然和自由不等于放任，道与法间的情结也再次表明道家道德思想并不一味排斥规范。而从"事"的角度看，在已异化堕落的时代中，合理的规范的建立所起的作用也许更加直接有效。在这点上，儒、法思想显示出了优势，仁义礼乐及法规对人的行为的校正、引导作用为《淮南子》所充分吸收。

二 性分、伦分与职分

道家思想在万物视野上，主张每个人均是性分自足的，这种分是针对人先天分别而言，然而在后天形成的诸伦理关系中，也存在分的问题，即所谓"安伦尽分"。人们依据在伦理关系中所处的地位、角色，有着不同的位分即不同的权利和义务，个人根据分又有着各自的行为之理，从而形成

---

① 许建良：《他人优位——道家道德的枢机》，《中州学刊》2008 年第 1 期。

② 许建良：《先秦道家的道德世界》，中国社会科学出版社，2006，第 435 页。

人世间的秩序，"这种秩序也就是伦理的和谐"①，"父慈子孝，兄良弟顺"②（《本经》），"君施其德，臣尽其忠，父行其慈，子竭其孝，各致其爱而无憾恨其间"③（《本经》），"孝于父母，弟于兄嫂，信于朋友"④（《主术》）。《淮南子》中孝、悌、忠、信这些依据不同伦理分所应尽的权利、义务或说人伦之理，多次出现并受到推崇。人在伦理关系中的角色及所履的位分，有可能会成为对人的束缚，因为孝、忠毕竟是在不孝、不忠出现后才被推崇的，故曰："有命之父母不知孝子，有道之君不知忠臣。"⑤（《道应》）不过束缚的前提在于过度追求或宣扬"孝""忠"之名，伦理关系毕竟是在历史中自发形成的，尤其是父子、兄弟等天伦关系，是人自降生起便随之而生的，是建立在人内在自发情感之上的，也是种天然，君臣等人伦关系也是在此之上而生的；故而孝、忠等如果理解为对人依照人伦关系所应尽义务的概括，依旧是具有合理性的。《淮南子》中的"义"的核心内涵就是在诸人伦关系中依据位分行动得宜，而所谓"宜"，一方面是合乎"众适"，另一方面是要合乎个人的人性人情，这就将位分与性分相连接，依据性分来协调人伦关系中的伦分。

除却伦分，人在社会、国家之中，有着不同的职务、职业，也就有着与之相对应的权利义务范围，故而《淮南子》中也强调要恪守职分，"古者天子一畿，诸侯一同，各守其分"⑥（《本经》），"论是而处当，为事先倡，守职分明，以立成功也"⑦（《主术》）。"明分以示之"⑧（《主术》）即严明各种人的职分，引导民众归向当有的社会角色，履行本职工作。"分"是法家最为关注的问题之一，《管子》云："别交正分之谓理。"⑨法家核心概念之一的"理"所强调的正是确认各身份地位间的名分，如"上下之分不

---

① 樊浩：《中国伦理精神的历史建构》，江苏人民出版社，1992，第 27 页。
② 刘文典：《淮南鸿烈集解》，中华书局，1989，第 266 页。
③ 刘文典：《淮南鸿烈集解》，中华书局，1989，第 267 页。
④ 刘文典：《淮南鸿烈集解》，中华书局，1989，第 317 页。
⑤ 刘文典：《淮南鸿烈集解》，中华书局，1989，第 417 页。
⑥ 刘文典：《淮南鸿烈集解》，中华书局，1989，第 267 页。
⑦ 刘文典：《淮南鸿烈集解》，中华书局，1989，第 284 页。
⑧ 刘文典：《淮南鸿烈集解》，中华书局，1989，第 297 页。
⑨ 黎翔凤：《管子校注》，中华书局，2004，第 557 页。

同任"①，"名定则物不竞，分明则私不行"②，而"具体的职分是人的社会角色的标志，人作为群居的存在体，要保持社会秩序的有序，严格按照自身的角色要求来司职尽责，最为重要，不能离开角色的轨道来行为，这样只能扰乱社会秩序，……对社会的稳定有序而言，职分的确立和遵守最为重要，没有清晰的职分角色意识，也就不可能有深厚的尽责意识，结果只能导致混乱无序的开始"③。《淮南子》中定分、制分的思想以及在这之上所强调的名实相符、依实功定善罚，可以说均是对法家伦理思想因子的吸收，而《淮南子》中维护秩序的重要方式"无为"，也是以这种角色分明、各自履行职责为重要保障的。道、法二家在思想上有相通性和继承性为学界所公认，职分可以看作性分在社会运转中的体现，但它的践履有时不免要靠奖惩的威力来保持，故而其在维持秩序上虽有效，但犹有未逮与未尽之处，因此法家伦理思想在《淮南子》中还需在道家统摄之下。

三 "反"之理想与现实需求

《淮南子》伦理思想中有道家中"反"的精神，所谓"反"，一方面指反思批判，另一方面是要反本复初。《淮南子》所希望返回的至德之世，其存在情态往往都是在神话及传说中得到展现，而这"一方面借神话的不可证伪维护了传统的权威性，为知识分子的话语权正名；另一方面也强化了特定的政治主张，从而构成了对君权的批判和限制"④。而无论是反思还是反本都是社会在向前发展中所必须要维系的张力，这不仅意味着个人要始终对自身的言行是否合德保持清醒和警惕，而且反的精神能打开为现实封闭了的其他可能，避免某一范式成为社会的不变之常。

然而，《淮南子》并非仅是批判现实之书，更是一本面向现实世界建设的"刘氏之书"。反思所敞开的可能、精神世界中的反本给人带来的自由快乐固然好，但和经验世界状况，即汉初从分封到一统，亟待建立新秩序的时代要求仍不免有疏离。既然《淮南子》"务于治"，就不能脱离对现实的主张，个人修德所能达致的无限、超越境界固然好，但对重实用的汉人而

---

① 黎翔凤：《管子校注》，中华书局，2004，第553页。
② 钱熙祚校《尹文子》，中华书局，1954，第4页。
③ 许建良：《先秦法家的道德世界》，人民出版社，2012，第153~154页。
④ 黄悦：《神话叙事与集体记忆——〈淮南子〉的文化阐释》，南方日报出版社，2010，第71页。

言，也许捕捉到对当下伦理之序有指导意义的东西已经足够。"一部《淮南子》，只见得高远的理想俾倪着现实，却不得不向现实妥协，在进入现实之后，除了情感上的惶惑不安，也有理性思考下的某种承认。"①《淮南子》相信依"道"而行是最为理想状态，然而世俗中的事会面临复杂而迫切的状况，理想方法有时无法立刻取得效果，为了应对不同状况、不同时势下的事件，不免要对道德践履形式做变通，采用更现实的办法。对仁义与法的融合除了"群"的需要，也是时势使然。这并不能证明"反"的失败和理想的破灭，而是一种现实的选择，其中当然有不得不如此的无奈，却也有务实的精神。实际上，从《老子》中的"太上，下知有之；其次，亲之誉之"我们就可以感觉到，如果最佳状态无法达致，可退求其次的暗示。所以《淮南子》的伦理思想选择了综合诸家思想之路，力图建设一种既合乎道家精神又能在现实中切实施用的秩序，无论是对个人还是对群体均是如此，而这种协调有精彩之处，也不可避免有矛盾乃至混乱。不过，在这一过程中，"反"的精神依旧存在，作为现实建设中的一把达摩克利斯之剑，维系着人、社会、国家中进与退、放与收间的张力。而《淮南子》最终还是在理想人格的最高层——真人的设想中灌注了"反"这一理想，在道德修养中来实现伦理秩序中未能实现之愿望。

"百家殊业而皆务于治"的时代趋势，《淮南子》作为"刘氏之书"的抱负及作者刘安的侯王身份，使《淮南子》伦理思想中有很强的实用倾向，同时又富于理想情怀。故而《淮南子》伦理思想强调道事结合。如果说"道"代表着应然，"事"代表着实然，"道""事"结合使《淮南子》在以道家为主轴的基础上，吸收融合各家思想成为不得不然。《淮南子》中借助历史发展，解释了诸家思想出现及存在的合理性；而借己与群的不同需求，借个人道德和社会伦理之分，在道家思想外，给予了其他思想发挥作用的广阔空间，这也是诸家思想不能取消对方存在的枢机。道家道德思想所求的是人依本性规律自主自由地运行，但人身处种种伦分与职分中，"分"如何能"合"或说能"和"，所依靠的规范及相应的制度又为其他诸家思想所提倡。思想综合，沟通自由和规范、制度的关键节点就是"因"，即规范的制定、制度的施行都要在因循万物本性的基础上进行，无论是仁义礼乐等

① 陈静：《自由与秩序的困惑——〈淮南子〉研究》，云南大学出版社，2004，第309~310页。

伦理规范，还是作为客观行为标准的法均要以合人之性为基础。"性"是对"道"的分有，因物性也就是因道性，没有体现出大道这一宇宙根本秩序的制度、规范，不免存在被人的意志左右的可能，也就谈不上对秩序的推动。"因循的力量在关系之中"，其活性化就是"人按照职分行为的实际情况进行考核审度，从而给予实际的赏罚，而这些都是通过法度来明确的"①。借助于"因"，让自然自由之人性与适宜的规范、制度连接起来，以保证人内外秩序之治；同时因循也是道家哲学的最重要标志之一，也体现出道家思想在《淮南子》中的主轴作用。

第四节　《淮南子》的学派归属

根据前文对《淮南子》伦理思想源流的分析，我们可对《淮南子》研究中的老问题——学派归属，自然得出答案。《淮南子》的学派归属问题的争论焦点在于其属杂家还是道家。司马谈《论六家要指》中分诸子为阴阳、儒、墨、名、法、道德六家；刘歆的《七略·诸子略》又加上纵横、杂、农、小说四家，变为十家；班固《汉书·艺文志》承袭这种说法，并首次把《淮南子》列为杂家。此后历代史书的艺文志、经籍志及《四库全书总目提要》都延续这一归类。历史上不少研究者也因书中内容混合诸子各家、文义反复等原因，认为其属杂家。直至近现代，这种观点仍广泛存在②。与之相对，认为《淮南子》属道家的观点，源自高诱，他在《叙目》中说："其旨近老子，淡泊无为，蹈虚守静……其义也著，其文也富，物事之类，无所不载，然其大较，归之于道。"③ 这一观点也得到后世不少学者认可，尤其有清一代，考据之风兴起，对"杂家"之说的质疑更多。章学诚在《校雠通义》中指出，《淮南子》"其书则当互见于道家，《志》仅列于杂家，非也"④。近代对淮南子有深入研究的著名学者如梁启超、胡适、刘文

---

① 许建良：《先秦法家的道德世界》，人民出版社，2012，第 529 页。
② 如范文澜在《中国通史》中说："《淮南子》虽以道为归，但杂采众家，不成为一家言。"（范文澜：《中国通史》第 2 卷，人民出版社，1978，第 167 页。）冯友兰在《中国哲学史》中说："《淮南鸿烈》为淮南王刘安宾客所共著之书。杂取各家之言，无中心思想。"（冯友兰：《中国哲学史》上册，重庆出版社，2009，第 322 页。）
③ 高诱：《叙目》，刘文典：《淮南鸿烈集解》，中华书局，1989，第 2 页。
④ 章学诚：《文史通义》第 4 册，上海书店，1988，第 97 页。

典等也都视《淮南子》为道家著作①。

这一争论在当前研究中仍未有定案，争议的关键点还是在《淮南子》中是有一以贯之的思想立场，抑或只是堆砌组合。前文已具，由于时代的影响及治"伦理之序"的追求，《淮南子》采取"道""事""史"并论的理论手法，从而使《淮南子》思想的特点在于调和、综合诸子百家的学问，其伦理思想同样如此。《淮南子》是在广泛吸收先秦诸子学术成就基础上写成的，它将各种观点，融入一个庞大的立体系统中，使观点间达成统一。说它只是堆砌，是经不起推敲的。本书认为，《淮南子》是在以道家思想为主轴、为核心立场的基础上，综合各家思想的著作，学派归属上应属道家。之所以有此观点，原因在于：

第一，从文献引用上来看，道家文献出现最多。根据漆子扬对《淮南子》中引用各家典籍内容的整理统计，《淮南子》中引用最多的是道家著作，其中《老子》81 章引用了 42 章，共 60 处；《庄子》33 篇引用了 24 篇，共 64 处②；而间接引用《黄帝四经》内容的有 11 处。其他诸家典籍中，法家的《韩非子》引用 21 处；儒家的《荀子》引用 9 处，《孟子》4 处；墨家的《墨子》引用 3 处③。无论引用次数还是数量，道家都大大超过其他诸家的典籍，仅就此点而言，《淮南子》的思想倾向已体现得十分明显。

第二，道家的代表性概念、观点，在《淮南子》中处于最基础最关键地位。最明显的是"道"，《淮南子》开篇《原道》中的"道"很明显便是道家之"道"；而《道应》中以事例证明《老子》之语的正确，更证明了此

---

① 如梁启超在《中国近三百年学术史》中说："《淮南鸿烈》为西汉道家言之渊府，其书博大而有条贯，汉人著述中第一流也。"（梁启超：《中国近三百年学术史》，东方出版社，1996，第 263 页。）胡适说："《淮南王书》折中周、秦诸子，'弃其畛挈，斟其淑静，非循一迹之路，守一隅之指'，其自身亦可谓结古代思想之总账者也。"（胡适：《淮南鸿烈集解序》，刘文典：《淮南鸿烈集解》，中华书局，1989，第 2 页。）又说："道家集古代思想大成，而淮南书又集道家的大成。道家兼收并蓄，但其中心思想终是那自然无为而无不为的'道'。"（胡适：《淮南王书》，新月书店，1931，第 13 页。）刘文典在《淮南鸿烈集解·自序》中说："《淮南王书》博极古今，总统仁义，牢笼天地，弹压山川，诚眇义之渊丛，嘉言之林府。"（刘文典：《淮南鸿烈集解》，中华书局，1989，"自序"第 1 页。）
② 漆子扬还指出，据王叔岷《淮南子与庄子》，可补入《缮性》《至乐》《盗跖》《列御寇》，据周骏富《淮南子与庄子的关系》可补入《寓言》《天下》，据刘文典《淮南鸿烈集解》，《齐俗》可补入《养生主》，则《庄子》33 篇未被淮南子引用的仅《说剑》《渔父》2 篇。见漆子扬《刘安与〈淮南子〉》，博士学位论文，西北师范大学，2005，第 61 页。
③ 漆子扬：《刘安与〈淮南子〉》，博士学位论文，西北师范大学，2005，第 63~64 页。

点。此外，道家标志性概念——"自然"，在《淮南子》中完整出现次数虽不多，但从出现之处看，"自然"是人性最重要的规定，是"治"的基础，是"事"的处理中的关键之处，也是一切回归正道后所要达到的理想存在状态，而因循、无为这些《淮南子》中的和谐方法也无不与"自然"相关，可以说"自然"在《淮南子》处于核心地位。特别是将"自然"作为对人的根本规定，是非常典型的道家思想论点。此外，万物的视野、因循的方法、柔弱处下的处世之道在书中被反复提及，也无疑为全书打上了道家标签。

第三，从《淮南子》中对各家思想的排序来看，道家处于最高地位。"以道为竿，以德为纶，礼乐为钩，仁义为饵"①（《俶真》）便是很好的例证；而"仁义在道德之包""道统法"的表述，更是明确反映出各家思想在《淮南子》中的排列序列：从道家的思想立场出发，用"因循"这一方法论将诸家思想包纳在其之下。道家的核心思想元素如"道""自然""无为"，在书中从头至尾都备受推崇；而反观"仁义""礼乐""法"等儒家、法家代表思想，在书中则受到严厉批判，它们的作用之所以能被认可，也在于经过了以道家思想为基础的加工和选择。从思想完整性和一贯性来看，《淮南子》也应当是以道家思想为基本立场和主轴的。从上面这些理由及前文已有的种种观点及论证看，《淮南子》中的主体思想仍然属于道家，同时表现出综合各家思想的张力，理当是以道家思想为基本立场，包容综合诸家的道家思想之著作，是秦汉道家思想的代表作品。它的以道家为主轴及在此之上吸收融合各家的努力，在其伦理思想中得到突出体现。

对《淮南子》这样一部集大成之作的伦理思想的分析，其思想源流的梳理无疑是极为重要的。《淮南子》在自身思想结构上注重将"道""史""事"相结合，力求寻找理论思考、历史经验及现实需求之间的连结点，力求为人们无常的生活提供可循之"常"，这种努力也贯穿在其道德哲学之中。为此，《淮南子》要将诸家伦理思想加以继承、融合，但这不是无中心的拼凑，其传承了道家伦理思想的核心观念及精神气质，同时又吸收了其他学派的伦理思想来弥补道家力有未逮之处，以完成治"伦理之序"这样的大任务。因此，简单地认为《淮南子》伦理思想是各家思想的拼凑、堆砌的观念，是有失公允的。

---

① 刘文典：《淮南鸿烈集解》，中华书局，1989，第51页。

第三章 《淮南子》伦理思想的形上依据

"汉代思想的一个基本特点，是把人之所当然安放在'之所以然'的基础之上。"[①] 伦理道德是人之应然，但这种应然的依据便在于人"之所以然"上，也便是超越万物、超越时与世之上，作为人所以生成与存在的本根。《淮南子》延续道家传统，以"道"为最高最终极所在。同时"道"又与气相连，有基于发生论角度的本原之含义。《淮南子》借助于气化的宇宙生成过程的论说，揭示人在宇宙中的地位，让"道"在人身上的落实更加具象；同时借助于气，让天与人能相连接，并有着同构、感应等相通关系，从而以自然运行规律为指引，给人类提供了与自然相通的规则、制度体系。同时"道"又有基于根据论角度的本根的内涵，分有"道"而成为万物存在依据及实现原则的"德"，从本体论与生成论上回答了"道"如何落实在物之上，同时也让本体问题和人生问题相连接。

第一节 "夫道者，覆天载地"之道论

刘安自称《淮南子》书中"天地之理究矣，人间之事接矣，帝王之道备矣"[②]（《要略》），在伦理思想上，提出要"经古今之道，治伦理之序"[③]（《要略》），人在世间应当如何，离不开形上依据的支撑，最为本原的依据便是"道"。"道"在《淮南子》中出现近700次，二十一篇之中，一半以上以"道"为论述切入点，足见其在《淮南子》中的重要地位，因而论述《淮南子》伦理思想，"道"是首先需要提及的概念。

---

① 陈静：《自由与秩序的困惑——〈淮南子〉研究》，云南大学出版社，2004，第182页。
② 刘文典：《淮南鸿烈集解》，中华书局，1989，第707页。
③ 刘文典：《淮南鸿烈集解》，中华书局，1989，第706页。

一 "道"之演变

"道"字在金文中的写法是"行"中一"首"字，意为人在路中行。《说文解字》曰："道，所行道也，从辵从首，一达谓之道。"① 《释名》的解释则为："道，蹈也；路，露也，言人所践蹈而露见也。"② 因而"道"的本义为人们行走的道路、路径，在道路基础之上，可引申出道理、规律、原则、法则方法等含义。据考证，"道"最早出现在西周早期的"貉子卣"中，在《诗经》与《尚书》中多次出现"道"，其中既有"道"的本义，如"道之云远，曷云能来"③；也有逐渐抽象化后表隐喻义的用法，如"无有作好，遵王之道。无有作恶，遵王之路。无偏无党，王道荡荡。无党无偏，王道平平。无反无侧，王道正直"④。表明"道"已经从原初指具体对象的名称逐步向哲学概念转化。进入春秋时期，《左传》《国语》中多次出现"天道""人道"的表述和内涵，天道玄远，人道则包纳了人之性情与伦理道德规范，与人相近，两者既相区别又相联系，这种天道人道概念表明"道已经开始向哲学王国迈进，中国哲学道范畴和道论思想已经萌芽"⑤，道的内涵在发展中不断丰富，逐渐成为中国哲学的根本范畴之一。先秦诸家如道家、儒家、法家对"道"有过许多论述，赋予其不同内涵，而道家无疑是对"道"挖掘、阐释最为丰富、深刻的学派。可以说，自道家经典《老子》起，才真正把"道"这一概念系统化、完善化。"道"在《老子》中出现了约 75 次，含义丰富。陈鼓应先生曾将其分为实存意义的"道"、规律意义的"道"和生活意义的"道"三大方面。唐君毅先生在《中国哲学原论》中则提出"道之六义"。徐复观先生认为老子"道"论的贡献在于"把道赋与以超经验的性格，以'无'表达其特征，并推置在天的上位"⑥，老子"道"之内涵，前贤多有精到论述，在此不赘述。对道德哲学而言，"道"的以下内涵和特点显得尤为重要。

---

① 许慎撰，段玉裁注《说文解字注》，上海古籍出版社，1988，第 75 页。
② 刘熙：《释名》，中华书局，1985，第 18 页。
③ 周振甫译注《诗经译注》，中华书局，2002，第 47~48 页。
④ 孙星衍：《尚书今古文疏》，中华书局，1986，第 305 页。
⑤ 张立文等：《道》，中国人民大学出版社，1989，第 26 页。
⑥ 徐复观：《两汉思想史》第 2 卷，华东师范大学出版社，2001，第 129 页。

首先，"道"是万有的本原。《老子》曰："有物混成，先天地生，寂兮寥兮，独立不改，周行而不殆，可以为天下母，吾不知其名，字之曰道，强为之名曰大。"① "道生一，一生二，二生三，三生万物。"② 正因为"道"的这种最高本原地位，其也就成为万物存在及行动的最根本、最终极依据。人们的一切行为、创造的一切事物，只有合乎"道"才具有合理性，包括道德也是如此，"孔德之容，惟道是从"③，真正的道德以"道"为自身唯一的依归。

其次，"道"有"无"和"有"双重特性。"无"是"道"最重要的特性，《老子》曰："视之不见名曰夷，听之不闻名曰希，搏之不得名曰微。此三者不可致诘，故混而为一。其上不皦，其下不昧。绳绳不可名，复归于无物，是谓无状之状，无物之象。是谓惚恍。"④ "道"看不见、听不到、摸不着，无时间性、空间性限定，甚至不能说出，"无"就意味着没有任何限定，这才能够彻底地作为天地万物的根源，所以"道"是"是"，却不是"什么"。⑤ 这样做的智慧在于让作为最高的概念和价值范畴的"道"，不会对人有先验的规定，比如赋予人仁爱、正义、理性等规定，从而造成对人的限制。同时，"道"不只有"无"性，经验世界中的种种现实是通过"道"的"有"性而显现，"道"是既有"无"性，又有"有"性的。"称它'常无'，主要是想审视、展现'道'的玄妙；称它'常有'则旨在察看、展示'道'的界限。"⑥ 所以，"道"就必然要由形上的世界向形下的世界落实，显现在各存在物中，所以每个人都分有"道"，并且能够体认"道"，故而《老子》中才说："修之于身，其德乃真；修之于家，其德乃余；修之于乡，其德乃长；修之于邦，其德乃丰；修之于天下，其德乃博。"⑦ 这里的

① 《老子》25章，王弼注，楼宇烈校释《老子道德经注校释》，中华书局，2008，第62~63页。
② 《老子》42章，王弼注，楼宇烈校释《老子道德经注校释》，中华书局，2008，第117页。
③ 《老子》21章，王弼注，楼宇烈校释《老子道德经注校释》，中华书局，2008，第52页。
④ 《老子》14章，王弼注，楼宇烈校释《老子道德经注校释》，中华书局，2008，第31页。
⑤ 关于"道"的这一论断，参考叶秀山关于"Sein"和"Dasein"的论述，见《叶秀山文集》，上海辞书出版社，2005，第71~72页。
⑥ 许建良：《先秦道家的道德世界》，中国社会科学出版社，2006，第37页。
⑦ 《老子》54章，王弼注，楼宇烈校释《老子道德经注校释》，中华书局，2008，第143~144页，同时参照帛书本改定，见高明《帛书老子校注》，中华书局，1996，第86页。

"之"，所指的即"道"①，"道"与"人"不相分离而非远离人高高在上，所以人人能修养"道"，将其作为道德修养的客观规范，"即使在相异个体世界里进行的修养实践，同样存在着共通的内容"②。

最后，"道"法自然。"道"虽然无限定，却有着所依循的规律即"自然"，故曰"道法自然"。既然"道"与"人"不相分离，那这种保持原初状态、自然而然存在和发展的规律同样也是万物所应有，所以老子思想中对人的根本要求是：每个人都是其自身，是其自然本性要求他所是，依循自身的自然本性存在与发展，自然既是给人的最大自由，同时也给这种自由以最根本限制。道德应当建立在因循人本性的基础之上。

自老子后，"道"成为道家哲学的核心概念，庄子发挥老子思想，同样主张"道"是宇宙之本根，认为"夫道，有情有信，无为无形；可传而不可受，可得而不可见；自本自根，未有天地，自古以固存；神鬼神帝，生天生地；在太极之先而不为高，在六极之下而不为深，先天地生而不为久，长于上古而不为老"③。"道"确实存在，却又无为无形，不可以感官感觉，无视高、深、久、远这些描述，因为它在时空上都是无所限定的。同时，庄子的道论进一步发展论述了"道"与万物不相分离的思想，东郭子与庄子关于"道"在何处的对话就是很好例证："至道若是，大言亦然。周遍咸三者，异名同实，其指一也。"④ 一切物皆不能离道而存在，道周遍于一切。

但在继承的同时，庄子之"道"比之老子，也有了较大转向，一方面"与《老子》注重何谓道的层面相比，庄子则主要侧重在得道以后境界的描绘"⑤。老子的"道"论本体论意味浓重，而到了庄子处则转向了心灵境界。此外，老子在论"道"时，多次提及、强调"道"的"不为""不争"等特性及其在社会生活中的运用，其作为人安身立命的智慧；但在庄子处，对这些处世智慧的论述减少，所追求的是心灵中、精神境界里的超越，所求的是"有人之形，无人之情"，以与世俗游，"道"的超越价值盖过了现实应用价值。

---

① "之"指代的内容往往为人所忽视，许建良教授指出，"之"在这里不是虚词，而是有实际内容的代词，"之"代表的内容就是大道，道家修养就是修道的实践。参见许建良《先秦道家的道德世界》，中国社会科学出版社，2006，第426~427页。

② 许建良：《先秦道家的道德世界》，中国社会科学出版社，2006，第427页。

③ 《庄子·大宗师》，郭庆藩：《庄子集释》，中华书局，2004，第246~247页。

④ 《庄子·知北游》，郭庆藩：《庄子集释》，中华书局，2004，第750页。

⑤ 许建良：《先秦道家的道德世界》，中国社会科学出版社，2006，第202页。

与庄子思想不同，以《黄帝四经》为代表著作的黄老道家的"道"论在继承了《老子》以"道"为宇宙本原思想的同时，又强调"道"引导人事之社会性作用。所以"道"与"理""法"紧密相连，凸显了法则之意，如"物各［合于道者］，谓之理"①、"道生法。法者，引得失以绳，而明曲直者也。［故］执道者，生法而弗敢犯也，立法而弗敢废［也］"②。同时，黄老道家还将"道"与"气"结合，《老子》虽曾谈"气"，但并未将"道"等同于"气"，在黄老思想中，"气""道"已为同义，或说"气"成为"道"之转译，因此"气"同样具有作为万物根源的特点。

可见，从道家"道"论发展脉络来看，老子确立了以"道"为宇宙本原的始基地位，并提出"自然""无为""柔弱"等与"道"紧密相连的原则、规律，这些基本思想点在"道"论发展中基本被承袭下来，而道家"道"论在老子之后，走向两条发展道路，一朝内一向外，一重超越性一重社会性。《淮南子》作为道家思想的集大成者，其"道"论继承了《老子》"道"论的基本观点；同时，对庄学和黄老学两支"道"论，都做了吸收，并力图将其融合；此外还吸收了其他学派"道"论思想，努力使"道"既有超越价值又有与世浮沉的功利价值，这就形成了《淮南子》"道"论的独特特质。

二 "道"之特质

《淮南子》沿袭道家传统，将"道"视为宇宙万有本原，故第一卷即为《原道》，高诱注曰："原，本也。本道根真，包裹天地，以历万物，故曰'原道'，因以题篇。"③ 除在开篇以专门章节论述"道"外，全书也是以"道"为一贯精神，将自然及社会的各种问题都归结于"道"。所以高诱才说："学者不论《淮南》，则不知大道之深也。"④ 同时，时代背景变换及《淮南子》对各家思想的吸收，以及汉代重实用的学术之风，都在"道"论上打下烙印，"研究淮南子道论之前应先了解影响其道论之要素：一、混杂的大一统思想。二、阴阳家的阴阳五行之学说。三、着重形而下具体万物

① 陈鼓应注译《黄帝四经今注今译——马王堆汉墓出土帛书》，商务印书馆，2007，第 422 页。
② 陈鼓应注译《黄帝四经今注今译——马王堆汉墓出土帛书》，商务印书馆，2007，第 415 页。
③ 刘文典：《淮南鸿烈集解》，中华书局，1989，第 1 页。
④ 高诱：《叙目》，刘文典：《淮南鸿烈集解》，中华书局，1989，第 2 页。

之层面。这三点思想要素使淮南子之道论虽认同了老庄之道而又有与之殊异的特色"①。

（一）"道"之"无"

《淮南子》中对显示道之玄妙的"无"的形上思考虽比之老庄有所不足，但还是精到地体现出无限、不变这些显著的"无"之性征。关于"道"的"无"性，先来看下面这段文字：

> 魄问于魂曰："道何以为体？"曰："以无有为体。"魄曰："无有有形乎？"魂曰："无有。""何得而闻也？"魂曰："吾直有所遇之耳。视之无形，听之无声，谓之幽冥。幽冥者，所以喻道，而非道也。"魄曰："吾得之矣！乃内视而自反也。"魂曰："凡得道者，形不可得而见，名不可得而扬。今汝已有形名矣，何道之所能乎！"魄曰："言者，独何为者？"魂曰："吾将反吾宗矣。"魄反顾，魂忽然不见，反而自存，亦以沦于无形矣。②（《说山》）

魄与魂的对话中，已经明确提出"道"以"无"为体，魄与魂都认为对方未有达到"道"，因为一个有形名，一个有言，均未达到"无有"。这很容易让我们想到《老子》曾说的"道可道，非常道；名可名，非常名"③、"其上不皦，其下不昧，绳绳不可名，复归于无物，是谓无状之状，无物之象"④。正因"无"是"道"体所在，若对"道"正面定义、描述，反而用概念将"道"局限住了，所以《淮南子》沿袭道家一贯做法，用"无""不"等否定式的表达法，显现出"道"所具的"无"之一面。

第一，无限。

> 是故视之不见其形，听之不闻其声，循之不得其身，无形而有形

---

① 李增：《淮南子哲学思想研究》，洪叶文化事业有限公司，1997，第42页。
② 刘文典：《淮南鸿烈集解》，中华书局，1989，第520~521页。参照王念孙及俞樾注释改定。
③ 《老子》1章，王弼注，楼宇烈校释《老子道德经注校释》，中华书局，2008，第1页。
④ 《老子》14章，王弼注，楼宇烈校释《老子道德经注校释》，中华书局，2008，第31页。

生焉，无声而五音鸣焉，无味而五味形焉，无色而五色成焉。① （《原道》）

道不可闻，闻而非也。道不可见，见而非也。道不可言，言而非也。② （《道应》）

忽兮恍兮，不可为象兮；恍兮忽兮，用不屈兮；幽兮冥兮，应无形兮；遂兮洞兮，不虚动兮。③ （《原道》）

"道"看不见、听不见、不可说，是种"忽恍"的模样，所以"道"在《淮南子》中才有"幽冥"这样一种比喻，"道"超越感官与经验，是无极限的，所以说：

道至高无上，至深无下，平乎准，直乎绳，圆乎规，方乎矩，包裹宇宙而无表里，洞同覆载而无所碍。④ （《缪称》）

天道玄默，无容无则，大不可极，深不可测。⑤ （《主术》）

关于宇宙，《淮南子》中给出了经典定义："往古来今谓之宙，四方上下谓之宇。"⑥ （《齐俗》）"道"包裹宇宙，也就是将时间与空间都包纳在内，既然如此，也便无限制与极限；正因无形无限，才让"道"能作万物本原，制物而非为物所制：

夫无形者，物之大祖也；无音者，声之大宗也。其子为光，其孙为水，皆生于无形乎！⑦ （《原道》）

_____

① 刘文典：《淮南鸿烈集解》，中华书局，1989，第29页。
② 刘文典：《淮南鸿烈集解》，中华书局，1989，第379页。
③ 刘文典：《淮南鸿烈集解》，中华书局，1989，第4页。
④ 刘文典：《淮南鸿烈集解》，中华书局，1989，第318页。
⑤ 刘文典：《淮南鸿烈集解》，中华书局，1989，第271页。
⑥ 刘文典：《淮南鸿烈集解》，中华书局，1989，第362页。
⑦ 刘文典：《淮南鸿烈集解》，中华书局，1989，第28~29页。

所贵道者，贵其无形也。无形，则不可制迫也，不可度量也，不可巧诈也……无形而制有形。①（《兵略》）

唯有无形、无限，才能保证"道"的本原地位，否则无论有形、有名、有味，只要是"有"就会有限定，就能一直追问下去这个"有"来自何处，难以作为最后的根源，而"无"就意味着没有限定，才能够彻底地作为万有之根源。

第二，不变。

"道"是万有本原，虽然世间万物千变万化、川流不息，但"道"仍独立而不改：

（道）收聚畜积而不加富，布施禀授而不益贫。旋县而不可究，纤微而不可勤。累之而不高，堕之而不下，益之而不众，损之而不寡，斫之而不薄，杀之而不残，凿之而不深，填之而不浅。②（《原道》）

夫造化者之攫援物也，譬犹陶人之埏埴也，其取之地而已为盆盎也，与其未离于地也无以异；其已成器而破碎漫澜而复归其故也，与其为盆盎亦无以异矣。③（《精神》）

化者，复归于无形也；不化者，与天地俱生也。夫木之死也，青青去之也。夫使木生者岂木也？犹充形者之非形也。故生生者未尝死也，其所生则死矣；化物者未尝化也，其所化则化矣。④（《精神》）

对于"道"而言，累叠它不会让它增高，堕毁它不会使它倒下，增加它不会让它变多，减损它不会让它变少，砍削它不会让它变薄，杀戮它也不能让它伤残，挖凿它不会让它变深，填充它不会使它变浅。对于无限的"道"

---

① 刘文典：《淮南鸿烈集解》，中华书局，1989，第501~506页。
② 刘文典：《淮南鸿烈集解》，中华书局，1989，第4页。
③ 刘文典：《淮南鸿烈集解》，中华书局，1989，第225页。
④ 刘文典：《淮南鸿烈集解》，中华书局，1989，第231页。

而言，不能用高、下、众、寡等词进行描述，因为对于无限来说，这些都显得苍白。"道"就如同陶土一样，从地里取出，被做成器皿，器皿破碎，又重回地里，陶土还是陶土，"道"无论以何种形态显现，其性质都没有也不可能改变。

第三，无所不在。

"道"之"无"性，更多指的是"道"的无限定，而非意味着不存在，实际上，"道"无所不在，遍布宇宙：

> 夫道者，覆天载地，廓四方，柝八极，高不可际，深不可测，包裹天地，禀授无形。原流泉浡，冲而徐盈；混混滑滑，浊而徐清。故植之而塞于天地，横之而弥于四海；施之无穷而无所朝夕。舒之幎于六合，卷之不盈于一握。约而能张，幽而能明，弱而能强，柔而能刚。横四维而含阴阳，纮宇宙而章三光。甚淖而滒，甚纤而微。①　（《原道》）

这是《淮南子》的开篇文字，文风瑰丽，以丰富的想象，动用了种种时间、空间观念，显示出"道"无处不在的普遍性，无论是大到天地、四海、六合、八极，还是小到盈盈一握，"道"均在其中。所以说："道至高无上，至深无下，平乎准，直乎绳，圆乎规，方乎矩，包裹宇宙而无表里，洞同覆载而无所碍。"②　（《缪称》）

"道"的无所不在，在《庄子》中有着经典的论述：

> 东郭子问于庄子曰："所谓道，恶乎在？"
>
> 庄子曰："无所不在。"
>
> 东郭子曰："期而后可。"
>
> 庄子曰："在蝼蚁。"
>
> 曰："何其下邪？"
>
> 曰："在稊稗。"

---

① 刘文典：《淮南鸿烈集解》，中华书局，1989，第1~2页。

② 刘文典：《淮南鸿烈集解》，中华书局，1989，第318页。

曰："何其愈下邪?"

曰："在瓦甓。"

曰："何其愈甚邪?"

曰："在屎溺。"

东郭子不应。庄子曰："夫子之问也,固不及质。正获之问于监市履狶也,每下愈况。汝唯莫必,无乎逃物。至道若是,大言亦然。周遍咸三者,异名同实,其指一也。"①

这段的主旨,成玄英注得清楚:"大道无不在,而所在皆无,故处处有之,不简秽贱。"② 但郭象对此段之注,却连续出现"道之不逃于物"及相似文字,告诉我们,"无不"还有着"道"无法离开"物"之含义。因而,《淮南子》中以想象来展开"道"的普遍性的同时,也让"道"联系于种种形象成为具象的。尽管"道"不会滞于象中,但这种对"道"的表述,在显示"道"无所不在的同时,也是一种显象,这种无所不在不是纯粹的"无"性的表现,在显示作为"道"体之"无"性的同时,也显示出"道"必然要与"物"相连、落实于"物"上的"有"性。以丰富宽广的想象取代深刻的玄思,是《淮南子》中"道"论的一个重要特点。一方面,如冯友兰先生所说,汉代思想多科学的属性而少玄学的气息,所以即便是对"无"的描述也难免与"有"相连,而不如老庄中那样玄妙纯粹;另一方面,这也并不是种退步,"有"同样是"道"的特性,从全书主旨来看,《淮南子》并非纯粹哲学思考之书,而是有志于用、于治,在这种主旨之下,做倾向于"有"的处理也是自然之事。

(二)"道"之"有"

高诱曰:"道之实,始于无有,化育于有。"③ 这是说离开"有","道"便无法显示出自身的实有及作用,"无"与"有"都是"道"之特性,只是说"无"、说"始"是探求本根,"有"则是就"道"与万物相连说的。

① 《庄子·知北游》,郭庆藩:《庄子集释》,中华书局,2004,第749~750页。
② 郭庆藩:《庄子集释》,中华书局,2004,第750页。
③ 刘文典:《淮南鸿烈集解》,中华书局,1989,第44页。

《淮南子》中"道"之"有"，即"道"与物的结合及作用，首先体现在对万物的"生"之上：

> 夫太上之道，生万物而不有，成化像而弗宰。跂行喙息，蠉飞蠕动，待而后生，莫之知德；待之后死，莫之能怨。① （《原道》）

这当然容易让人想起《老子》第 10 章中的"生而不有，为而不恃"②，然而这里的"生"，却并不像母生子那样，而是让万物能保持住自我的本性，是其所是，自然生生不息地存在、发展，从这点来看，也可说是"道"让万物"生"。《淮南子》中所说的"生"也就有这方面的含义，《淮南子》中说：

> 道者，一立而万物生矣。是故一之理，施四海；一之解，际天地。其全也，纯兮若朴；其散也，混兮若浊。浊而徐清，冲而徐盈，澹兮其若深渊，泛兮其若浮云，若无而有，若亡而存。万物之总，皆阅一孔；百事之根，皆出一门。③ （《原道》）

> 夫道者，……山以之高，渊以之深，兽以之走，鸟以之飞，日月以之明，星历以之行，麟以之游，凤以之翔。④ （《原道》）

"道"落实在物上，作为各物形成的最终依据，确定其基本属性，按万物自身所具的规律成就万物，"道'生'万物这个'生'并非像母生子女分裂为两个个体之生，而是道自身之化成；也即是'有'自身之生化不息"⑤。"道"是万物背后的那个"一孔""一门"，是原初之"朴"，要"散"在万物之上。而万物也正是因分有"道"，在"道"的养覆之下，才依自身规律显示出不同性征，如高、深、飞、明、游等。

---

① 刘文典：《淮南鸿烈集解》，中华书局，1989，第 3~4 页。
② 《老子》10 章，王弼注，楼宇烈校释《老子道德经注校释》，中华书局，2008，第 24 页。
③ 刘文典：《淮南鸿烈集解》，中华书局，1989，第 30 页。
④ 刘文典：《淮南鸿烈集解》，中华书局，1989，第 1~2 页。
⑤ 李增：《淮南子哲学思想研究》，洪叶文化事业有限公司，1997，第 60 页。

同时，《淮南子》中之"道"与万物的生成确实有密切联系：

> 道始于一，一而不生，故分而为阴阳，阴阳合和而万物生，故曰"一生二，二生三，三生万物"。①（《天文》）

> 道始于虚霩，虚霩生宇宙，宇宙生气。气有涯垠，清阳者薄靡而为天，重浊者凝滞而为地。清妙之合专易，重浊之凝竭难，故天先成而地后定。天地之袭精为阴阳，阴阳之专精为四时，四时之散精为万物。②（《天文》）

"一生二，二生三，三生万物"的表述始自老子，但对一、二、三所指至今仍未有定论，虽从古至今有不少注家、研究者以阴阳二气来对此进行解释，但毕竟在《老子》中并未有原文依据，而《淮南子》中非常明确地提出以阴阳二气来解释"道""一""二""三""万物"这一生化结构。这是对黄老思想的继承与发展，将"道"与"气"相连，以"气"释"道"，构成气化宇宙论。而经由"气"，也将"道"与万物的形成紧密联系起来，"道"不仅在本体论上立论，也进入宇宙论、生成论之中。

"道"之"有"性，除体现在"生"之上外，更体现在对"道"与"事""史"联系的强调之上，体现在对"道"的功能的关注之上。"言道而不言事，则无以与世浮沉；言事而不言道，则无以与化游息"的表述，将"道"与"事"紧密相连，乃至将"事"提升到可与"道"相提并论的地步。《淮南子》认为"道"不仅有着"与化游息"这种超越价值，还有可施用于事、与世浮沉的功利价值。同时，"道"自身性质虽不变，但它在世界的显示状况及人的体道状况则是随着历史的演进而发展变化。"道"与"史"间有着密切联系，在《俶真》中，有着从至德之世、伏羲氏到神农、黄帝直至周室之衰历史演进阶段的概要描述，这种历史发展也是从"相忘于道术"到"浇淳散朴，离道以伪"的过程，"道"的光彩在历史中渐渐丧失，"道"的真谛越来越少为世人所识，尽管"道"体不受此影响，但

---

① 刘文典：《淮南鸿烈集解》，中华书局，1989，第112页。参照王念孙注释改定。
② 刘文典：《淮南鸿烈集解》，中华书局，1989，第79~80页。

"道"之用在世俗中似乎是走向没落。历史进程让《淮南子》总结出这样一个道理:"体道者不专在于我,亦有系于世矣。"①(《俶真》),"道"能否为人所体用,能否发挥其功能,是受到"世"的影响的,所以强调"道""事"相连,正是主张根据"事"的状况和变化,将"道"之精神、规律应用于其中,以应对、扭转不利之"世"。"道"与"事""史""世"间的互动贯穿于《淮南子》中,成为其伦理思想的一条主轴。在这种思想主轴的考量之下,《淮南子》中的"道"也吸收、容纳了与之前道家不同的内容:

> 二君处强大之势,修仁义之道,汤、武救罪之不给,何谋之敢当!……且汤、武之所以处小弱而能以王者,以其有道也;桀、纣之所以处强大而见夺者,以其无道也。②(《泛论》)

> 夫乘民之功劳而取其爵禄者,非仁义之道也。③(《道应》)

"仁义之道"这样的字眼,在先前道家经典中几无出现,但受"世"与"事"影响,其又在一定程度上成为被认可的对象,这无疑是对儒家思想之吸收。故而在"史"所提出的关于"世"的难题面前,在"事"要求的功用性面前,"道"的形下性逐渐增强,"道者,物之所导也"④(《缪称》),"道"显现为引导物尤其是引导人的绝对价值标准、规律,对人的思想、行为也便提出意见与要求。

三 "道"之要求

"中国思想家孜孜于探知怎样生活,怎样治理社会,以及在先秦末叶怎样证明人类社会与自然宇宙的关联。……探寻'多'背后的'一'的目的,不是为了发现某种比映现于感官的表象更为真实的东西,而旨在发现在各种不断变化与相互冲突的生命与统治之道背后的常道……发现自己与因循

---

① 刘文典:《淮南鸿烈集解》,中华书局,1989,第76页。
② 刘文典:《淮南鸿烈集解》,中华书局,1989,第441~442页。参照王念孙注释改定。
③ 刘文典:《淮南鸿烈集解》,中华书局,1989,第399页。
④ 刘文典:《淮南鸿烈集解》,中华书局,1989,第319页。

自然周期的天地是在同一条大道中运动。"①《淮南子》中的"道"论既有形上本体的探讨，同时又注重在现实层面的作用，体现了"纪纲道德，经纬人事"的旨趣。"《淮南子》论道的主要目的，就是以'道'为根据，建立'人'的行为原则，把'道'之属性落实为'人'之'当然'。"② 这点在《原道》中体现得很明显，该篇在描述"道"的性质之后，即转入论说以"泰古二皇"为代表的人。具体而言，在《淮南子》中，"道"对人主要的引导和启示有三个方面。

（一）"养生以经世，抱德以终年"

人对道的体认如何体现，在《俶真》中，有这样的描述："是故圣人内修道术……下揆三泉，上寻九天，横廓六合，揲贯万物，此圣人之游也。若夫真人，则动溶于至虚，而游于灭亡之野。骑蜚廉而从敦圄，驰于外方，休乎内宇，烛十日而使风雨，臣雷公，役夸父，妾宓妃，妻织女，天地之间，何足以留其志！"③（《俶真》）修道体道的圣人、真人能够纵横天地中，能够使唤神明，这不由让人想起《庄子》中曾描写的姑射之山上的神人，这种进入神之状态的境界固然高明，但对于多数人而言，却不免过于神妙高远，所以《淮南子》中才说：

> 养生以经世，抱德以终年，可谓能体道矣。若然者，血脉无郁滞，五藏无蔚气，祸福弗能挠滑，非誉弗能尘垢，故能致其极。④ （《俶真》）

如何算作能够体"道"？"养生以经世，抱德以终年"，这十个字概括出"道"对人最基本的要求：养生、抱德、经世、终年，保养生命、持守德行，以能经历世事、安享天年。文字看似简单，却描绘出人在世间最核心的行为与目标。重生是道家的一贯传统，"养生"一词在《淮南子》中多次

---

① 葛瑞汉：《论道者：中国古代哲学论辩》，张海晏译，中国社会科学出版社，2003，第258~259页。

② 陈静：《自由与秩序的困惑——〈淮南子〉研究》，云南大学出版社，2004，第179~180页。

③ 刘文典：《淮南鸿烈集解》，中华书局，1989，第60~61页。参照王念孙注释改定。

④ 刘文典：《淮南鸿烈集解》，中华书局，1989，第73页。

出现，牵引出各种修养之法，强调的是人的身体、形体之保存；而"抱德"更多强调的是内在精神层面的要求。从历史发展进程来看，正是由于人们离道背德而非抱德，才使人世日衰，人无法保有生命，不时遭遇飞来横祸。"德"是连接体道行为要求的关键点。作为体道目的的"终年"与对"身"和"生"的重视密切相连，也是道家一贯注重的；值得注意的是"经世"二字，这与《淮南子》中对"世"的影响的强调相关。如果说"养生"关注的是个人的话，那"经世"所关注的则是人在社会、群体之中的生存，而《淮南子》对"务于治"的强调，也让经世应当还有治理国事之意。治身与治世、治国相联系，人道、世道、治道相连接，带来的结果中，"血脉无郁滞，五藏无蔚气"所指是"生"，"祸福弗能挠滑，非誉弗能尘垢，故能致其极"所指是"世"，两者的完美结合也便达到理想的顶点。

（二）"固以自然"

终年、经世是"道"给人指出的目标和方向，而要实现这种目标，"道"向人昭示的最重要的原则、规律就是自然。所以《淮南子》云："正其道而物自然。"①（《泰族》）"自然"是道家的标志概念，《淮南子》依旧将"自然"置于核心地位：

> 夫萍树根于水，木树根于土，鸟排虚而飞，兽蹍实而走，蛟龙水居，虎豹山处，天地之性也。两木相摩而然，金火相守而流，员者常转，窾者主浮，自然之势也。是故春风至则甘雨降，生育万物，羽者妪伏，毛者孕育，草木荣华，鸟兽卵胎，莫见其为者，而功既成矣。秋风下霜，倒生挫伤，鹰雕搏鸷，昆虫蛰藏，草木注根，鱼鳖凑渊，莫见其为者，灭而无形。木处榛巢，水居窟穴，禽兽有芄，人民有室，陆处宜牛马，舟行宜多水，匈奴出秽裘，干、越生葛绨，各生所急以备燥湿，各因所处以御寒暑，并得其宜，物便其所。由此观之，万物固以自然，圣人又何事焉！②（《原道》）

---

① 刘文典：《淮南鸿烈集解》，中华书局，1989，第 665 页。参照王念孙注释改定。
② 刘文典：《淮南鸿烈集解》，中华书局，1989，第 17~19 页。参照王念孙注释改定。

夫物有以自然，而后人事有治也。故良匠不能斫金，巧冶不能铄木，金之势不可斫，而木之性不可铄也。埏埴而为器，窬木而为舟，铄铁而为刃，铸金而为钟，因其可也。驾马服牛，令鸡司夜，令狗守门，因其然也。①（《泰族》）

所谓无治者，不易自然也；所谓无不治者，因物之相然也。②（《原道》）

《淮南子》中的"自然"主要意指自然本性或自然状态，这是万物与生俱来的，在自然界中，动植物都有着自然习性，节气变化也遵循着自然规律；在人类社会中，人们的生活习惯、行为状态同样也是自然发展成形。《淮南子》认为不管自然界还是人类社会，只要万物在其中注意持有自然本性，就可形成和谐的秩序与世界，而无须人的操持。自然如此重要，所以对人来说，无论是对物的加工，还是对人的治理，都要注意因循人及物的自然本性。概言之，即要"随自然之性而缘不得已之化"③（《本经》），顺随万物本性，并且遵循万物规律。

（三）"无为者，道之体也"

欲保持"自然"，"唯灭迹于无为，而随天地自然者"④（《诠言》），"无为"无疑是最重要的行动准则。《淮南子》全书中"无为"一词出现 60 次，是有纲领作用的行动准则。"无为"本身即"道"所具有的属性和精神，"生万物而不有，成化像而弗宰"便是无为的绝佳体现，故而说"至道无为"。对人而言，只要"无为"就可以与"道"相通，"无为为之而合于道，无为言之而通乎德"⑤（《原道》），显示出"无为"在修道保德中的关键地位。"无为"当然不是什么都不做，那何谓真正的"无为"？《淮南子》中有不同角度的理解：

---

① 刘文典：《淮南鸿烈集解》，中华书局，1989，第 670 页。
② 刘文典：《淮南鸿烈集解》，中华书局，1989，第 24 页。
③ 刘文典：《淮南鸿烈集解》，中华书局，1989，第 252 页。
④ 刘文典：《淮南鸿烈集解》，中华书局，1989，第 478 页。
⑤ 刘文典：《淮南鸿烈集解》，中华书局，1989，第 2 页。

所谓无为者，不先物为也；所谓无不为者，因物之所为。①（《原道》）

君道者，非所以为也，所以无为也。何谓无为？智者不以位为事，勇者不以位为暴，仁者不以位为惠，可谓无为矣。夫无为，则得于一也。②（《诠言》）

所谓无为者，私志不得入公道，嗜欲不得枉正术，循理而举事，因资而立功，推自然之势，而曲故不得容者，事成而身弗伐，功立而名弗有，非谓其感而不应，攻而不动者。③（《修务》）

"无为者，不先物为也"，表明"无为"所要强调的是行动中不争先，甘于处后守下。"无为者，道之体也；执后者，道之容也。"④（《诠言》）执后处后，是依"道"行动的体现，这既可以说是一种行为策略，同时更重要的，是其中蕴含着对不以自我为中心的心态的提倡。"无为者，非谓其凝滞而不动也，以其言莫从己出也。"⑤（《主术》）无为不是停滞不动，而是不要仅以自我为中心，从己出发恣意妄行，这是道家"他人优位"⑥思想的继承和体现，这种德性德行，每个人都能为之努力并达致之，所以"无为"并非只是圣人或统治者的专利。

当然，治理上的"无为"所产生的影响无疑更大，所以无为而治自然是《淮南子》中着力强调的。《淮南子》还强调要"得于一"，即以"道"为唯一标准，而不是偏好智、勇、仁，否则就可能凭借一己的智术、力量、仁义来管理民众，仅从自身意志、能力出发治国，大肆作为，无论智、勇、仁是多好的品格，一己之力总有穷尽，只有因顺百姓的本性，"无为而自治"才能"无不治"。而《修务》中对"无为"的定义，则更像是道德层

① 刘文典：《淮南鸿烈集解》，中华书局，1989，第 24 页。
② 刘文典：《淮南鸿烈集解》，中华书局，1989，第 474 页。参照王念孙注释改定。
③ 刘文典：《淮南鸿烈集解》，中华书局，1989，第 634~635 页。参照王念孙、王引之注释改定。
④ 刘文典：《淮南鸿烈集解》，中华书局，1989，第 482~483 页。
⑤ 刘文典：《淮南鸿烈集解》，中华书局，1989，第 295 页。
⑥ 道家"他人优位"思想由许建良教授提出，参见许建良《他人优位——道家道德的枢机》，《中州学刊》2008 年第 1 期。

面上的综合描述，私不坏公、欲不枉正，依照道理及具体状况来行事立功，依据自然之规律而不容纳奸邪，功成事遂之后，却不夸耀不居功。这既涉及公私、义欲这样的道德问题，又有行为方式上的因循，同时还有个人在事件中的处下不自夸的品德，可以说"无为"的精神、原则、方法体现在个人及社会活动各方面。

《淮南子》中的"道"论，主要是对先秦道家关于"道"的思想的传承，但同时又体现出将超越性与现实应用性结合的指向。"道"在"无"方面的特性是其超越性的体现，而"有"方面的特质则着眼于"道"的功用。"道"最关键的功用就在于引导人经世与终年，既重形体保存又希望能安然经历世事，乃至经理治事，守自然、为无为则是实现这些目标的关键行为要求。

第二节 "烦气为虫，精气为人"之气论

"道"的运动不仅是其逐渐实现其自身的过程，也是丰富多样的对象逐渐展开的过程。有了"气"，"道"才能落实到宇宙万物之上，然后有具体的显现。老庄对于"道"如何落实到万物之上的描述过于玄妙，到了"汉人重实际"的文化氛围中，《淮南子》以"气"为万物的构成元素，借由"气"，让"道"落实到万物之上的过程更为具体、形象，避免"道"因高远而被认为是虚无、虚幻。在万物生成过程中，万物之一的人的行动规律、准则也被引申出来，使宇宙生成理论中饱含人文意蕴。"在《淮南子》中，道即是万物之所以生发的终极根源，而气则是使万物有其形象变化的最初元质。气由道生，道由气显；道气相合，万物化生。此中，静态之道即是万物的生命之理；而动态之气则是此生命之理的具体表现，也就是显现而为万物生生不息的生命力。"①

一 气化的宇宙生成说

宇宙万物是如何形成的，《淮南子》中有着详细描述，看《天文》中的这段文字：

① 袁信爱：《〈淮南子〉中的人学思想》，《哲学与文化》1996 年第 8 期。

　　天墬未形，冯冯翼翼，洞洞灟灟，故曰太始。道始于虚霩，虚霩生宇宙，宇宙生气。气有涯垠，清阳者薄靡而为天，重浊者凝滞而为地。清妙之合专易，重浊之凝竭难，故天先成而地后定。天地之袭精为阴阳，阴阳之专精为四时，四时之散精为万物。[①]（《天文》）

这里所描述的宇宙生成，经历了虚霩—宇宙—气—天地—阴阳—四时—万物这样一个过程，从混沌的虚无到时空形成，在时空中产生气，气肇生天地，天地中合成的精气变为阴阳，阴阳而后又生出四时、万物。这是个从无到有，再到万有的过程，而气是其中的关键节点，上承虚无下接万物，《精神》中延续这种序列，论述人之产生：

　　古未有天地之时，惟像无形，窈窈冥冥，芒芠漠闵，澒濛鸿洞，莫知其门。有二神混生，经天营地，孔乎莫知其所终极，滔乎莫知其所止息，于是乃别为阴阳，离为八极，刚柔相成，万物乃形，烦气为虫，精气为人。是故精神，天之有也；而骨骸者，地之有也。[②]（《精神》）

阴阳力量刚柔相济，形成了万物，而人则是由阴阳配合的精巧之气应化而成，人的精神来自天而形骸则归于地。我们在大千世界中所见种种，大至日月星辰，小到飞鸟爬虫，无一不是由气所成，故而万物从来源上看是一样的，所以说：

　　洞同天地，浑沌为朴，未造而成物，谓之太一。同出于一，所为各异，有鸟有鱼有兽，谓之分物。方以类别，物以群分，性命不同，皆形于有。隔而不通，分而为万物，莫能反宗，故动而谓之生，死而谓之穷。皆为物矣，非不物而物物者也，物物者存乎万物之中。[③]（《诠言》）

① 刘文典：《淮南鸿烈集解》，中华书局，1989，第79~80页。
② 刘文典：《淮南鸿烈集解》，中华书局，1989，第218页。
③ 刘文典：《淮南鸿烈集解》，中华书局，1989，第463页。参照王念孙注释改定。

从太一中分而形成各群、类之物，各物之间虽然性质、命运不同，却都是来自"有"，是由"一有"分散的万有。

从万物的产生过程中，我们可以看出，在根本上说，人与其他物类一样都是太一造化产生的，都是由气所构成，其在本质上是相互平等的；即便《淮南子》中称人是由精气所构成，但也只是气品质之上的差别，人不是万物之主，万物绝不是上天为人所准备的。故曰：

> 夫天地运而相通，万物总而为一。能知一，则无一之不知也；不能知一，则无一之能知也。譬吾处于天下也，亦为一物矣，不识天下之以我备其物与？且惟无我而物无不备者乎？然则我亦物也，物亦物也。物之与物也，又何以相物也？① （《精神》）

每一物类都是自然存在、发展的，不是为他物准备、服务的。在这之上，《淮南子》提出了"物无贵贱"："物无贵贱。因其所贵而贵之，物无不贵也；因其所贱而贱之，物无不贱也。夫玉璞不厌厚，角觿不厌薄，漆不厌黑，粉不厌白。此四者相反也，所急则均，其用一也。"② （《齐俗》）物之间并没有什么高低贵贱之分，所谓贵贱，不过是后天由人根据自身的需求所划分出来的，物只要"各用之于其所适，施之于其所宜"，施用在适宜的范围、地方，其价值就是同等的。这是道家从"道"的高度，从"气"的生发角度提出的平等观念，由于其坚持了"万物"的视野，所以这种平等观念在包含范围及所具境界上是要超出其他诸家的。

《淮南子》中不仅认为人这一物类是由气构成，而且每个个人的孕育、成长都离不开气：

> "万物背阴而抱阳，冲气以为和。"故曰一月而膏，二月而胅，三月而胎，四月而肌，五月而筋，六月而骨，七月而成，八月而动，九月而躁，十月而生。形体以成，五脏乃形。是故肺主目，肾主鼻，胆

---

① 刘文典：《淮南鸿烈集解》，中华书局，1989，第 224 页。
② 刘文典：《淮南鸿烈集解》，中华书局，1989，第 349 页。

主口，肝主耳，外为表而内为里，开闭张歙，各有经纪。① （《精神》）

天、地之气合和而经过十个月的孕育而逐渐化生而成人，包括人的各种器官，气充盈人各部分中，每个人的构成质料是一样的。故而，人既然均是由"精气"所构成，那么在根本上来说，人与人之间是平等的，各有其用。当然，《淮南子》中也提到要"明贵贱"，但这只是社会地位上的后天差异，在人之为人的根本上，地位是一样的，比之董仲舒、王充以禀受之气来对人性做等级划分、解释人社会地位差别，《淮南子》的思想更具平等性、合理性，对于一部由诸侯王编著的著作而言，更显可贵。

自气到阴阳、四时、五方、八极，构造出万物共同生存的世界，而这些先人所生的事物、现象中的规律实际是"道"规律运行的具象化，依循这些自然规律，才能使各方面有效和谐。由此，人应从自然界运行规律和秩序中寻求人类社会中所应遵循的规律、原则，以实现社会的安定有序。如：

> 制度阴阳，大制有六度：天为绳，地为准，春为规，夏为衡，秋为矩，冬为权。绳者，所以绳万物也。准者，所以准万物也。规者，所以员万物也。衡者，所以平万物也。矩者，所以方万物也。权者，所以权万物也。……明堂之制，静而法准，动而法绳，春治以规，秋治以矩，冬治以权，夏治以衡，是故燥湿寒暑以节至，甘雨膏露以时降。② （《时则》）

阴阳二气变化成就的最重要的规制、制度有六种，天地、四时对应着绳、准、规、衡、矩、权，这些用于社会有不同的结果。如"准"用于社会，会"民无险谋，怨恶不生"；"权"用于社会，则"败物而弗取，罪杀而不赦，诚信以必，坚悫以固，粪除苛慝"。所以社会要根据四季采用不同的准则、制度进行管理，这就借由气化的宇宙论，为人类社会提供了一个与自然相通的规则制度体系。

---

① 刘文典：《淮南鸿烈集解》，中华书局，1989，第219~220页。
② 刘文典：《淮南鸿烈集解》，中华书局，1989，第188~190页。

二 "万物有以相连，精祲有以相荡也"——气类相感思想

事物之间能相互感应，这在《周易》中就已有所论述："同声相应，同气相求。水流湿，火就燥，云从龙，风从虎，圣人作而万物睹。"①《吕氏春秋》中的《应同》等篇目中也对感应现象有所论述。《淮南子》认为，万物既然均是由阴阳二气化生而成，那物类之间是可相互感应、影响的：

> 夫物类之相应，玄妙深微，知不能论，辩不能解，故东风至而酒湛溢，蚕呀丝而商弦绝，或感之也。画随灰而月运阙，鲸鱼死而彗星出，或动之也。故圣人在位，怀道而不言，泽及万民。君臣乖心，则背谲见于天，神气相应，征矣。故山云草莽，水云鱼鳞，旱云燺火，涔云波水，各象其形类，所以感之。夫阳燧取火于日，方诸取露于月，天地之间，巧历不能举其数，手征忽恍，不能览其光，然以掌握之中，引类于太极之上，而水火可立致者，阴阳同气相动也。②（《览冥》）

> 夫湿之至也，莫见其形，而炭已重矣；风之至也，莫见其象，而木已动矣。日之行也，不见其移，骐骥倍日而驰，草木为之靡，县烽未转，而日在其前。故天之且风，草木未动而鸟已翔矣，其且雨也，阴曀未集而鱼已噞矣。以阴阳之气相动也。故寒暑燥湿，以类相从；声响疾徐，以音相应也。③（《泰族》）

这其中不少物类相感是日常生活中常见的，比如天要起风、下雨时，虽草木未动、阴霾未集，但鸟已回巢，鱼则探头呼吸，这些现象在如今也得到了科学解释。而有部分相感现象，如"画随灰而月运阙，鲸鱼死而彗星出"，即用芦苇灰在月光照射的地面画圆缺，月晕也会随之变化，鲸鱼死后彗星会随之出现，则有过多想象乃至迷信成分在其中。当然，书中也说了，这些现象是"知不能论，辩不能解"的。故而《淮南子》云："万物有以相

---

① 楼宇烈校释《王弼集校释》，中华书局，1980，第215页。
② 刘文典：《淮南鸿烈集解》，中华书局，1989，第194~197页。参照王引之注释改定。
③ 刘文典：《淮南鸿烈集解》，中华书局，1989，第663页。

连，精祲有以相荡也。"①（《泰族》）万物间的感应都是一种"精祲相荡"。"精祲"，许慎注曰："气之侵人者也。"② 故万物间的感应、连接依靠的是气的这种相动相荡的运动来达致的。

借由这种相感的思想，《淮南子》描述了一个万物间相互感应、联系、影响的世界，将"万物一体"的思想以具象化的方式体现了出来，所以说：

> 天地之合和，阴阳之陶化万物，皆乘一气者也。是故上下离心，气乃上蒸，君臣不和，五谷不为。距日冬至四十六日，天含和而未降，地怀气而未扬，阴阳储与，呼吸浸潭，包裹风俗，斟酌万殊，旁薄众宜，以相呕咐酝酿，而成育群生。是故春肃秋荣，冬雷夏霜，皆贼气之所生。由此观之，天地宇宙，一人之身也；六合之内，一人之制也。③（《本经》）

天地之间的万物之间彼此相通，相依存而生，就如同人身上各种器官、血脉缺一不可一样，"一人之身也""一人之制也"正是对这一现象的形象概括。

既然物之间可相感，人之间同样也存在这种现象，《淮南子》举例说："宁戚击牛角而歌，桓公举以为大田；雍门子以哭见孟尝君，孟尝君涕流沾缨。歌哭，众人之所能为也，一发声，入人耳，感人心，情之至者也。"④（《缪称》）宁戚、雍门子都以自身真挚的情感引发了他人的共鸣，说明人之间也是可以相互感应对方，感应的体现就是情的感染、波动，如果说气类相感是永恒存在的，那人之情可以说也是难以消失的。龚鹏程教授曾提出汉代人性论是环绕"情"展开的⑤，"情"在《淮南子》人性论及以此为基础的教化论中都有着重要的作用。

同样，人的行为也会对自然现象、其他物类产生影响。《览冥》在论述物类相感现象之后，罗列出人类发展的各个时代，由于人类社会中治乱状

---

① 刘文典：《淮南鸿烈集解》，中华书局，1989，第 664 页。
② 刘文典：《淮南鸿烈集解》，中华书局，1989，第 664 页。
③ 刘文典：《淮南鸿烈集解》，中华书局，1989，第 249 页。参照庄逵吉注释改定。
④ 刘文典：《淮南鸿烈集解》，中华书局，1989，第 338~339 页。参照王念孙、俞樾注释改定。
⑤ 参见龚鹏程《汉代思潮》，商务印书馆，2005，第 15~19 页。

况不同，自然万物也呈现出不同的表现形态。如"黄帝治天下"时，社会安定有秩序，"道不拾遗，市不豫贾，城郭不关，邑无盗贼"，因而自然界中"日月精明，星辰不失其行，风雨时节，五谷登孰，虎狼不妄噬，鸷鸟不妄搏"①，一派安定有序祥和景象。而到了"夏桀之时"，帝王昏庸、社会混乱，而自然界中"飞鸟铩翼，走兽废脚，山无峻干，泽无洼水，狐狸首穴，马牛放失，田无立禾，路无薠莎"②，连动植物都不得安生。到了当世，君王"持以道德，辅以仁义"，于是"春秋冬夏皆献其贡职"③，四时又变得有序。从科学角度来看，这种对应当然不是必然的，也比较生硬。但借由这种人类社会与自然界间的互动，却体现了人与自然间的密切联系，特别是体现出人的活动对自然界秩序的影响。自然的和谐与社会的和谐关联密切，而社会的和谐依赖于良好的治理，因此，统治者的治理方式就成了影响自然状况的重要因素，而自然万物也以自身的方式显现人类社会的治理状况并进行警示。

三 "皆象其气，皆应其类"——风土之气对人的影响

万物之间既是相互感应并相互影响的，所以《淮南子》认为，人也会受自身所生活地方的地形、水土中的风土之气影响，从而展现出不同的特征、形态，如《墬形》中就说：

> 土地各以类生人，是故山气多男，泽气多女，水气多喑，风气多聋，林气多癃，木气多伛，岸下气多尰，石气多力，险阻气多瘿，暑气多夭，寒气多寿，谷气多痹，丘气多尪，衍气多仁，陵气多贪，轻土多利，重土多迟，清水音小，浊水音大，湍水人轻，迟水人重，中土多圣人。皆象其气，皆应其类。④（《墬形》）

土地会依照各自类别产生不同的人，这种影响即包括对性别的影响，山中之气使人多生男，而水泽之气则让人多生女；对人身体机能的影响，"水气

---

① 刘文典：《淮南鸿烈集解》，中华书局，1989，第 206 页。
② 刘文典：《淮南鸿烈集解》，中华书局，1989，第 211 页。参照王引之注释改定。
③ 刘文典：《淮南鸿烈集解》，中华书局，1989，第 215 页。
④ 刘文典：《淮南鸿烈集解》，中华书局，1989，第 140~141 页。参照王念孙注释改定。

多暗，风气多聋，林气多癃"，水气、风气、林中的湿寒之气会让人有哑、聋、软瘫这样的毛病；有对人行动习惯的影响，"轻土多利，重土多迟，清水音小，浊水音大"，土质的轻重、水质的清浊影响着人行动的快、慢，声音的大、小；乃至人的德性也受影响，如"衍气多仁，陵气多贪"，平原之气多使人仁爱，山陵之气则多让人贪婪。

人所处的地理方位，同样有着各自不同的风土之气，对所居住、生长的人的身体、性情、风俗都有着关键性影响：

> 东方川谷之所注，日月之所出，其人兑形小头，隆鼻大口，鸢肩企行，窍通于目，筋气属焉，苍色主肝，长大早知而不寿；其地宜麦，多虎豹。南方阳气之所积，暑湿居之，其人修形兑上，大口决眦，窍通于耳，血脉属焉，赤色主心，早壮而夭；其地宜稻，多兕象。西方高土，川谷出焉，日月入焉，其人末偻，修颈卬行，窍通于鼻，皮革属焉，白色主肺，勇敢不仁；其地宜黍，多旄犀。北方幽晦不明，天之所闭也，寒冰之所积也，蛰虫之所伏也，其人翕形短颈，大肩下尻，窍通于阴，骨干属焉，黑色主肾，蠢愚而寿；其地宜菽，多犬马。中央四达，风气之所通，雨露之所会也，其人大面短颐，美须恶肥，窍通于口，肤肉属焉，黄色主胃，慧圣而好治；其地宜禾，多牛羊及六畜。[①]（《墬形》）

这里是用五行思想论述风土之气，五方有着不同的代表色，主管着人的不同器官。像南方代表色是红色，主管人之心。同时，南方是阳气聚集之处，气候炎热潮湿，那里生活的人个子高、上部尖，嘴大、眼角有褶皱，孔窍与耳朵相连，人成熟早但也去世得早。土地上适合种植稻子，多犀牛大象这样的生物。同时，风土对人的影响还体现在人的生活习惯、群体风俗上：

> 九疑之南，陆事寡而水事众，于是民人劗发文身，以像鳞虫，短绻不绔，以便涉游，短袂攘卷，以便刺舟，因之也。雁门之北，狄不谷食，贱长贵壮，各尚气力，人不弛弓，马不解勒，便之也。故禹之裸

---

① 刘文典：《淮南鸿烈集解》，中华书局，1989，第145~146页。参照王念孙、俞樾注释改定。

国，解衣而入，衣带而出，因之也。今夫徙树者，失其阴阳之性，则莫不枯槁。故橘树之江北则化而为橙，鸲鹆不过济，貉渡汶而死，形性不可易，势居不可移也。①（《原道》）

九疑之南与雁门之北的人在衣着、饮食、习俗上都有各自的特性，即便是大禹这样的圣王到了不同地域，也要遵循相应的习惯。人的人性、人形属于人之自然，其所住地理环境也同样属于自然，不可乱变动更改，否则就有橘生江北变为枳的悲剧。风土之气对人有如此大的影响，故而人也该依照不同风土之气来选择适合的生活方式，如"水处者渔，山处者采，谷处者牧，陆处者农。地宜其事，事宜其械，械宜其用，用宜其人"②（《齐俗》），根据不同的地理状况来决定不同的谋生方式，再根据谋生方式来选定采用的工具，并让工具得到适宜使用，这样才是适应风土之气的方式。

风土之气影响人的思想在《管子》与《吕氏春秋》中也有所论述，带有人文地理学的意味，而不同地域、地形对人的面貌、性情、习惯有所影响，也有一定依据。因而，受风土之气影响形成的性情、习惯、风俗也属于人之"自然"，有着先天的依据及合理性，不可也不应受后天外力的影响。如果强行要以人力去改变一地风俗，无异于人与来自"道"、累积千万年的风土之气对抗，无疑是不智的。因而，《淮南子》才主张要尊重各地域风俗差异，让人们选择最合乎"自然"的风俗，这在《齐俗》章中得到集中论述。风土之气与人互动的思想为认识、理解《淮南子》中有关"俗"的观点提供了很好的依据。

《淮南子》借由气论，展示了包括人在内的宇宙万物生成的过程，也就在源头上给予了万物平等地位。同时，气也给物类间的相互感应提供了依据，表明物与物、人与人之间是能相互影响、相互感染的，每个个体都在与他物的相互依存中实现自身价值，共同构成统一整体。人的形体、性情乃至生活习惯都深受所处地域的风土之气影响，故而人们在行动中也要注重因地制宜及尊重不同风土人情。

① 刘文典：《淮南鸿烈集解》，中华书局，1989，第19~20页。参照王念孙、王引之注释改定。
② 刘文典：《淮南鸿烈集解》，中华书局，1989，第351页。参照俞樾注释改定。

第三节 "气有涯垠，清阳者薄靡而为天"之天论

《淮南子》中的"天"，可以说是沟通人与"道"的中间环节，有作为本根的倾向。与"道"相比，"天"和人之间有着更为亲密的互动。这就是说，"如果说'道德'限定的是特定事物和现象同其经验域相互关联的关系，因而可涵括所有秩序，那么彼此相互关联的'天人'就是'道德'内部倾向于更明确地突出人类同他们自然、社会、文化语境的关系"①。

一 天之内涵

"天"是中国哲学的重要概念，它的起源很早，在殷商之时"天"与"上帝"是同位语，直至西周，"天"一直都带有较浓重的宗教色彩。而老子以代表万物本原的"道"代替了具有意志、能决定人生死祸福的"天"，将原先至高无上、不可侵犯之天置于"道"之下，作为域中"四大"之一。《老子》中的"天"主要是作为自然之天，是非人格化的，只表达自然的有序运转。而《老子》中所说的"天之道"常与"人之道"形成对比，给人以引导、启示，如"不争而善胜，不言而善应，不召而自来"②、"损有余而补不足"③。而在《庄子》中，"天"得到更多的推崇，"在庄子的哲学坐标里，不仅天地遵循着天然的规律而运行，而且人也应该自然而然地行动，因为天对人来说，是无法逾越的存在，即'物不胜天久矣'"④。《庄子》中，除自然之天外，"天"还有天性的内涵，如"（河伯）曰：'何谓天？何谓人？'北海若曰：'牛马四足，是谓天；落马首，穿牛鼻，是谓人。故曰，无以人灭天。'"⑤，这里的"天"是万物本性世界的天。黄老学说对"天"也十分推崇，《黄帝四经》便说："以天为父，以地为母。"⑥ 天地是人的父母，对人具有权威，所以《黄帝四经》强调人的行为应当符合天的

---

① 安乐哲、郝大维：《道不远人——比较哲学视域中的〈老子〉》，何金俐译，学苑出版社，2004，第75~76页。
② 《老子》73章，王弼注，楼宇烈校释《老子道德经注校释》，中华书局，2008，第181~182页。
③ 《老子》77章，王弼注，楼宇烈校释《老子道德经注校释》，中华书局，2008，第186页。
④ 许建良：《先秦道家的道德世界》，中国社会科学出版社，2006，第197页。
⑤ 《庄子·秋水》，郭庆藩：《庄子集释》，中华书局，2004，第590~591页。
⑥ 陈鼓应注译《黄帝四经今注今译——马王堆汉墓出土帛书》，商务印书馆，2007，第429页。

运行之道，并将天之特性加以概括，如天之"七法"："明以正者，天之道也。适者，天度也。信者，天之期也。极而［反］者，天之性也。必者，天之命也。［顺正者，天之稽也。有常］者，天之所以为物命也。此之谓七法。"① 在这之上，《黄帝四经》将天道运行和治理状况相结合对应，如"天有死生之时，国有死生之正（政）。因天之生也以养生，谓之文；因天之杀也以伐死，谓之武；［文］武并行，则天下从矣"②。而一旦违背了"天当"，便会受到天之惩罚，"天地无私，四时不息。天地立（位），圣人故载。过极失（佚）［当］，天将降殃"③。可看出，黄老道家对"天"的论述，与"事"和"治"结合的目的性和实用性很强，而"天"之含义尽管主要还是指自然之天，但从"天"能降福祸、决生死的论述来看，带有一定的意志之天的色彩。

《淮南子》中的"天"就地位来说，位于"道"之下；从其产生而言，"气有涯垠，清阳者薄靡而为天"④（《天文》），"天"是由气中的清明部分所形成，同时《淮南子》又指出"精神，天之有也"⑤（《精神》），人之精神是和天紧密相连的，因而"天"成为沟通"道"与"人"之间的环节，比之"道"，"天"更加具象，更容易为人所经验，所以"道"常通过"天"体现出来。《淮南子》中，"天"出现的次数高达近200次。具体来说，《淮南子》中的"天"有以下几方面内涵。

（一）自然之天

自然之天是《淮南子》中"天"最为常见的内涵，"天"常作为自然或者自然万物的代表，而代表"天"运行规律、准则的"天道"或者"天之道"在《淮南子》中出现频率也很高，如：

> 天道无亲，唯德是与。⑥（《诠言》）

---

① 陈鼓应注译《黄帝四经今注今译——马王堆汉墓出土帛书》，商务印书馆，2007，第422页。
② 陈鼓应注译《黄帝四经今注今译——马王堆汉墓出土帛书》，商务印书馆，2007，第417页。
③ 陈鼓应注译《黄帝四经今注今译——马王堆汉墓出土帛书》，商务印书馆，2007，第416页。
④ 刘文典：《淮南鸿烈集解》，中华书局，1989，第79页。
⑤ 刘文典：《淮南鸿烈集解》，中华书局，1989，第218页。
⑥ 刘文典：《淮南鸿烈集解》，中华书局，1989，第486页。

故不为善，不避丑，遵天之道；不为始，不专己，循天之理；不豫谋，不弃时，与天为期；不求得，不辞福，从天之则。①（《诠言》）

天道作为规律、法则是客观的无偏私的，而天道包括天理、天期、天则这些在运行中展示给人的运行方式、轨迹、道理、周期等。天道之所以被揭示出来，乃至被详细地以接近自然科学的方式描述出来，目的就是使这种不变无偏同时又能让人感知到的天道天理，成为人的行动根据或指引。陈静将战国以来寻找思想、行动根据的趋势，概括为两大思路："望天"和"问心"。在宇宙论盛行的汉代，"望天"无疑是各家著作中乐于采用的思路，而"这种表达方式使思想家说出的不再是个人意见，而成为对天理或者道理的揭示和呈明"②。所以在《淮南子》中，知天道、法天道、明天道、循天道，成了人们的努力目标，也成了区别圣人与一般人的标准，即"圣人法天顺情，不拘于俗，不诱于人，以天为父，以地为母，阴阳为纲，四时为纪"③（《精神》）。

（二）万物本性之天

《淮南子》中的"天"，还继承了《庄子》中的思想，有万物本性的内涵，如：

所谓天者，纯粹朴素，质直皓白，未始有与杂糅者也。所谓人者，偶睹智故，曲巧伪诈，所以俛仰于世人而与俗交者也。故牛歧蹄而戴角，马被髦而全足者，天也。络马之口，穿牛之鼻者，人也。循天者，与道游者也。随人者，与俗交者也。……故圣人不以人滑天，不以欲乱情，不谋而当，不言而信，不虑而得，不为而成，精通于灵府，与造化者为人。④（《原道》）

故达于道者，不以人易天，外与物化，而内不失其情，至无而供

---

① 刘文典：《淮南鸿烈集解》，中华书局，1989，第470页。
② 陈静：《自由与秩序的困惑——〈淮南子〉研究》，云南大学出版社，2004，第9页。
③ 刘文典：《淮南鸿烈集解》，中华书局，1989，第219页。
④ 刘文典：《淮南鸿烈集解》，中华书局，1989，第20~21页。

其求，时骋而要其宿。① （《原道》）

"天"所代表的是未被人力强行改变的，万物纯粹朴素的本然状态。就像牛长角岔蹄，马披髦全蹄一样，是生来如此，而与"天"相对的"人"指的则是不懂顺应本性的人力妄行。《淮南子》主张要遵循天然，而不像世俗那样一味重人为。不仅对万物如此，对人同样如此，人只有明了、因循自身本性，是自己所应是，而非恣意妄为，以人破坏天，以欲扰乱情，才能有自在逍遥的状态。

（三）意志之天

《淮南子》中的"天"既有自然之天、本性之天的内涵，同时还有着一定的意志之天的内涵：

> 人无能作也，有能为也；有能为也，而无能成也。人之为，天成之。终身为善，非天不行；终身为不善，非天不亡。② （《缪称》）

> 禹乃熙笑而称曰："我受命于天，竭力而劳万民，生寄也，死归也，何足以滑和！"③ （《精神》）

这里的"天"指的是意志之天，可以让人得到祸或福，人的行动善恶是由自身决定，但人行善恶之后的结果如何，却是要交由"天"来决定。这里的"天"可以说是具有人格意志的至高无上的权威。而天命这一概念也不止一次出现，例如："原天命，治心术，理好憎，适情性，则治道通矣。"④（《诠言》）《淮南子》中虽重视"天命"，在有些地方也有匍匐于天命之下的命定论倾向，但总体而言，在天命无法抗拒之下，还是强调人自身的主观能动性，虽然结果不由自身决定，但行动过程却是自身可以把握的，不应放弃个人的努力，有着"尽人事以听天命"的意味。

---

① 刘文典：《淮南鸿烈集解》，中华书局，1989，第 11 页。
② 刘文典：《淮南鸿烈集解》，中华书局，1989，第 333 页。
③ 刘文典：《淮南鸿烈集解》，中华书局，1989，第 233 页。
④ 刘文典：《淮南鸿烈集解》，中华书局，1989，第 466 页。

二 "天之与人有以相通也"的天人关系

《淮南子》中的天与人均是由气化生而成，同时，人的精神来自天，形体来自地，"天地宇宙，一人之身也"①（《本经》），如果说天代表大宇宙的话，人就是小宇宙。因而，在天和人的关系问题上，《淮南子》明确提出："天之与人有以相通也。故国危亡而天文变，世惑乱而虹霓见，万物有以相连，精祲有以相荡也。"②（《泰族》）一个"通"字，概括出天与人之关系，具体而言，"通"体现在以下两个方面。

（一）天人同构

《淮南子》认为，人的形体与天地在结构、构成原理及功能上有着相副相类之处：

> 天地以设，分而为阴阳，阳生于阴，阴生于阳。阴阳相错，四维乃通。或死或生，万物乃成。蚑行喙息，莫贵于人。孔窍肢体，皆通于天。天有九重，人亦有九窍。天有四时，以制十二月，人亦有四肢，以使十二节。天有十二月，以制三百六十日，人亦有十二肢，以使三百六十节。故举事而不顺天者，逆其生者也。③（《天文》）

> 故头之圆也象天，足之方也象地。天有四时、五行、九解、三百六十日，人亦有四支、五藏、九窍、三百六十节。天有风雨寒暑，人亦有取与喜怒。故胆为云，肺为气，脾为风，肾为雨，肝为雷，以与天地相参也，而心为之主。是故耳目者日月也，血气者风雨也。④（《精神》）

> 天爱其精，地爱其平，人爱其情。天之精，日月星辰雷电风雨也；

---

① 刘文典：《淮南鸿烈集解》，中华书局，1989，第249页。
② 刘文典：《淮南鸿烈集解》，中华书局，1989，第664页。
③ 刘文典：《淮南鸿烈集解》，中华书局，1989，第126页。
④ 刘文典：《淮南鸿烈集解》，中华书局，1989，第220~221页。参照王念孙注释改定。

地之平，水火金木土也；人之情，思虑聪明喜怒也。①（《本经》）

从上面这些论述中，我们可看出以下三点。

其一，人的内脏与形骸，均和天是对应一致的，对应有三种方式：一是形状上，如人的头型是圆的，人的足型是方的，这和天圆地方的形状是对应的；二是人之数和天之数相对应，比如天有四时十二月，人也有四肢和十二经脉；三是功能上对应，比如肺与气、肾与雨的对应。

其二，对应不仅体现在形体及内脏上，人的情绪比如喜怒，也是和天的现象如风雨是相对应的，这种对应是动态过程的对应。

其三，对应不仅体现在常规状态下，天与人在失序的状态、状况下也是相副相应的，如：

> 日月失其行，薄蚀无光；风雨非其时，毁折生灾；五星失其行，州国受殃。夫天地之道，至纮以大，尚犹节其章光，爱其神明，人之耳目曷能久勋劳而不息乎？精神何能久驰骋而不既乎？②（《精神》）

日月偏离轨迹就黯然无光；风雨不合时令就会带来破坏灾患；五星乱了轨迹，人间州国就会遭殃。同样地，和日月相对应的人之耳目如果过于忧劳，和星辰雷电风雨对应的人之思虑情绪如果长久高速运转，那最后也只能是落得"息"与"既"，也就是停息和耗尽的下场。

所以，《淮南子》将天人间的结构、各部分的关联、生成演化机制进行比对，其目的就是通过天来给人的生命活动提供启示和依据，比如以天地之大尚且要节用光明、爱惜神气，而人也就没有理由不爱惜自身的血气五藏：

> 是故血气者，人之华也，而五藏者，人之精也。夫血气能专于五藏而不外越，则胸腹充而嗜欲省矣。胸腹充而嗜欲省，则耳目清、听

---

① 刘文典：《淮南鸿烈集解》，中华书局，1989，第 260 页。
② 刘文典：《淮南鸿烈集解》，中华书局，1989，第 221~222 页。参照俞樾注释改定。

视达矣。耳目清，听视达，谓之明。① （《精神》）

合理控制自身的欲望、心力、智慧，才能保证人体应有的血气不外泄，保证自身耳目这些身体机能能合理运行。

（二）天人感应

如果说天人同构还比较偏向于生理上，那天人感应则是天人相通在精神上的体现。天人感应在中国哲学中是一种古老且延续不断的观念，《国语》中就说："天地之气，不失其序，若过其序，民乱之也。"②《左传·宣公十五年》记载："天反时为灾，地反物为妖，民反德为乱，乱则妖灾生。"③ 在《淮南子》中，由于万物被认为都是由气化生而成，气类是可相感的，与宽泛的气类相感思想不同，《淮南子》中的天人相感并非只是自然现象上的相感，而是人的行为活动与天的相互交流和影响。《览冥》一开头，就列出了大量的感应现象：

> 昔者，师旷奏《白雪》之音，而神物为之下降，风雨暴至，平公癃病，晋国赤地。庶女叫天，而雷电下击，景公台陨，支体伤折，海水大出。夫瞽师、庶女，位贱尚菜，权轻飞羽，然而专精厉意，委务积神，上通九天，激厉至精。由此观之，上天之诛也，虽在旷虚幽间，辽远隐匿，重袭石室，界障险阻，其无所逃之，亦明矣。④ （《览冥》）

从这些感应现象中可看出，能与"天"发生感应的并非只有帝王、圣人，一般人如盲眼乐师、普通民女也能感动天。天与人能感应不在于人的地位、权势如何，而在于人的信念、行动。从天能够感应的内容来看，一方面，人的德性、德行能够打动天。如庶女叫天故事，高诱注曰："齐之寡妇，无子，不嫁，事姑谨敬。姑无男有女，女利母财，令母嫁妇，妇益不肯。女

---

① 刘文典：《淮南鸿烈集解》，中华书局，1989，第222页。
② 徐元诰：《国语集解》，中华书局，2002，第26页。
③ 《左传·宣公十五年》，阮元校刻《十三经注疏》，中华书局，1980，第1888页。
④ 刘文典：《淮南鸿烈集解》，中华书局，1989，第191~192页。参照刘文典注释改定。

杀母以诬寡妇。妇不能自明，冤结叫天，天为作雷电下击景公之台。"① 齐国的妇人孝顺忠贞，却被诬陷，她的德行和所受冤屈感动上天，所以上天才以雷电劈景公之台以示警诫。此外《道应》一章中记录了宋景公的故事：景公之时，有荧惑犯心宿，景公召知晓天文的大夫子韦来询问，子韦说这意味着灾祸要降临于国君之上，连续提出三种转移灾祸的办法——转移给丞相、转移给百姓、转移给年成，但都遭到景公拒绝，而宁愿自身受祸。景公的行为让天为之所动，荧惑移动三舍，景公的寿命增加二十一年。② 可见人的善恶行为尽管可以不为他人所知，却无法摆脱天的感知、感应，天会给人以相应奖惩，而"上天之诛也，虽在圹虚幽间，辽远隐匿，重袭石室，界障险阻，其无所逃之，亦明矣"③（《览冥》），即便躲得再深再远，所躲之处再坚固，天的奖惩都是人无法抗拒的。

另一方面，除却个人的德性，统治者的治理活动及由此而来的社会管理状况同样能与天发生相互影响与作用。《淮南子》主张根据天空中太阴星的运行来制定一年之中春、夏、秋、冬四时应当实行的政令，"太阴治春则欲行柔惠温良，太阴治夏则欲布施宣明，太阴治秋则欲修备缮兵，太阴治冬则欲猛毅刚强"④（《天文》）。春夏柔和，秋冬刚猛，各有适宜在这些季节采用的政令。如果不按照天之时节来行令，就有不良后果："春行夏令泄，行秋令水，行冬令肃。夏行春令风，行秋令芜，行冬令格。秋行夏令华，行春令荣，行冬令耗。冬行春令泄，行夏令旱，行秋令雾。"⑤（《时则》）令与时的错乱会导致自然界中各种灾害出现。

因而，借由这种时令与政令的对应，天道运行规律成为国家制定、实施政令的依据和监督者，政令合理、实施顺利，天地就正常运行，一旦政令失序，就会使天地产生混乱，从而有异常天象，给世界带来灾难："人主之情，上通于天。故诛暴则多飘风，法苛则多虫螟，杀不辜则国赤地，令不收则多淫雨。"⑥（《天文》）君主行暴政多暴风，法令苛刻则多虫灾，滥

---

① 刘文典：《淮南鸿烈集解》，中华书局，1989，第 191 页。
② 参见刘文典《淮南鸿烈集解》，中华书局，1989，第 398 页。
③ 刘文典：《淮南鸿烈集解》，中华书局，1989，第 192 页。
④ 刘文典：《淮南鸿烈集解》，中华书局，1989，第 123 页。参照俞樾、刘文典注释改定。
⑤ 刘文典：《淮南鸿烈集解》，中华书局，1989，第 188 页。
⑥ 刘文典：《淮南鸿烈集解》，中华书局，1989，第 84 页。参照刘文典注释改定。

杀无辜则有大旱，随意发政令则会引来大雨。可以说，这样就"将人间的社会政治活动、气象、物候与天上的星辰运行联系成一个整体，从而成为一个有机联系的循环系统。人与天相互感应、相互影响、相互作用，人违背天道运行规律的任何行为都要遭到上天惩罚"①。

既然天人相感对个人、对人世都有如此大的作用，那人如何能让自身行为得到天的正面感应呢？《淮南子》认为"怀情抱质，天弗能杀，地弗能薶也"②（《缪称》）、"抱质效诚，感动天地"③（《主术》）、"夫全性保真，不亏其身，遭急迫难，精通于天"④（《览冥》）。唯有怀抱质朴之性、保本真不失，尤其是要情感真挚、意志精诚，方能感天动地，不遭天惩。这其中的关键就是要求个人行为及国家治理都应当因循人的真性真情，因为这是人的本性之天，依照人之天而不妄行，才不致引来上天惩罚。⑤ 同时，对精诚的强调除了是对道家思想的传承，也有着儒家思想的因子，如孟子曾云："诚者，天之道也。思诚者，人之道也。至诚而不动者，未之有也。不诚未有能动者也。"⑥ 以精诚的状态、境界守住自身之"天"，就可以达成人与天地和谐的良好效果：

> 古圣王至精形于内，而好憎忘于外，出言以副情，发号以明旨，陈之以礼乐，风之以歌谣，叶贯万世而不雍，横扃四方而不穷，禽兽昆虫与之陶化。⑦（《主术》）

> 精诚感于内，形气动于天，则景星见，黄龙下，祥凤至，醴泉出，嘉谷生，河不满溢，海不溶波。⑧（《泰族》）

---

① 王巧慧：《淮南子的自然哲学思想》，科学出版社，2009，第149页。
② 刘文典：《淮南鸿烈集解》，中华书局，1989，第326页。
③ 刘文典：《淮南鸿烈集解》，中华书局，1989，第276页。
④ 刘文典：《淮南鸿烈集解》，中华书局，1989，第193页。
⑤ 董仲舒同样持有"天人感应"之思想，但其强调的是"天子受命于天"，天人感应关系集中在君主和上天之间，"法天"更多是对君主而言，表达的是对皇权至上的推崇，这与认为感应可存在于普通人之中，强调保持天然本性的《淮南子》思想是不同的。
⑥ 《孟子·离娄上》，阮元校刻《十三经注疏》，中华书局，1980，第2721页。
⑦ 刘文典：《淮南鸿烈集解》，中华书局，1989，第276页。参照王念孙注释改定。
⑧ 刘文典：《淮南鸿烈集解》，中华书局，1989，第664页。

可见，天与人相处得宜，不仅风调雨顺、万物和睦，甚至连"嘉谷生"这样不常见的祥瑞都能出现。

《淮南子》通过天人同构和天人感应，搭建起天人相通相合的桥梁。在天人之间，最重要的原则就是"不以人易天"①（《原道》），人不能违背自然规律而行事，同时也不能以人力妄为改变人的天性，只能因循自然本性、自然规律而为，以此决定人事的方向。"知天之所为，知人之所行，则有以径于世矣。知天而不知人，则无以与俗交；知人而不知天，则无以与道游。"②（《人间》）仅知天的运行之道还不够，还要知人世间的运转，《要略》在总结《天文》一章时说："知逆顺之变，避忌讳之殃，顺时运之应，法五神之常，使人有以仰天承顺，而不乱其常者也。"③ 只有让人知道顺时运，才不会违背、扰乱"常"。"常"指的正是规律，既有天之常，也有人之常，天的运行背后的依据和秩序，正是要给人道之常，给人世之序提供明晰的依据与指引。

第四节　"道散而为德"之德论

"德"是道家的重要概念，道家又被称作道德家，道家开山经典《老子》即有"道篇"与"德篇"之分，《淮南子》中的"德"论，不仅对"道""德"关系做了生动论述，而且以历史的眼光梳理了"德"在现实中的流变，并以"和"作为"德"的理想目标。

一　"夫道之与德，若韦之与革"的"道""德"关系

道家"德"的概念，始于老子。在老子思想中，"德"是每一物所得到的"道"，使"道"在物中展现出来，使每一物作为独特的个体而存在。"德"可以说就是各物特有的自然本性，对人来说，就是每个人的人性。"德者，得也。"④ "德"是对"道"的得，"道"要体现到不同的生命中，

---

① 刘文典：《淮南鸿烈集解》，中华书局，1989，第 11 页。
② 刘文典：《淮南鸿烈集解》，中华书局，1989，第 621 页。参照王念孙注释改定。
③ 刘文典：《淮南鸿烈集解》，中华书局，1989，第 701 页。
④ 《老子》38 章王弼注，王弼注，楼宇烈校释《老子道德经注校释》，中华书局，2008，第 93 页。

让万物都有所得，才能使"道"真正体现出来。"'道'实际上是生命的源泉和根本，是一种潜能或潜在性存在，'德'则是主体实现原则。"①

在《淮南子》中，"德"的出现频率很高，达近 300 次，就内涵而言，李霞教授将其概括为四种：一、一般意义上的品德、道德；二、阴阳学说中代表阳的方向；三、五行学说中主生的因素；四、与"道"相对应的下位概念。② 其中出现最多的是一与四，而就形上层面而言，主要还是以四居多。在四中，"德"的内涵秉持了老子思想，"德"经常伴随着"道"而出现，"'道'是指事物的本源、本根，'德'是万物得于'道'而构成自身特殊性的东西，是生命得以生长的生命力，得以存在的内在特质"③。《淮南子》中说："道散而为德。"④（《俶真》）"散"并不是打散的意思，而应当是落实到万物之中，"道"是总体，"德"是分殊，"德"即体现在万物中的"道"。

关于"道"和"德"的关系，《淮南子》曰："夫道之与德，若韦之与革，远之则迹，近之则疏。"⑤（《览冥》）高诱注曰："革之质象道，韦之质象德。欲去远之，道反在人侧，欲以事求之，去人已远也。无事者近人，有事者远人。"⑥ 革为去毛之兽皮，韦是加工过的熟皮，前者是最初原料，是本，但不能直接成为皮制品，而要有熟皮作为中介，有熟皮之后，才有生发形成各种制品的可能。"道"是终极本体，"德"则介于本体和现象世界之间，是连接二者的桥梁。从气来解释道如何让万物形成，是发生论、宇宙论上的回答；在本体论上，最高本体如何下落到万物上，也需一个中间联系环节，"德"就是表达"道"与"物"间化生、化育关系的概念。"道"是就向后追溯根源而言的，而"德"是就向前生成万物和成就万物来说的。"道"在万物中的"显现"就是"德"，"德"唯"道"是从，是道之"有"性的映照，是"道"之分，拥有"德"即合乎"道"。

"道者，物之所导也；德者，性之所扶也。"⑦（《缪称》）"率性而行谓

① 蒙培元：《"道"的境界——老子哲学的深层意蕴》，《中国社会科学》1996 年第 1 期。
② 参见李霞《生死智慧——道家生命观研究》，人民出版社，2004，第 93 页。
③ 李霞：《生死智慧——道家生命观研究》，人民出版社，2004，第 93 页。
④ 刘文典：《淮南鸿烈集解》，中华书局，1989，第 59 页。
⑤ 刘文典：《淮南鸿烈集解》，中华书局，1989，第 200 页。参照王念孙注释改定。
⑥ 刘文典：《淮南鸿烈集解》，中华书局，1989，第 200 页。
⑦ 刘文典：《淮南鸿烈集解》，中华书局，1989，第 319 页。

之道，得其天性谓之德。"①（《齐俗》）"道"引导万物按照自身自然本性行动，而"德"与"道"有不同的功能，"道"对万物是生、是导，而"德"的功能则是蓄、扶，保持得于"道"的天性，与"道"相通，就具有了"德"。宇宙万有本根是"道"，人物所得于"道"以生是"德"，"德"之表见于生命中为"性"，道—德—性形成一个序列。"道"未落实在生命之上、只在形上世界时，是恍惚的，虽高远却少现实性，而"道"落实到生命上，赋予万物特性及功能而成就生命之"德"时，才能使"道"原有的无限性分化、凝结为有限性的存在，也让本体论与人生问题联系起来。"道""德"二者在根本上是相通的，两者一偏"超越"、一偏"内在"，所以通过"德"，"道"内在于万物中与万物不相分离。实际上，作为连接"道"与"物"的"德"，无论物行为如何，只要物仍存在就不会消逝，表明它仍具超越性的一面；然而，"德"可能会由于物的行为而暂时被遮蔽或破坏，这是它内在性一面的体现。

二 "德"在现实中的演变

"德"作为"道"在万物上的分殊，是物之所以为物之道，也让"道"落实在人生问题之上。与"道"不受万物影响不同，在现实中，"德"可能随着物的发展而发生变化。"德"在物上，而物除生命原理外，还有生命表现形式——形体，如果物不溺于形中、以形私己，那么物之形同样是"道""德"之显现，万物从"道"顺"德"；然而对物尤其是对于人而言，在现实中面临着种种可能性选择，面对着形体上的种种诱惑，不可避免会偏离应有规定，让"德"发生衍变。《淮南子》的思想特色之一是将思与史结合，以史为证，在历史中凸显出所要论述的哲学思想，其对"德"也进行了具有哲学意义的历史化阐释。如书中数次提到至德之世：

> 至德之世，甘瞑于溷澜之域，而徙倚于汗漫之宇，提挈天地而委万物，以鸿濛为景柱，而浮扬乎无畛崖之际。是故圣人呼吸阴阳之气，而群生莫不颙颙然，仰其德以和顺。②（《俶真》）

---

① 刘文典：《淮南鸿烈集解》，中华书局，1989，第343页。
② 刘文典：《淮南鸿烈集解》，中华书局，1989，第64页。

古者至德之世，贾便其肆，农乐其业，大夫安其职，而处士修其道。当此之时，风雨不毁折，草木不夭死，九鼎重，珠玉润泽，洛出《丹书》，河出《绿图》。①（《俶真》）

至德之世中，一方面，人酣睡在混沌无涯境界中，翱翔在自由广阔的天地，甚至能提举天地，这自然是想象，表明人守住"德"便能进入自在逍遥的境界。另一方面，人在社会之中能够安于自身合适的身份生活，社会中呈现的是一片安居乐业的景象，连自然环境也是十分和谐有序的。

至德之世描述的是社会的整体状况，那对于人来说，至德意味着什么呢？《淮南子》曰：

是故无所私而无所公，靡滥振荡，与天地鸿洞；无所左而无所右，蟠委错紾，与万物始终，是谓至德。夫水所以能成其至德于天下者，以其淖溺润滑也。②（《原道》）

故至德者，言同略，事同指，上下一心，无歧道旁见者，遏障之于邪，开道之于善，而民乡方矣。③（《缪称》）

第一段引文中以水为至德，并以水之至德喻人之至德，无公私之别，无左右之分，和天地相连，与万物共始终，水之所以能够成就至德，在于其有着柔软润滑的特性。对于人而言，既然"德"是"道"的分殊，至德也就秉持了"道"的特性，意味着自然无偏私，不以自我为中心，柔弱处下。对于统治者来说，至德还意味着有话语简略、集中力量办事的能力，还要能上下一心无分歧，并且阻止邪气，引导好事，让百姓走上正路。可以说，至德不仅是个人自然逍遥之事，《淮南子》还很强调其中包含的自我和他人关系、对他人的态度这些具有社会意义的部分，体现出《淮南子》道事并

---

① 刘文典：《淮南鸿烈集解》，中华书局，1989，第 75 页。参照庄逵吉、王念孙注释改定。
② 刘文典：《淮南鸿烈集解》，中华书局，1989，第 28 页。
③ 刘文典：《淮南鸿烈集解》，中华书局，1989，第 319 页。

重的特点。

然而，至德之世并没能长久保持，历史毕竟在演进，在《淮南子》看来，这种演进并不意味着进步，而是"德"的逐渐丧失，至德之世只能留在对过去的想象中。《俶真》中对这一过程做了论述："及世之衰也，至伏羲氏，其道昧昧芒芒然，含德怀和，被施颇烈，而知乃始昧昧林林，皆欲离其童蒙之心，而觉视于天地之间。是故其德烦而不能一。"① 伏羲之时，"道""德"仍然存在，但人已经用智巧开始朦朦胧胧地追求，想要逃离原初那颗孩童赤子之心，心不再守在自身，而开始将目光放在天地间的种种之上。这时人心已不纯粹，随着智识增加及所见之物增加，人心已不静，而有了种种想法甚至欲念，"德"受这些杂烦影响，已经无法保持与"道"的同一。

到了后世的神农、黄帝之时，虽然秩序还算稳定，但已违背了"道"中所有的自然、无为等精神，而"德"也必然被忽视或者遮蔽；再到昆吾、夏后之世，已经"嗜欲连于物，聪明诱于外，而性命失其得"② (《俶真》)。"得"，高诱注为"性命之本"③，所指即"德"，可见到了夏后时，人的"德"已经完全被遮蔽了。而到了周室之时，"浇淳散朴，离道以伪，险德以行，而巧故萌生"④ (《俶真》)，不仅是"道""德"丧失的问题，而且是人们丧失了淳朴之性，虚伪取代了大道，人们背离了自身之"德"，原先的正路变为邪路。除《俶真》中的描述外，"德衰然后仁生""立仁义，修礼乐，则德迁而为伪矣""智能愈多而德愈薄矣"⑤ (《本经》) 等都是对"德"在现实中不断丧失这一过程的揭露。《淮南子》借由对"德"的变化的历史考察，将之前道家曾论述过的失"德"过程具象化，实现了史与思即历史和逻辑的统一。这一变化过程的起点是清静、自然的原初状态，而发展的当前节点是有对峙、有争斗、有制约的不自在且混乱的状态。显然，对当前的描述是对现实的尖锐批判，而起点则是《淮南子》的理想所在，所以《俶真》在描述完"德"的历程之后，提出"圣人之学也，欲以

---

① 刘文典：《淮南鸿烈集解》，中华书局，1989，第64~65页。参照王念孙注释改定。
② 刘文典：《淮南鸿烈集解》，中华书局，1989，第65页。
③ 刘文典：《淮南鸿烈集解》，中华书局，1989，第65页。
④ 刘文典：《淮南鸿烈集解》，中华书局，1989，第66页。参照王念孙注释改定。
⑤ 刘文典：《淮南鸿烈集解》，中华书局，1989，第251~252页。参照王念孙注释改定。

返性于初，而游心于虚"①，圣人学说想要达到的就是让人的本性和万物之"德"返回最初的本真质朴，道家的理想往往以这样"反朴归真"式的反向的形式来表达，"返"或说"反"的精神贯穿于《淮南子》全书。

三 "德"的理想目标——"和"

对人而言，由于"德"在人类社会的发展中不断退化，所以《淮南子》才提倡"反"，以让"德"的运行回复原初状态。在《淮南子》看来，"德"运行的理想目标即"和"：

> 闭九窍，藏心志，弃聪明，反无识，芒然仿佯于尘埃之外，而消摇于无事之业，含阴吐阳，而万物和同者，德也。②（《俶真》）

> 静漠恬澹，所以养性也；和愉虚无，所以养德也。外不滑内，则性得其宜；性不动和，则德安其位。③（《俶真》）

"德"的作用是让万物"和"，而"德"的蓄养也要依靠"和"，性中之"和"不变，"德"也保持不变，表明"德"与"和"是紧密相连的。而从"德"的现实发展历程来看，两者同样密不可分。在至德之世时，"圣人呼吸阴阳之气，而群生莫不颙颙然，仰其德以和顺"④（《俶真》）。圣人呼吸阴阳之气代表的是一种恪守自身之"德"，以与阴阳天地相通相合的自然状态，民众仰慕这种状态，同样也守"德"以自然达致和顺，这种"和"的得到是自然的。到了伏羲时代，"含德怀和，被施颇烈，而知乃始昧昧楙楙，皆欲离其童蒙之心，而觉视于天地之间。是故其德烦而不能一"⑤（《俶真》），"德"与"和"虽在，但已要靠人们有意吟咏和含怀，是有为而非纯粹自然的了。到了神农、黄帝之时，"提挈阴阳，媒揣刚柔，枝解叶贯，万物百族，使各有经纪条贯，于此万民睢睢盱盱然，莫不竦身而载

---

① 刘文典：《淮南鸿烈集解》，中华书局，1989，第67页。
② 刘文典：《淮南鸿烈集解》，中华书局，1989，第59页。
③ 刘文典：《淮南鸿烈集解》，中华书局，1989，第73页。
④ 刘文典：《淮南鸿烈集解》，中华书局，1989，第64页。
⑤ 刘文典：《淮南鸿烈集解》，中华书局，1989，第64~65页。参照王念孙注释改定。

听视,是故治而不能和下"①(《俶真》),只重视治理中的规范、秩序,而不在乎甚至压制了人之"德",故而虽然可以出现天下太平这样大治的表象,却已无法达致"和"。至于再后世,随着"德"的丧失,人和社会的状态走向"和"的反面——乱。故曰:

> 天地之气,莫大于和。和者,阴阳调,日夜分,故万物春分而生,秋分而成,生之与成,必得和之精。故圣人之道,宽而栗,严而温,柔而直,猛而仁。太刚则折,太柔则卷,圣人正在刚柔之间,乃得道之本。积阴则沉,积阳则飞,阴阳相接,乃能成和。②(《泛论》)

"和"的思想源于天地之气的运行,"和"是天地之气运行的最佳状态,阴阳调和、日夜分明,而后才可让万物生长,因而"和"所指的是对立的事物间达致的协调统一的状态,万物的生与成均离不开"和",所以才说"阴阳和合而万物生","和"堪称天地生命的根本精神与理想状态。故而人在自身思想、行动之中也应当遵循"和"之精神,达致"和"之状态,所以圣人的人生之道、治国之道,宽容而又坚决、威严而又温和、柔弱而又刚直、威猛却又仁慈,圣人在这些刚柔状态间并不偏向于某一边,因为一旦执于某个方面反而会带来恶果,所以他力求处在刚柔协调、执中守和的状态,就像天地间要达致阴阳融合一样。"和"可以说是贯通天人的精神,"德"达致"和"的状态,才能让人的生命与天地相连相通,所以说"抱德炀和,以顺于天"③(《精神》),这是天人间之"和"。对于人类而言,"和"的精神应贯穿在方方面面。

1. 个人精神之和

> 是故圣人内修道术,而不外饰仁义,不知耳目之宜,而游于精神之和。④(《俶真》)

---

① 刘文典:《淮南鸿烈集解》,中华书局,1989,第65页。
② 刘文典:《淮南鸿烈集解》,中华书局,1989,第432页。参照俞樾注释改定。
③ 刘文典:《淮南鸿烈集解》,中华书局,1989,第226页。
④ 刘文典:《淮南鸿烈集解》,中华书局,1989,第60页。

个人在精神上应当修"道"合"德"，不以外在仁义来修饰自身，也不思虑耳目适合何种享受，而是游弋于和谐的精神境界中。其中十分重要的是情绪上的控制，"夫喜怒者，道之邪也"①（《原道》），故而要"和喜怒"②（《诠言》）。

2. 人际之和

> 上无烦乱之治，下无怨望之心，则百残除而中和作矣，此三代之所以昌也。③（《泰族》）

统治者不滥用权柄恣意妄为，不仅自身少了心绪烦劳，而且也让民众少了对上位者的怨恨之心，上下和睦自然各种问题就不会出现，三代时政治之所以昌明就在于有了这种人际之和。

3. 天下之和

《淮南子》中还对全天下实现"和"之后的美好景象进行了勾勒：

> 古者圣人在上，政教平，仁爱洽，上下同心，君臣辑睦，衣食有余，家给人足，父慈子孝，兄良弟顺，生者不怨，死者不恨，天下和洽，人得其愿。夫人相乐，无所发贶，故圣人为之作乐以和节之。④（《本经》）

圣人在上位时，政治教化清平，广施仁爱，政治上下一心、君臣关系和睦；物质生活上人们衣食有余、家家丰足；在伦理关系上父亲慈爱儿子孝顺、兄良善弟和顺；即便在生死问题上，生的人没有埋怨，死的人也没有怨恨，这正是一幅天下和洽的局面。人们在其中感到快乐，却并没有受他人恩赐的感觉，为什么会如此呢？在于这天下和洽是来自天下人人守住自身之"德"，以"德"来得"和"，并非来自外在的恩赐。

"和"如此重要，为何在人世中会被破坏，《淮南子》中说得清楚：

---

① 刘文典：《淮南鸿烈集解》，中华书局，1989，第 31 页。
② 刘文典：《淮南鸿烈集解》，中华书局，1989，第 476 页。
③ 刘文典：《淮南鸿烈集解》，中华书局，1989，第 698 页。参照王念孙注释改定。
④ 刘文典：《淮南鸿烈集解》，中华书局，1989，第 266 页。

　　　　圣人不以身役物，不以欲滑和。① （《原道》）

　　　　性有不欲，无欲而不得，心有不乐，无乐而不为，无益于情者不以累德，不便于性者不以滑和。② （《精神》）

　　　　羞以物滑和。③ （《齐俗》）

"滑"即伐，破坏之义，破坏"和"是欲望、是外物，所谓"不便于性者"，所指的也是迎合人之欲望，从而破坏自然本性之物，所以外物诱惑、人对外物的欲求，是"和"之大敌，人之所以偏离自身之"德"，滥用心智、情绪纷扰，究其根本也在于"物""欲"。如何归于"和"呢？"随自然之性而缘不得已之化，洞然无为而天下自和。"④ （《本经》）"德"要达致理想目标——和，对上要体"道"、合"道"，对下则要保持自身自然本性，避免过度的欲望追求和情绪纷扰，因循人之自然本性及变化发展规律而浑然无为，便能有天下自和的结果。不过，"阴阳不及和，和不及道"⑤ （《道应》），"和"虽是人与天地阴阳的理想状态，是"德"的理想目标，然而"和"意味着存有分，不分也就无谓"和"，比之浑然一体之"道"，仍有不及。人在世间的活动中，不可避免会产生种种分及从分来的是非、矛盾⑥，正因有问题、矛盾，才给了道德发挥作用的空间，道德所要促进的也便是从分到和。"和"的关键在于性，"和"的破坏始于欲，故而人之性与情欲问题，正是《淮南子》伦理思想在形下层面面临的首要问题。

　　"德"是就"道"内在于物，作用于物，且作为物得以存在及完满的内在规定性而言的，是一物所以生之原理。"德"代表生命未受外在影响的本

① 刘文典：《淮南鸿烈集解》，中华书局，1989，第 34 页。
② 刘文典：《淮南鸿烈集解》，中华书局，1989，第 240~241 页。参照王念孙注释改定。
③ 刘文典：《淮南鸿烈集解》，中华书局，1989，第 373 页。
④ 刘文典：《淮南鸿烈集解》，中华书局，1989，第 252 页。
⑤ 刘文典：《淮南鸿烈集解》，中华书局，1989，第 381 页。
⑥ 《庄子·齐物论》中便说："有以为未始有物者，至矣，尽矣，不可以加矣。其次以为有物矣，而未始有封也。其次以为有封焉，而未始有是非也。"见郭庆藩《庄子集释》，中华书局，2004，第 74 页。

然状态，然而在现实发展进程中，人们的"德"却面临着日益异化、丧失的境况，这一演变，表明人在现实生活中有着偏离大道的可能，故而《淮南子》中才分外重视"反"，意图推动人们摆脱内外束缚，让"德"回到原初的无邪状态，这促使种种道德问题及范畴的出现。

第四章　《淮南子》伦理思想的现实范畴

从"道"到"德"为《淮南子》的伦理思想提供了形上依据，然而我们日常所言伦理道德毕竟是在人世中运行的，需要在现实中得到落实，这就必然要通过一些具体的道德范畴呈现出来。作为综合包容性著作的《淮南子》，对性情、仁义、义利、刑德、祸福这些道德哲学中核心问题的探讨，既是对先秦道德思想的传承延续，又在此基础上加以融合与延伸。对这些道德范畴进行详细考察，有利于使《淮南子》伦理思想的理论体系更加明晰。

第一节　"和愉宁静，性也"之性情论

人性问题是中国伦理思想史中的基础性问题，"在中国伦理思想史上，人性论从来都是伦理学的理论基础。如果这一问题没有得到很好的解决，人伦规范的确立和个体道德的修养也就没有着落"[1]。《淮南子》中揭示出人性的发展过程，本来清净的人性在后天发展中却可能被破坏。欲和情是人所固有，却会成为人性的破坏因素，如何应对情欲也是道德哲学中不得不探讨之问题。同时，人能否沿着本真之性的轨道前行，除自身努力外，还有待于"命"，对性命关系的态度及对死亡这一无法回避命运的处理方式，是人之道德智慧及精神气质的体现。

一　"清净恬愉，人之性也"的人性观

"性"在中国伦理思想之中，是极其重要同时也是极为复杂的概念，有着丰富含义，"从发生学的角度来审视，性是较晚出的会意字。它由生和心

---

[1]　焦国成：《中国伦理学通论》上册，山西教育出版社，1997，第105页。

两个密切相关的象形字组合而成，用以表示事物生来具有的质的规定性"①。而在汉代思想中，"性""既指人的生命、性命，又指人的本来面目，还指人的性格和人的天赋素质"②。在《淮南子》中，"性"最主要指的还是事物生来就有的本质规定性，故曰"性者，所受于天也"③（《缪称》）。《淮南子》认为清静是人之本性，但人性在后天容易异化，故要以反性为应对异化之方。

（一）人性与道德之关系："率性而行谓之道，得其天性谓之德"

在《淮南子》中，"性"与"道""德"是紧密联系在一起的，"性"的根源是"道"，"夫性命者，与形俱出其宗，形备性命成，性命成而好憎生矣"④（《原道》），"性"显然就是"道"在人身上的体现，所以说"率性而行谓之道"⑤（《齐俗》），只要按"性"而行动，就是依"道"而行。而将"道"与"性"相连，除了将"道"体现得更加具象，实际上还是以"道"引导"性"。徐复观先生对道性与人性的相通之处就曾说："道家的道是'无'。'无'落实一步则为虚静；因而由道所赋予于人之性，也是虚是静。"⑥

作为"道"在万物上之分殊的"德"，和"性"的联系就更为密切。"得其天性谓之德"，"道"是天地万物的总根源，人是否得"道"，在于是否有"德"，"德"之体现，就在于人能够持守自身本性，当人的自然的本性得以充分自由地发展，才表现为"德"。"道"为"性"提供的是普遍规定性，是"性"共同的根源，然而各物各人有自身独特之性，这与生俱来之"性"是作为"道"之分的"德"所提供的，故曰："道者，物之所导也；德者，性之所扶也。"⑦（《缪称》）如徐复观先生所说："只称为'德'，是没有具体生命的限制；称为性，这便指明它（性）是被乘载于人的具体生命之

① 岑贤安等：《性》，中国人民大学出版社，1996，第18页。
② 李沈阳：《汉代人性论史》，齐鲁书社，2010，第15页。
③ 刘文典：《淮南鸿烈集解》，中华书局，1989，第333页。
④ 刘文典：《淮南鸿烈集解》，中华书局，1989，第39页。
⑤ 刘文典：《淮南鸿烈集解》，中华书局，1989，第343页。
⑥ 徐复观：《两汉思想史》第2卷，华东师范大学出版社，2001，第141页。
⑦ 刘文典：《淮南鸿烈集解》，中华书局，1989，第319页。

中，凭具体生命以实现。"①

对于人而言，"性"是人的行为的推动力。"夫举天下万物，蚑蛲贞虫，蠕动蚑作，皆知其所喜憎利害者，何也？以其性之在焉而不离也。"②（《原道》）天下万物，即便小至爬虫，都知道自身所喜恶、利害的事，为什么呢？正在于各自之"性"的推动。"夫圣人用心，杖性依神，相扶而得终始。"③（《俶真》）"是故明于性者，天地不能胁也；审于符者，怪物不能惑也。"④（《本经》）在"性"未遭到破坏之时，人的行为依照"性"之要求行动，这样连天地都无法威胁。所以"性"是人之行动的起点，"性"上与"道""德"相连，下与人之行动相通，是《淮南子》道德哲学中连接形上与形下世界的关键节点。人性来源于"道"，本是淳朴无邪的，然而人自身及所处社会不是只有原初之性的真空，"性"由于内在和外在的因素会有所杂糅甚至被破坏，这既让"道"与"德"之精神无法得到贯彻，也会让人走上邪路。所以如何认知人自然纯朴的本性，并且使之在异化后能复归原初之性，是《淮南子》人性论的重要问题。

（二）人性之本然："人生而静，天之性也"

人之本性究竟为何，自先秦诸子起，对此便已有多种看法，儒家习惯用善恶论人性，无论是性善、性恶、有善有恶，强调的都是对人性的价值认定。然善恶作为价值标准，却具有一定主观性和人为性，存有将主观预设强加于人之嫌疑，会将人原有的种种可能变为只有或者只该有一种，人在其中是失去自由的。所以老子才说："（天下）皆知善之为善，斯不善已。"⑤ 天下皆"知善"，善在这里成了一种知识，一种人为划分，会有许多规定和标准。这种规定，在道家看来是一种非自然的划分，是不赞同的。张岱年先生称道家人性论为"性超善恶论"或"绝对的性善"论⑥。但善恶并不是道家对人性的关注所在，道家用"无"及"法自然"来说"道"，

---

① 徐复观：《两汉思想史》第 2 卷，华东师范大学出版社，2001，第 140 页。
② 刘文典：《淮南鸿烈集解》，中华书局，1989，第 40 页。
③ 刘文典：《淮南鸿烈集解》，中华书局，1989，第 48 页。
④ 刘文典：《淮南鸿烈集解》，中华书局，1989，第 249 页。
⑤ 《老子》2 章，王弼注，楼宇烈校释《老子道德经注校释》，中华书局，2008，第 6 页。
⑥ 参见张岱年《中国哲学大纲》，中国社会科学出版社，1982，第 194 页。

王弼曰："道不违自然，乃得其性。"① 道性如此，人性也一样，所要恪守的即"自然"。人的自然之性是人生来既有、自然其所然的独特个性，自然是给人的最大要求，同时也是给人的最根本限制，人的根本要求就是：每个人都是其自身，是其自然本性要求他所是。陈静认为道家是以真伪来说人性②，应当说是得道家人性论之要。《淮南子》中的人性论，基本也是在人性自然的轨道上，循天保真与"伪"（指人为造作）是其中的主要矛盾；同时，又将对人性的论述置于历史发展过程中，凸显人性的演变。

在《淮南子》中，人性之天然、本然究竟是怎样的？《淮南子》认为，清静是人之本性：

> 人生而静，天之性也。③（《原道》）

> 和愉宁静，性也。④（《俶真》）

> 清净恬愉，人之性也；仪表规矩，事之制也。⑤（《人间》）

概言之，人的本性是清静虚寂、淳朴无邪、平和恬淡的，这些都是人自降生起便具有的性，人性的这种状态，自然和"道"有关，"道""汪然平静，寂然清澄"⑥（《俶真》），出于"道"的人之性，自然也具有这样的特性，这也是对老子"归根曰静"思想的延续。"'虚''静'两字是对《淮南子》人性论的最准确概括。'虚'即'无'，与'实''有'相对，是淡情寡欲、无善无恶而又没有以自我为中心的成见，强调的是人性天然纯真的一面，是'纯粹朴素，质直皓白，未始有与杂糅者也'。'静'，与'动'相对，是不为物、欲、情所扰，一切平和恬淡，反对人的过分'有为'给人性带

---

① 《老子》25 章王弼注，王弼注，楼宇烈校释《老子道德经注校释》，中华书局，2008，第64 页。

② 参见陈静《自由与秩序的困惑——〈淮南子〉研究》，云南大学出版社，2004，第251~253 页。

③ 刘文典：《淮南鸿烈集解》，中华书局，1989，第10~11 页。

④ 刘文典：《淮南鸿烈集解》，中华书局，1989，第77 页。

⑤ 刘文典：《淮南鸿烈集解》，中华书局，1989，第586 页。

⑥ 刘文典：《淮南鸿烈集解》，中华书局，1989，第45 页。

来伤害。"①

正因人之本性是清静的，所以《淮南子》提出"天下莫易于为善，而莫难于为不善也"的观点。但是，这里的"善"与儒家的性善论中所说的"善"不同，强调的是行为方式，"所谓为善者，静而无为也。所谓为不善者，躁而多欲也。适情辞余，无所诱惑，循性保真，无变于己，故曰为善易。越城郭，逾险塞，奸符节，盗管玺，篡弑矫诬，非人之性也，故曰为不善难"②（《泛论》）。"善"指的即是清静无为，人只要保持本真，以本性而行，不要随意改变，就可以说每天都在行善；反而是那些恶行违背人的本性，需要花费更多精力，为不善才难。

除了将"静"这种状态、境界作为人的本性，《淮南子》中还从人之生理出发，将人自然所具的情绪欲望也作为人之本性。"凡人之性，心和欲得则乐，乐斯动，动斯蹈，蹈斯荡，荡斯歌，歌斯舞，舞则禽兽跳矣。人之性，心有忧丧则悲，悲则哀，哀斯愤，愤斯怒，怒斯动，动则手足不静。人之性，有侵犯则怒，怒则血充，血充则气激，气激则发怒，发怒则有所释憾矣。"③（《本经》）有观点认为比之老庄对欲望的否定，这是一种宽容和进步，实际上，道家并没有否定欲望，《老子》竹简本中说"少私须欲"④，肯定欲望的必要性，认为适度的欲求应得到支持和保护，要能"甘其食，美其服，安其居"⑤，只是欲望要节慎有度而已，即"罪莫厚乎甚欲"⑥。所以《淮南子》中对合理欲望的肯定只是对道家思想的延续，但将其置入"性"中，则是《淮南子》的特色。人有身，故有欲有情，然欲与情是种"动"，"怒斯动，动则手足不静"⑦（《本经》），在人性清静为大本的同时，人性中还是有动的因子在，这种动一旦超越应有界限，则不免会对人的清静产生影响，这也就埋下了人性会被破坏的伏笔。

---

① 刘爱敏：《〈淮南子〉道论研究》，山东人民出版社，2013，第105~106页。
② 刘文典：《淮南鸿烈集解》，中华书局，1989，第455页。参照王念孙注释改定。
③ 刘文典：《淮南鸿烈集解》，中华书局，1989，第265~266页。参照俞樾注释改定。
④ 彭浩校编《郭店楚简〈老子〉校读》，湖北人民出版社，2001，第4页。
⑤ 《老子》80章，王弼注，楼宇烈校释《老子道德经注校释》，中华书局，2008，第190页。
⑥ 此句王弼本中无，帛书本中作"罪莫大于可欲"，楚简本作"罪莫厚乎甚欲"。实际上，老子重视人的合理欲望，如"甘其食，美其服，安其居"，对过度的欲望则坚决反对，主张"圣人为腹不为目"。应该说楚简本文字更契合老子精神，故本书用楚简本文字，参见彭浩校编《郭店楚简〈老子〉校读》，湖北人民出版社，2001，第123页。
⑦ 刘文典：《淮南鸿烈集解》，中华书局，1989，第265页。

值得注意的是，《淮南子》认为：“清净恬愉，人之性也；仪表规矩，事之制也。知人之性，其自养不勃，知事之制，其举错不惑。”①（《人间》）这段引文在强调人之性的同时，也强调了事之制。人之天性是“道”的体现，将性与事并举，无疑是《淮南子》道事并重的思想特征的体现。“事”的规定体现为法则规章，知道人性就能自我修养不混乱，而知道事的规定则行动不困惑。法则规章在老庄思想中是被摒弃的，但在《淮南子》中却被放到与“性”并列的地位。这段文字出现在《人间》一章的开头，实际上表明《淮南子》在认定人具有清静天性并提倡保有天性的同时，也已敏锐地发现，在经历人间种种后，人难以避免地会破坏这种天性，仅凭天性是不够的，不可避免地需要有“事之制”的帮助，这是一种无奈却也是必然的选择。故而将“事之制”引入之后，人性也就不可避免地加入了后天的规定。

（三）人性的后天转变：“人之性无邪，久湛于俗则易”

《淮南子》中说：“人生而静，天之性也。感而后动，性之害也。”②（《原道》）人本性清静，这是先天赋予的；然而人在后天生活中并非在真空中生存，也就必然会受外物感应而有所行动，这种动则可能对原初的清静之性造成破坏，也便是说，人性在后天会发生变化。这种变化既体现在人的生命进程之中，即“凡人之性，少则猖狂，壮则暴强，老则好利”③（《诠言》）；还体现在历史的进程之中，如“率性而行谓之道，得其天性谓之德。性失然后贵仁，道失然后贵义”④（《齐俗》）。在这些过程中，人性本有的清静、淳朴、无邪消失，所得的只是伪性。

人之本性被破坏的原因为何，或说是哪些因素扰乱了清静本性⑤？《淮南子》认为首先是“欲”，书中旗帜鲜明地提出：“邪与正相伤，欲与性相

---

① 刘文典：《淮南鸿烈集解》，中华书局，1989，第 586 页。
② 刘文典：《淮南鸿烈集解》，中华书局，1989，第 10~11 页。
③ 刘文典：《淮南鸿烈集解》，中华书局，1989，第 474 页。
④ 刘文典：《淮南鸿烈集解》，中华书局，1989，第 343 页。
⑤ 关于干扰、破坏人性的因素，陈静认为是知、欲、情、物、俗，（陈静：《自由与秩序的困惑——〈淮南子〉研究》，云南大学出版社，2004，第 261~264 页。）李增则认为是嗜欲、知、外物、世俗价值，（李增：《淮南子》，东大图书公司，1992，第 77~92 页。）均值得参考。

害，不可两立。"①（《诠言》）纯真质朴人性与欲如同正邪般不两立，但这里的"欲"，并非指一切欲望，而是指超越正当界限的过度欲望，是嗜欲或者纵欲，所以说"嗜欲者，性之累也"②（《原道》），"水之性清而土汩之，人性安静而嗜欲乱之"③（《俶真》），"夫纵欲而失性，动未尝正也，以治身则危，以治国则乱，以入军则破。是故不闻道者，无以反性"④（《齐俗》）。沉溺在欲望之中，不断追逐着永难满足的贪欲，乃至不惜手段，行为不免偏离正道，不仅无法保持安静，还会造成身、国、军的混乱。

人之性受破坏的另一个因素是"知"，"物至而神应，知之动也。知与物接，而好憎生焉。好憎成形，而知诱于外，不能反己，而天理灭矣"⑤（《原道》）。知的作用在于"别同异、明是非"⑥（《原道》），庄子就曾说："是非之彰也，道之所以亏也。"⑦这里的是非是人为划定的是非，是自以为是、以己为是而以彼为非的是非，"天下是非无所定，世各是其所是而非其所非。所谓是与所谓非各异，皆自是而非人"⑧（《齐俗》）。有了知，人们便从原来的平等一体，变为出现区分或者说分裂。而且人们会习惯以自我为中心，努力将自我置于"是"或者处于优势一方，本身拥有较好身、智条件，或者是握有强大工具的人，就会依靠优势谋取私欲的满足及证明自身正确，且越来越不舍得收手。而在这一过程中利益受损者则不甘心，仇恨、报复心在心中不断蓄积，于是就有好憎之情产生，人们陷入相互倾轧中。人的心知完全不在如何守住自身之上，而由浑然无知变为醉心机巧，结果是知越发达，离性越远。

在知与欲两大因子作用下，本来作为人自然生理反应的情感，也会成为戕害人性的敌人。如对名利等欲望的过度注重，使情绪极易随外界而动，如同老子曾说的："何谓宠辱若惊？宠，为下得之若惊，失之若惊。"⑨人的

---

① 刘文典：《淮南鸿烈集解》，中华书局，1989，第475页。
② 刘文典：《淮南鸿烈集解》，中华书局，1989，第31页。
③ 刘文典：《淮南鸿烈集解》，中华书局，1989，第67页。
④ 刘文典：《淮南鸿烈集解》，中华书局，1989，第352~353页。
⑤ 刘文典：《淮南鸿烈集解》，中华书局，1989，第11页。
⑥ 刘文典：《淮南鸿烈集解》，中华书局，1989，第40页。
⑦ 《庄子·齐物论》，郭庆藩：《庄子集释》，中华书局，2004，第74页。
⑧ 刘文典：《淮南鸿烈集解》，中华书局，1989，第365页。
⑨ 《老子》13章，王弼注，楼宇烈校释《老子道德经注校释》，中华书局，2008，第28页。

贪欲沟壑难填，人们总以为能够通过外物来满足自己的需求，却由于追逐不得而更加失落，所以说"忧乐者，德之失也"①（《原道》）。知带来的是非划分及人之成心、偏见，也会让人的好憎之情失序，"好憎者，心之过也"。情绪一旦超过正当范围、失去控制，同样会成为对"性"的伤害。

欲、知及情是破坏人性的内在因素，就外在因素而言，除了引发人欲望、心知的外物，《淮南子》还强调"俗"的作用："人之性无邪，久湛于俗则易，易而忘本，合于若性。"②（《齐俗》）对应的例子就是白布在什么颜色的染料中就变为什么颜色。这种破坏人性的世俗之风和内在的破坏因素是互动的，在人类演进中，欲望加强、心知扩张、情绪复杂纷扰，人的这种转变及对性的破坏，不免会让原来淳朴的至德之世逐渐成为浇薄俗世，而世风也日益堕落。而这种俗一旦形成，又必然会对人的思想、行为产生影响，人们更加醉心于欲、知，离"性"愈远，如此反复往来，形成恶性循环，会使"百姓曼衍于淫荒之陂，而失其大宗之本"③（《俶真》），对人性造成极大破坏。

（四）应对人性异化之方："反性"

《淮南子》曰："夫乘舟而惑者，不知东西，见斗极则寤矣。夫性，亦人之斗极也。有以自见也，则不失物之情；无以自见，则动而惑营。"④（《齐俗》）正如人迷路不知方向时，见北斗星、北极星即能辨明，而对人而言，人性即照亮人前行之路的北斗星、北极星。人性得到显现时，人能观照自身；人性被蒙蔽时，人的行动就会陷入迷惘之中。《淮南子》用这一形象比喻告诉我们人的原初本性对人的重要性。而人性一旦异化，人便难在世间前行。性的破坏首先会对人的自然生命造成破坏，"夫喜怒者，道之邪也；忧乐者，德之失也；好憎者，心之过也；嗜欲者，性之累也。人大怒破阴，大喜坠阳；薄气发暗，惊怖为狂；忧悲多恚，病乃成积；好憎繁多，祸乃相随"⑤（《原道》）。人情绪上的喜怒、忧悲、好憎以及对欲望的

---

① 刘文典：《淮南鸿烈集解》，中华书局，1989，第31页。参照俞樾注释改定。
② 刘文典：《淮南鸿烈集解》，中华书局，1989，第352页。
③ 刘文典：《淮南鸿烈集解》，中华书局，1989，第67页。
④ 刘文典：《淮南鸿烈集解》，中华书局，1989，第352页。
⑤ 刘文典：《淮南鸿烈集解》，中华书局，1989，第31页。参照俞樾注释改定。

无尽追求，会破坏人体内的阴阳二气，让人或变哑，发狂，或是积累怨恨、疾病，还给人带来种种祸害，凡此种种，无一不是人生命保存的大敌。

个人人性异化的积累，必然也会带来整个社会的异化：

> 浇天下之淳，析天下之朴，牿服马牛以为牢。滑乱万民，以清为浊，性命飞扬，皆乱以营。贞信漫澜，人失其情性。于是，乃有翡翠犀象、黼黻文章以乱其目，刍豢黍粱、荆吴芬馨以嗛其口，钟鼓管箫、丝竹金石以淫其耳，趋舍行义、礼节谤议以营其心。于是，百姓糜沸豪乱，暮行逐利，烦挐浇浅，法与义相非，行与利相反。① （《齐俗》）

天下人的淳朴之性都被破坏后，人们放纵自身，失却本有的清静之性，醉心耳目口舌的享受，心绪则被仁义、礼节这些已经虚伪、教条化的道德准则扰乱，故而天下百姓就像煮沸了的粥一般，只知道追名逐利，人际关系烦乱浅薄，法令与道义不一致，行为和利益正相反。

面对人性破坏带来的恶果，如何去除扰乱"性"的因素，让"性"清静，顺"性"之自然，成为人们所要解决的最为重要的问题。对于这一问题，《淮南子》的应对之方，概言之即"反"。既然人性本静，人身之动破坏了原初之静，所以要返回到本根归于静。既然人类历史上有过至德之世，那现世社会之"反"就成了一种必然选择。然而历史车轮毕竟不可逆，这种"反"当然不是要逆转时空，而是要达到原来的境界，或者说回归原来的社会运行道路之上，即使万物各"复归其根"。如果说人和社会在原初之时，一切行为只是天然无意识地合乎本性，那人性异化后的这种"反"，是感悟到自然本性重要后的自觉行为，是精神修养过程。返回的原点似乎没有变化，但经历了"反"之后，人对本性就有更深的体认，认识到什么才是生命本源，认识到什么是自己的自然本真，如何才能让自我发展的目的性和规律性相结合，并且守住它，在境界上迈进更新更高的历程。对国家来说，"为治之本，务在于安民。安民之本，在于足用。足用之本，在于勿夺时。勿夺时之本，在于省事。省事之本，在于节欲。节欲之本，在于反性"②

---

① 刘文典：《淮南鸿烈集解》，中华书局，1989，第375页。
② 刘文典：《淮南鸿烈集解》，中华书局，1989，第467页。

（《诠言》）。治理的根本也在"反性"。

反性既然如此重要，那应如何做到呢？《淮南子》中说：

> 反性之本，在于去载。去载则虚，虚则平。平者，道之素也；虚者，道之舍也。能有天下者必不失其国，能有其国者必不丧其家，能治其家者必不遗其身，能修其身者必不忘其心，能原其心者必不亏其性，能全其性者必不惑于道。① （《诠言》）

反性的根本在于"去载"，关于"去载"，许慎注曰："去浮华，载于亡者也。"② 所谓"去载"，就是去掉人身上承载之物。去掉何种承载之物？就是那些浮华的、非人所真正需要之物，也便是前文所说过的"欲""物"。这样所达到的是虚（虚静）、平（平和）境界。"能有天下"一段与前文"为治之本"一样，将天下治理归到性之上，全性反性才能与"道"通，才能治理天下。"不闻道者，无以反性。"③ （《齐俗》）反性的基础即是要闻"道"体"道"，反性过程也就是体"道"之过程。"圣人之学也，欲以返性于初，而游心于虚也。"④ （《俶真》）圣人的学问所教的也是如何反性。"节欲之本，在于反性"，反性同节欲是紧密联系在一起的，而欲既是人性第一大敌，又是人性之中生而就有的，只要人和物接触必然有欲有情，故而如何理解、应对欲和情，成为反性要面对的重要问题。

二　"情胜欲者昌，欲胜情者亡"的情欲观

人生而静，然而人有身，绝大多数人做不到"形如槁木，心如死灰"，故有身必有动，情、欲即在人的运动中产生，是属于人性中固有的或说不免会滋生的东西。这种固有的情欲因子是无谓善恶的，关键是不能超出自然之界限。故而，《淮南子》的情欲观既让人们正视情欲，又时时不忘警醒人们不要过度沉迷其中。

---

① 刘文典：《淮南鸿烈集解》，中华书局，1989，第 467 页。
② 刘文典：《淮南鸿烈集解》，中华书局，1989，第 467 页。
③ 刘文典：《淮南鸿烈集解》，中华书局，1989，第 353 页。
④ 刘文典：《淮南鸿烈集解》，中华书局，1989，第 67 页。

(一)"人之情，思虑聪明喜怒"的情论

《淮南子》中对人之情如何产生、如何表现及人该如何控制情感均有所论述：

1. 情的产生："知与物接，而好憎生焉"

何者谓"情"？在《淮南子》之前，有"六情""七情"的说法。荀子提出人有"六情"："性之好、恶、喜、怒、哀、乐谓之情。"① 而《礼记·礼运》则曰："何谓人情？喜、怒、哀、惧、爱、恶、欲，七者弗学而能。"② 显然，这是从一般所说的情绪角度论述情感，《淮南子》中，喜怒好憎这些情绪自然属于情，此外，"人之情，思虑聪明喜怒"③（《本经》），耳聪目明这样的感官感受，思量考虑这些活动在《淮南子》中也被归于"情"，这无疑让情的内涵丰富起来。

人之情是如何产生的？《淮南子》云："知与物接，而好憎生焉。"④（《原道》）又曰："喜怒哀乐，有感而自然者也。故哭之发于口，涕之出于目，此皆愤于中而形于外者也。"⑤（《齐俗》）从引文中可看出，情的产生有这样一个过程：先是与万物相接触，感官体验到万物；而后对外物、外事有了感受；感受不仅蕴积在心中，而且在经历内心思虑后还要发作、表现于外⑥。从这也可以理解为何《淮南子》将"情"定义为"思虑聪明喜怒"，这是将情产生的关键环节都纳入"情"。情之生的过程是自然的，也是人之所以能与天地万物相感应的证据——"天爱其精，地爱其平，人爱其情。天之精，日月星辰雷电风雨也；地之平，水火金木土也；人之情，思虑聪明喜怒也。"⑦（《本经》）人有思虑聪明喜怒，就如同天有日月星辰，地有水火金木土一样。

---

① 王先谦：《荀子集解》，中华书局，1988，第412页。
② 《礼记·礼运》，阮元校刻《十三经注疏》，中华书局，1980，第1422页。
③ 刘文典：《淮南鸿烈集解》，中华书局，1989，第260页。
④ 刘文典：《淮南鸿烈集解》，中华书局，1989，第11页。
⑤ 刘文典：《淮南鸿烈集解》，中华书局，1989，第354页。
⑥ 马婷婷从情感发生学角度，对《淮南子》中"感—应—吐"这一情感发生、释放过程做了细致论述，可做参考，见马婷婷《汉代情论研究——兼论汉代情与礼、法的关系》，博士学位论文，华中师范大学，2011，第45~46页。
⑦ 刘文典：《淮南鸿烈集解》，中华书局，1989，第260页。

2. 情的外在表现："文情理通"

《淮南子》中主张"情"不仅愤于内，还要形于外，"心有忧丧则悲，悲则哀，哀斯愤，愤斯怒，怒斯动"①（《本经》）的论述，将内心情绪如何逐步表现出来展示得很生动。而情绪的表现形式，除了面部表情，还有人的行动，如"动则手足不静"；有人的声音，如"雍门子以哭见孟尝君，涕流沾缨"②（《缪称》）；甚至还有种种艺术形式，如歌舞，"乐斯动，动斯蹈，蹈斯荡，荡斯歌，歌斯舞"③（《本经》）。通过这些表现形式，人不仅将自身之情表现出来为人所知，而且还能够感染他人，比如申喜听出乞人歌声中的悲哀之情，从而找到失散的母亲；雍门子的哭感染了孟尝君及其门客，"歌哭，众人之所能为也；一发声，入人耳，感人心，情之至者也"④（《缪称》）。万物间是能相互感应的，情绪感应、感染无疑是人际感应的一种形式，也是人类不同于他物的特色所在。

面对情的种种表现形式，《淮南子》强调，情的表现形式与人的真情要相符相合，即要"文情理通"：

> 文者，所以接物也；情，系于中而欲发外者也。以文灭情则失情，以情灭文则失文。文情理通，则凤麟极矣。⑤（《缪称》）

"文"指的是情感的外在表现形式，是要与他人相接触感知的，它与人的情感是内容和形式的关系。只重外在形式而忽略真实情感，那表现的是虚伪的情感；如果只重情感而不重视表达形式，那情感的表达可能会失态。两者若能达到通畅统一，情感甚至能吸引凤凰和麒麟。当然，两者虽相辅相成，但作为内容的情，无疑还是居于根本地位，"故心哀而歌不乐，心乐而哭不哀"⑥（《缪称》）。歌、哭本是与乐、哀相对应的表现形式，但人的情绪一旦变化，即便是这些形式也无法将人的情绪表现得和原来的一样。因

---

① 刘文典：《淮南鸿烈集解》，中华书局，1989，第 265 页。
② 刘文典：《淮南鸿烈集解》，中华书局，1989，第 338 页。
③ 刘文典：《淮南鸿烈集解》，中华书局，1989，第 265 页。
④ 刘文典：《淮南鸿烈集解》，中华书局，1989，第 339 页。
⑤ 刘文典：《淮南鸿烈集解》，中华书局，1989，第 329 页。
⑥ 刘文典：《淮南鸿烈集解》，中华书局，1989，第 329 页。

而，《淮南子》在注重情绪表现形式恰当的同时，还是更强调情感的真实、真挚：

> 譬若水之下流，烟之上寻也，夫有孰推之者！故强哭者虽病不哀，强亲者虽笑不和。情发于中而声应于外，故鳌负羁之壶餐，愈于晋献公之垂棘；赵宣孟之束脯，贤于智伯之大钟。故礼丰不足以效爱，而诚心可以怀远。① （《齐俗》）

情感的表达应当像水下流、烟上升一样自然。勉强哭的人即便声嘶力竭也不能让人感到哀伤；勉强表现亲善的人，即便笑容满面也无法让人感到亲和。只有出自内心的真情，才能让外在的声音、行动真实不虚伪。所以鳌负羁、赵宣孟的一壶饭食、肉干比起献公的垂棘玉璧和智伯的大钟，在形式上逊色许多，但由于是真挚情感的体现，其价值要远胜后者。故而，《淮南子》强调情感表达要注意"诚"，才能感动远近之人。否则的话，"不得已而歌者，不事为悲；不得已而舞者，不矜为丽。歌舞而不事为悲丽者，皆无有根心者"② （《诠言》）。就像歌舞一样，如果只是在不得已状况下进行的，即便形式再华美，也体现不出应有的情感，因为没有内心真情实感为基础。

3. 情的控制："理好憎，适情性"

情是人与外物相接触后必然会产生的心理、生理现象，自然而适度的情绪是人之本能，无可厚非。然而人一旦失去对情绪的控制，就会造成不利后果，如"大怒破阴，大喜坠阳，大忧内崩，大怖生狂"③ （《精神》），过度的愤怒、喜悦、忧愁、惊恐情绪会让人内在阴阳失调，内心崩溃乃至变得癫狂。所以《淮南子》主张应"理好憎，适情性"。

"适"意味着情处于不过不及的持中状态，既不过度也不压抑，要达到"适情辞余，无所诱惑，循性保真，无变于己"④ （《泛论》），情达到最适宜的状态，情上之余、之载被去除，从而能抵挡住诱惑，循性保真。在

---

① 刘文典：《淮南鸿烈集解》，中华书局，1989，第354页。
② 刘文典：《淮南鸿烈集解》，中华书局，1989，第480页。
③ 刘文典：《淮南鸿烈集解》，中华书局，1989，第238页。
④ 刘文典：《淮南鸿烈集解》，中华书局，1989，第455页。

《淮南子》看来，理想的人格形象，如圣人、至人，必须懂得"适情"："圣人食足以接气，衣足以盖形，适情不求余。"① （《精神》）"若夫至人，量腹而食，度形而衣，容身而游，适情而行。"② （《精神》） 在做法上，强调"理"与"节"："理好憎之情，和喜怒之节。……好憎理，则忧弗近也；喜怒节，则怨弗犯也。"③ （《泛论》） 理顺好憎、节制喜怒，不忧不怨，要达到的是"性命之情处其所安也……不利货财，不贪势名。是故不以康为乐，不以谦为悲，不以贵为安，不以贱为危，形神气志，各居其宜，以随天地之所为"④ （《原道》）。情处在安宁平静状态，自然也就"适"了，情达到安适，外在财、权这些无法干扰，形、神、气各自就能达到最适宜的状态。由于人性各不相同，《淮南子》中并没有对"适""安"做外在的规定，更多还是靠个人修养把握，而"自然"无疑是最为重要的把握准则。

除了自身对情绪的控制，《淮南子》还主张用礼乐来文饰情绪："人之性，有侵犯则怒，怒则血充，血充则气激，气激则发怒，发怒则有所释憾矣。故钟鼓管箫，干鏚羽旄，所以饰喜也。衰绖苴杖，哭踊有节，所以饰哀也。兵革羽旄，金鼓斧钺，所以饰怒也。必有其质，乃为之文。"⑤ （《本经》） 人的情绪是容易被挑动的，比如被侵犯后就有怒气，而后引发血气激涌，最后怒气迸发，这就很需要释放的途径。此时钟鼓管箫、衰绖苴杖就可以用来作为释放、表达的渠道，避免情绪过度欢乐、哀伤或愤怒所引发的过激举动。这和《礼记·乐记》中"夫乐者，先王之所以饰喜也，军旅铁钺者，先王所以饰怒也"⑥ 表达的是相同的精神，可见是对礼乐文化，特别是儒家礼乐学说的一种吸收。不过作为道家著作，《淮南子》对礼乐还是持保留态度，认为其对情的文饰只是一时之方，从根本上说，情的控制最终还是要靠人对"道"的体认把握，故曰"达至道者则不然，理情性，治心术，养以和，持以适"⑦ （《精神》），只有这样才能达到"不哀不乐，

① 刘文典：《淮南鸿烈集解》，中华书局，1989，第 238 页。
② 刘文典：《淮南鸿烈集解》，中华书局，1989，第 241～242 页。
③ 刘文典：《淮南鸿烈集解》，中华书局，1989，第 457 页。
④ 刘文典：《淮南鸿烈集解》，中华书局，1989，第 39 页。
⑤ 刘文典：《淮南鸿烈集解》，中华书局，1989，第 265～266 页。
⑥ 《礼记·乐记》，阮元校刻《十三经注疏》，中华书局，1980，第 3349 页。
⑦ 刘文典：《淮南鸿烈集解》，中华书局，1989，第 240 页。

不喜不怒，其坐无虑，其寝无梦"①（《缪称》）的状态。

（二）"欲与性相害，不可两立"的欲论

欲是人在生活中不可避免会产生的，但其又常常会危害人之性，《淮南子》中对嗜欲的危害做了揭示，主张节制、引导欲望。

1. 欲之危害：人性欲平，嗜欲害之

比之对情，《淮南子》中对欲的态度要激烈得多："人性欲平，嗜欲害之。"②（《齐俗》）当然，此处的"欲"所指的并非一切欲望，如老子所说"罪莫厚乎甚欲"③，《淮南子》反对的是甚欲、嗜欲，是超出正常界限的欲望，是人沉溺在对欲望的无止境追逐之中。人的欲望无法禁绝，但有合理限度，"如果人在满足了欲望之后还拼命地追求所欲之物，那么此时的欲望便不是对于某物的欲望，而是对于欲望的欲望……对于欲望的欲望将是无边的……这实际上是贪欲的实质。所谓贪欲就是越过了自身界限的欲望"④。贪欲是人性之大敌，要坚决去除。

"夫人之所受于天者，耳目之于声色也，口鼻之于芳臭也，肌肤之于寒燠，其情一也。"⑤（《俶真》）人有耳目、口鼻，由此而来的欲望是天生的，也是维持生存之必需，如果仅就这种自然欲望而言，没有什么善恶可言。然而这种欲望一过度，往往会引发许多恶果，如："耳目淫于声色之乐，则五藏摇动而不定矣。五藏摇动而不定，则血气滔荡而不休矣。血气滔荡而不休，则精神驰骋于外而不守矣。精神驰骋于外而不守，则祸福之至，虽如丘山，无由识之矣。"⑥（《精神》）身体上对声色享受的贪图，会破坏人体内器官、血气的正常运行，在破坏身体的同时也让自身精神难守静，面对祸福无从判断、躲闪，后果可想而知，这一切均是"淫于声色"所致。

具体来说，贪欲首先破坏的是人的健康："五色乱目，使目不明；五声哗耳，使耳不聪；五味乱口，使口厉爽；趣舍滑心，使行飞扬。"⑦（《精

---

① 刘文典：《淮南鸿烈集解》，中华书局，1989，第318页。
② 刘文典：《淮南鸿烈集解》，中华书局，1989，第352页。
③ 彭浩校编《郭店楚简〈老子〉校读》，湖北人民出版社，2001，第123页。
④ 彭富春：《哲学美学导论》，人民出版社，2005，第64~65页。
⑤ 刘文典：《淮南鸿烈集解》，中华书局，1989，第68页。
⑥ 刘文典：《淮南鸿烈集解》，中华书局，1989，第222页。
⑦ 刘文典：《淮南鸿烈集解》，中华书局，1989，第223页。参照王念孙注释改定。

神》）纵欲必然会对人的各个器官造成伤害，故而说："夫人之所以不能终其寿命而中道夭于刑戮者，何也？以其生生之厚。"①（《精神》）人不能终寿命，正在于过度追求生命享受。其次，贪欲还会败坏人的道德品质，"小人行邪气……重于滋味，淫于声色，发于喜怒，不顾后患者，邪气也"②（《诠言》）。沉溺欲望享受中而不计后果，所形成的是邪气，导致人做出种种小人行为。

更为严重的是，如果这种贪欲为统治者所有，所影响的就不只是一人一家，乃至一国："举不义之兵，伐无罪之国，杀不辜之民，绝先圣之后，大国出攻，小国城守，驱人之牛马，傒人之子女，毁人之宗庙，迁人之重宝，流血千里，暴骸满野，以澹贪主之欲，非兵之所为生也。"③（《本经》）兵戈四起、战争不断，以致国破家亡、生灵涂炭，出现血流千里这样的人间炼狱景况，根源在于统治者要满足自身贪婪的欲望，贪欲危害之大，由此可见一斑。

2. 欲之节制："气志虚静恬愉而省嗜欲"

《淮南子》敏锐看到欲望一旦过度，必然与清静本性相矛盾、相冲突，会引发种种恶果，提出："一置一废，故圣人损欲而从性。"④（《诠言》）但《淮南子》并非主张灭绝人之一切欲望，这不现实也无必要，而是承认人欲望存在的必然性和合理性，只是强调对欲望要加以正确的节制，即"适情性则欲不过节"。"节"是《淮南子》中对"欲"的要求：

> 夫圣人量腹而食，度形而衣，节于己而已，贪污之心奚由生哉！故能有天下者，必无以天下为也；能有名誉者，必无以趋行求者也。圣人有所于达，达则嗜欲之心外矣。⑤（《俶真》）

圣人是人们的榜样，所以在物质生活中应像其那样，注意"节于己"就是对自我加以节制。节制的方法，简单通俗来说就是按食量吃饭、按形体大

① 刘文典：《淮南鸿烈集解》，中华书局，1989，第223~224页。

② 刘文典：《淮南鸿烈集解》，中华书局，1989，第475页。

③ 刘文典：《淮南鸿烈集解》，中华书局，1989，第267~268页。参照王念孙注释改定。

④ 刘文典：《淮南鸿烈集解》，中华书局，1989，第475~476页。参照王念孙注释改定。

⑤ 刘文典：《淮南鸿烈集解》，中华书局，1989，第70~71页。

小穿衣，也就是以自我本性的自然需求的满足作为标准，每个人的自然需求不同，就如同各人的食量、形体不同一样，所以只要求节于己。节制自身在自然需求范围内，才不会有贪求之心的空间。许多东西有意欲求是无法得到的，不如以通达无为之心加以对待，反而自然能获得，有了通达心境，得失不惊，贪欲之心自然就被抛除。在具体的节制之方上，要"耳目精明玄达而无诱慕，气志虚静恬愉而省嗜欲，五藏定宁充盈而不泄，精神内守形骸而不外越"①（《精神》）。保证耳清目明、心气恬静、五藏安宁，同时持守精神，让自身的小宇宙处在安定满足状态，不为外在种种诱惑所吸引。

除个人外，对于统治者及整个国家社会风气而言，懂得节制欲望也十分重要：

> 故有仁君明王，其取下有节，自养有度，则得承受于天地，而不离饥寒之患矣。②（《主术》）

> 故乱国若盛，治国若虚，亡国若不足，存国若有余。虚者非无人也，皆守其职也；盛者非多人也，皆徼于末也；有余者非多财也，欲节事寡也；不足者非无货也，民躁而费多也。③（《齐俗》）

圣明的统治者对自身的供养是有限度的，这个度无疑就是人性自然欲求，因而对所治民众的索取也是有节制的，这样治下就能合理接受天地馈赠的资源，自己和民众均不遭受饥饿寒冷。能长存的国家看上去物质有余，其实并非财物有很多，而是国家从上至下，注意节欲少事。所以对欲望的节制与否，与国家的命运是息息相关的。

在如何节制、引导欲望上，《淮南子》虽吸收儒、法思想，提出了礼乐、法制等方法，但最重要的还是主张："治欲者不以欲，以性；治性者不于性，以德；治德者不以德，以道。"④（《齐俗》）对欲望的控制，寻根溯

---

① 刘文典：《淮南鸿烈集解》，中华书局，1989，第222~223页。
② 刘文典：《淮南鸿烈集解》，中华书局，1989，第307~308页。
③ 刘文典：《淮南鸿烈集解》，中华书局，1989，第351页。
④ 刘文典：《淮南鸿烈集解》，中华书局，1989，第352页。

源，根本之方仍然是体道修德，"虚者，道之舍也"①（《诠言》），故而人体道也该"游心于虚"，而"嗜欲不载，虚之至也"，心之虚才能排除嗜欲，做到"不以身役物，不以欲滑和"。在这点上与对"情"的控制上是统一的，体现出《淮南子》的道家精神核心。

三　"性遭命而后能行，命得性而后能明"的性命观

（一）"求之有道，得之在命"的性命关系

体道反性、适情节欲，理论上说，人在思想及行动上均应且均可把握并做得到，然而人世之中为何许多人无法做到，或者是依此而行却并没有达到理想的结果，原因在于"命"的存在。"古之圣人，其和愉宁静，性也；其志得道行，命也。是故性遭命而后能行，命得性而后能明。"②（《俶真》）和愉宁静是人的本性，但人之志向能否沿着既定人性轨道前行，则有系于"命"。所以"性"遇到适宜之"命"才能得以实行，"命"与人之性结合才能显明。故而性命关系是值得我们思考的重要问题。

《淮南子》中除作为动词用的"命"外，作为名词的"命"大致有三种含义。一是常和性连用的"性命"，徐复观先生认为"《淮南子》中将性与命连称为'性命'时，性命即指是作为所受于天而为人所固有的性"③。二是指天命。既与"天"连，而道家之"天"所强调的是自然之天，因而这种天命主要指先天的禀赋和承载，就如庄子所说"子之爱亲，命也"，还是可为人所感知和顺应的，所以《淮南子》中提倡"原天命"或者"游心于恬，舍形于佚，以俟天命"④（《诠言》）。《淮南子》中记述了这样一个故事，禹见大风浪不惊，"熙笑而称曰：'我受命于天，竭力而劳万民。生寄也，死归也，何足以滑和！'"⑤（《精神》）这里"受命于天"的天命，则受儒家之影响，可以说是作为一种道德责任的秉承。这种用法虽少，但从中可窥见《淮南子》思想之综合性。"命"的第三层含义，则主要是指后

① 刘文典：《淮南鸿烈集解》，中华书局，1989，第467页。
② 刘文典：《淮南鸿烈集解》，中华书局，1989，第77页。
③ 徐复观：《两汉思想史》第2卷，华东师范大学出版社，2001，第140页。
④ 刘文典：《淮南鸿烈集解》，中华书局，1989，第484页。
⑤ 刘文典：《淮南鸿烈集解》，中华书局，1989，第233页。

天的际遇、限制，即常说的命运。如果说"命"的前两层含义是与"性"相同或同源，这里"命"与"性"间则存有张力和矛盾。如果说"性"是内在于人可为人所把握的东西，"命"则是对人的生活有影响却不能为人所把握控制的外在力量。《俶真》一篇中说：

> 夫历阳之都，一夕反而为湖，勇力圣知与罢怯不肖者同命。巫山之上，顺风纵火，膏夏紫芝与萧艾俱死。故河鱼不得明目，稚稼不得育时，其所生者然也。故世治则愚者不能独乱，世乱则智者不能独治。身蹈于浊世之中，而责道之不行也，是犹两绊骐骥，而求其致千里也。置猿槛中，则与豚同，非不巧捷也，无所肆其能也。舜之耕陶也，不能利其里；南面王，则德施乎四海，仁非能益也，处便而势利也。① （《俶真》）

历阳都城一夜成湖泊，城中之人无论性情如何命运都是相同；巫山上起火，名贵和低贱的植物都不免成灰烬。世道太平，愚蠢的人无法单独造成混乱；世道混乱，聪明的个人也无法一人将其治理好。所以身处乱世命运之中，大道的运行及人天性的保存，就像千里马双腿被捆住、猿猴困在笼子里一样，缺乏相应的施展空间和机会。即便是舜这样有大德的圣人，如果没有碰到能做君王的命运，同样不能恩泽四海，圣王们德性、才能的发挥，也有赖于所处地位和形势带来的便利。

在性与命的相互关系中，《淮南子》认为命对性有关键影响，人自身的资质再好，但如果没有遇到好的命运，也难以发挥自身能力、品性。通过历史考察和现实经验，《淮南子》看到了"在人的成长过程中，本性能否得到正常体现，人生意愿能否依靠本身的天生资质得以实现，与后天的境遇密切相关"②。这即书中说的"求之有道，得之在命"③（《缪称》），"仁鄙在时不在行，利害在命不在智"④（《齐俗》）。《淮南子》中的"命"，偏重的是人所遭逢的世情、时运，是社会的总体性状况，所以说："性者，所

---

① 刘文典：《淮南鸿烈集解》，中华书局，1989，第76~77页。
② 李霞：《生死智慧——道家生命观研究》，人民出版社，2004，第254页。
③ 刘文典：《淮南鸿烈集解》，中华书局，1989，第333页。
④ 刘文典：《淮南鸿烈集解》，中华书局，1989，第376页。参照陈观楼注释改定。

受于天也；命者，所遭于时也。"①（《缪称》）个人体道修德、原心返性固然是根本，即所谓"求之有道"，但面对整个世道、时势的压力，个人修养再高恐也落于有心无力之境地。所以《淮南子》总结得好："体道者不专在于我，亦有系于世矣。"②（《俶真》）面对这种状况，"知其不可奈何而安之若命"的安然、通达心态固然是好办法，《淮南子》中不少地方也流露出这种倾向，如"故通性之情者，不务性之所无以为；通命之情者，不忧命之所无奈何"③（《诠言》）。但《淮南子》并没有陷入完全听任"命"中，作为"命"之体现的"时"与"世"，与天灾不同，毕竟是人造成的，也就意味着有人力扭转的可能。《淮南子》主张"道""事"并举，也就是意识到"道"在"世"中运行会遇到种种阻碍之"事"，这是从人类文明发展史中所窥见的必然。如果人们应对好"事"，扭转不良的"时""世"，也就意味着有让"命"和"性"相协调的可能。但这种应对，仅靠道家提倡的个人道德并不够，所以吸收其他家思想及应对方法也就成为必然。

（二）"以死生为昼夜"的死亡观

人在世间无法摆脱命，而死亡是每个人必然要面对的命数。对这一终极命题，《淮南子》一方面传承了老庄尤其是庄子的自然死亡观，消解人们对于生死的迷惘；另一方面，又对人应为何而死的价值追求进行了思考。

1. "死之与生，一体也"的自然死亡观

在《淮南子》看来，面对死亡，首先就要破除死亡代表不幸这一观念：

> 吾安知夫刺灸而欲生者之非惑也？又安知夫绞经而求死者之非福也？或者生乃徭役也？而死乃休息也？天下茫茫，孰知之哉！其生我也不强求已，其杀我也不强求止。欲生而不事，憎死而不辞，贱之而弗憎，贵之而弗喜，随其天资而安之不极。吾生也有七尺之形，吾死也有一棺之土。吾生之比于有形之类，犹吾死之沦于无形之中也。④（《精神》）

① 刘文典：《淮南鸿烈集解》，中华书局，1989，第333页。
② 刘文典：《淮南鸿烈集解》，中华书局，1989，第76页。
③ 刘文典：《淮南鸿烈集解》，中华书局，1989，第465页。
④ 刘文典：《淮南鸿烈集解》，中华书局，1989，第224~225页。

如引文中所问，人们怎么知道用针灸治疗延长生命不是在做糊涂事？又安知用绳上吊自缢轻生不是福气？也许活着的人倒是像在服苦役，而死去的人倒像是在休息。天下谁能明白死生中的奥秘呢。显然这体现出死亡是具有情境性的，并非一味地延续生命就代表幸福。将视野放大，"譬吾处于天下也，亦为一物矣。不识天下之以我备其物与？且惟无我而物无不备者乎？然则我亦物也，物亦物也。物之与物也，又何以相物也？虽然，其生我也，将以何益？其杀我也。将以何损？"①（《精神》）。人在世间和其他万物是一样的，个人的生死对于天地而言其实没有什么影响，也非有意设计，只是自然进程而已。所以，天地造化灭杀我，我不会硬去阻止。人们乐生但不必为此而费事钻营，厌死但也不强求避免。其实人生时有形，死后形体消亡是一个自然而然的过程，没有必要带进喜憎这样的情绪和利益的计算。《淮南子》在这一连串的问题和思考中，已经逐步消解了生与死之间的绝对界限，打破了好生恶死的习见，也就深刻理解了"始吾未生之时，焉知生之乐也？今吾未死，又焉知死之不乐也？"②（《俶真》）的道理，顺应生死自然之变，不以生为喜、以死为悲。

在此之上，《淮南子》中继承了庄子齐生死的观念，主张对生与死应当一视同仁，"死生亦大矣，而不为变"（《精神》）。高诱注曰："不为变者，同死生也。"③ 所以说"死之与生，一体也"④（《精神》）。《淮南子》中还举了壶子林的例子："郑之神巫相壶子林，见其征，告列子。列子行泣报壶子。壶子持以天壤，名实不入，机发于踵。壶子之视死生亦齐矣。"⑤（《精神》）郑国的神巫给壶子林看相，看到了壶子林脸上显示的凶兆，并将此事告诉了列子，列子感到担忧，哭着前去报告老师壶子。谁知壶子却向列子谈起人之生命起源于天地复归于自然的道理来；还教育列子，懂得这个道理的人不把名利生死放在心里，因为死亡就像机弩发射一样猝不及防，害怕也无济于事。壶子这么做便是将生死齐同，人若能有这样一种齐生死的意识，面对死这一最大的威胁时不为所动，自然能够不为欲所累。为何

① 刘文典：《淮南鸿烈集解》，中华书局，1989，第224页。
② 刘文典：《淮南鸿烈集解》，中华书局，1989，第47页。
③ 刘文典：《淮南鸿烈集解》，中华书局，1989，第227页。
④ 刘文典：《淮南鸿烈集解》，中华书局，1989，第239页。
⑤ 刘文典：《淮南鸿烈集解》，中华书局，1989，第233页。

能够齐生死呢？因为就人而言生死的差别巨大，但从宇宙气化运转的角度来看，一切只是大道的流转，死不过是复归其根而已。以树木为例，"夫木之死也，青青去之也。夫使木生者岂木也？犹充形者之非形也。故生生者未尝死也，其所生则死矣；化物者未尝化也，其所化则化矣"①（《精神》）。高诱注曰："生生者道。喻道之人若天气，未尝死也。下所生者，万物矣。""化物者道也。道不化，故未曾化也。所化者万物也。万物有变，故曰则化。"② 就像树叶飘落既是消亡却也是新生命的孕育一样。故曰："反本未生之时，而与化为一体。死之与生，一体也。"③（《精神》）

2．"君子义死"的死亡价值观

从道的角度来看，死生齐一，人无须恐惧害怕死亡，但却面临一个为什么而死的问题，《淮南子》中举例："晏子与崔杼盟，临死地而不易其义。殖、华将战而死，莒君厚赂而止之，不改其行。故晏子可迫以仁，而不可劫以兵；殖、华可止以义，而不可县以利。君子义死，而不可以富贵留也；义为，而不可以死亡恐也。"④（《精神》）《淮南子》对为了道义而死进行了肯定，将死亡与伦理价值结合了起来，主张在特定情境和矛盾中，人不仅应不惧死，还应为了价值追求而死。这样的话，"君子虽死亡，其名不灭；小人虽得势，其罪不除。使人左据天下之图而右刎喉，愚者不为也，身贵于天下也。死君亲之难，视死若归，义重于身也"⑤（《泰族》）。即便死亡了，由于是为了道义而死，其道德名声会一直流传不灭，为了道义追求的人也能视死如归。这无疑是对于儒家思想中舍生取义、"三不朽"等因子的吸收。但《淮南子》中也严厉批评过注重道德名声的行为，那该如何自洽呢？《淮南子》中便提出：

> 子之死父也，臣之死君也，世有行之者矣，非出死以要名也，恩心之藏于中，而不能违其难也。故人之甘甘，非正为跖也，而跖焉往。

---

① 刘文典：《淮南鸿烈集解》，中华书局，1989，第231页。
② 刘文典：《淮南鸿烈集解》，中华书局，1989，第231页。
③ 刘文典：《淮南鸿烈集解》，中华书局，1989，第239页。
④ 刘文典：《淮南鸿烈集解》，中华书局，1989，第235页。
⑤ 刘文典：《淮南鸿烈集解》，中华书局，1989，第685页。

　　君子之惨怛，非正为伪形也，谕乎人心。非从外入，自中出者也。①
（《缪称》）

《淮南子》主张人子与臣子为了仁义忠孝而死，并非仅是因为道德名声，更
关键的是因为内在的恩情与感恩之心的驱使，在道德情感作用下让不惧死
亡的行为变得自然而然。同时，这种行为能赢得后世的尊重乃至其人被作
为鬼神供奉："此圣人所以重仁袭恩。故炎帝于火，死而为灶；禹劳天下，
死而为社；后稷作稼穑，死而为稷；羿除天下之害，死而为宗布。此鬼神
之所以立。"②（《泛论》）这是通过死亡背后的价值追求和所实现的功绩，
实现了对于死亡的超越。

　　《淮南子》的人性论以清静为人之本性，但在人的后天行动中，由于
情、欲、知、俗等因素的影响，人很容易就蒙蔽自身本性，故而如何返回
自身本性，是《淮南子》伦理思想中的核心问题。《淮南子》中正视人的情
与欲，认为情和欲都是人性中的固有因子，人的情欲产生有必要性及必然
性，关键是要把握正当尺度，将其控制在合乎人自然本性需求的范围内。
除却内在的修养控制，人要想在本性轨道上运行，还面临着外在的命的压
力，《淮南子》一方面主张保持通达心态，另一方面则主张可通过各家思想
综合来净化世道，减少厄运的产生概率，以实现性与命相协调。而面对死
亡这一终极与必然命运，既无须好生恶死，将死亡视为自然进程；同时又
需要关注死亡背后的价值意义，能死得其所，以这两种进路实现了对死亡
的超越。

第二节　"性失然后贵仁，道失然后贵义"之仁义论

　　关于《淮南子》对仁义的态度，学界一直存在争论，书中既有对以仁
义为代表的道德规范的激烈抨击、贬斥，同时又有对仁义的认可乃至赞颂，
这种矛盾之处，无疑是《淮南子》中思想碰撞的体现。《淮南子》说："在

---

　　①　刘文典：《淮南鸿烈集解》，中华书局，1989，第 324 页。
　　②　刘文典：《淮南鸿烈集解》，中华书局，1989，第 460~461 页。

内而合乎道，出外而调于义。"①（《本经》）仁义是"出外"——人从自身中走出，和他人和社会接触中，调和自身、调和人际关系所用的。"知道德而不知世曲，则无以耦万方。"②（《要略》）至德之世毕竟已是过去，文明和道德的反向运动，将道德引向世中，人在知道德的同时，也要知晓曲折之世事，才能应对好各种变化，时、世是人不得不面临之命。因而，应在这样一种景况及视角之下来审视《淮南子》中的仁义论。

一　"道德"与"仁义"的对立与协调

《淮南子》一方面认为仁义是"道"被破坏，"德"走向异化后才出现的，不是真正的道德，对其持批评态度；但另一方面，仁义在乱世中又有救败的功能，故对仁义又持有限承认的态度，将其纳入"道"与"德"之下。

（一）"仁义立而道德废"

在对仁义的态度上，道家一直以批判为主流，尽管《老子》通行本中的"绝仁弃义"在竹简本中作"绝伪弃虑"，但"故失道而后德，失德而后仁，失仁而后义，失义而后礼"③、"大道废，有仁义"④也足见《老子》对仁义之态度。而到了庄子，对仁义的批判则更加猛烈，"道德不废，安取仁义！性情不离，安用礼乐！"⑤、"君虽为仁义，几且伪哉"⑥，甚至在《胠箧》篇中直斥仁义为窃国之具。

在《淮南子》中，仁义所指的不只是仁、义两种德目，还是社会中人为规定的伦理道德规范。对"仁义"的态度，《淮南子》首先还是继承老庄观点，认为"仁义"是"道德"破坏后的异化产物，两者存在对立，这在书中多有提及：

---

① 刘文典：《淮南鸿烈集解》，中华书局，1989，第 244 页。
② 刘文典：《淮南鸿烈集解》，中华书局，1989，第 707 页。
③ 《老子》38 章，王弼注，楼宇烈校释《老子道德经注校释》，中华书局，2008，第 93 页。
④ 《老子》18 章，王弼注，楼宇烈校释《老子道德经注校释》，中华书局，2008，第 43 页。
⑤ 《庄子·马蹄》，郭庆藩：《庄子集释》，中华书局，2004，第 336 页。
⑥ 《庄子·徐无鬼》，郭庆藩：《庄子集释》，中华书局，2004，第 827 页。

　　　是故道散而为德，德溢而为仁义，仁义立而道德废矣。① （《俶真》）

　　　故道灭而德用，德衰而仁义生。故上世体道而不德，中世守德而弗怀也，末世绳绳乎唯恐失仁义。② （《缪称》）

　　　是故德衰然后仁生，行沮然后义立，和失然后声调，礼淫然后容饰。是故知神明然后知道德之不足为也，知道德然后知仁义之不足行也。知仁义然后知礼乐之不足修也。③ （《本经》）

这些论断主要还是延续老庄思想的一贯进路，视仁义为"道"、"德"及人性在发展历程中，离散破坏后才产生的。仁义的建立一方面是人们已离道背德、人性异化的体现；另一方面，还可能对道、德及人性造成进一步的压制。同时，《淮南子》也指出，仁义是历史阶段性的产物，将道、德及仁义分别和人类历史发展中的上、中、下世连接起来，仁义被看作人世堕落、道德退化的产物及代表。在《淮南子》看来，仁义的问题在于"伪"，人为的仁义礼乐和人自然天性相对立，只注重仁义会造成虚伪之风盛行，道德沦为工具。"立仁义，修礼乐，则德迁而为伪矣。及伪之生也，饰智以惊愚，设诈以巧上，天下有能持之者，有能治之者也。昔者苍颉作书，而天雨粟，鬼夜哭；伯益作井，而龙登玄云，神栖昆仑；智能愈多而德愈薄矣。"④ （《本经》）人们把心智放在制定仁义礼乐这样的伦理道德规范上，而这些规范会将人本有的种种可能限制在一种之内，会造成对人的束缚，变为人们发展的桎梏。而这种规范一旦僵化为只重仁义之名，它就变成只是对人的行为的装饰，是一种道德名声的体现。过于强调仁义只会导致舍本而逐末，追求表面、外在的东西。所以，《淮南子》中批评说：

　　　孔、墨之弟子，皆以仁义之术教导于世，然而不免于儡，身犹不

---

① 刘文典：《淮南鸿烈集解》，中华书局，1989，第59页。
② 刘文典：《淮南鸿烈集解》，中华书局，1989，第319页。参照俞樾注释改定。
③ 刘文典：《淮南鸿烈集解》，中华书局，1989，第251页。
④ 刘文典：《淮南鸿烈集解》，中华书局，1989，第251~252页。参照王念孙注释改定。

能行也，又况所教乎？是何则？其道外也。[1]（《俶真》）

孔、墨弟子所教导世人的是仁义，然而免不了身心疲惫，自己都不能一贯坚持。为什么呢？就是因为仁义这些伦理道德规范是外在于人的，在人的心中没有根，自然很难一直生长。一方面，仁义在施行中会导致只重形式不重实质，"礼不过实，仁不溢恩也，治世之道也。夫三年之丧，是强人所不及也……夫儒、墨不原人情之终始，而务以行相反之制"[2]（《齐俗》），道德本应原人性因人情，但三年之丧就是在强迫人们做人情中难以做到的事。儒墨提倡仁义规范的做法往往就是只重表面形式，而不去探究人性人情所需究竟为何，反而常推行和人情背道而驰的制度。

另一方面，由于重形式轻实情，会让仁义变得僵化不知变通，"今儒墨者称三代、文武而弗行，是言其所不行也；非今时之世而弗改，是行其所非也。称其所是，行其所非，是以尽日极虑而无益于治，劳形竭智而无补于主也"[3]（《泛论》）。盲目地想将三代礼义用于现今社会，而无视社会状况变化，也就是不知"时"和"世"，结果当然无法在现实中施行，到头来自己提倡的无法实行，不得不按自己所非议的行为方式行动。

（二）"仁义在道德之包"

《淮南子》虽对仁义进行了批评，但比之庄子，在炮火上并没有那么猛烈，并未主张完全禁绝仁义，而是认为仁义的境界在道德之下，其作用是有一定限度的，不能过分拔高或拘泥于其中，主张在道德的包纳之下，发挥其应有的作用，所以说"仁义之不能大于道德也，仁义在道德之包"[4]（《说山》）。《淮南子》中有个生动比喻：

> 是故以道为竿，以德为纶，礼乐为钩，仁义为饵，投之于江，浮之于海，万物纷纷，孰非其有！[5]（《俶真》）

① 刘文典：《淮南鸿烈集解》，中华书局，1989，第 71 页。
② 刘文典：《淮南鸿烈集解》，中华书局，1989，第 356 页。
③ 刘文典：《淮南鸿烈集解》，中华书局，1989，第 432 页。
④ 刘文典：《淮南鸿烈集解》，中华书局，1989，第 533 页。
⑤ 刘文典：《淮南鸿烈集解》，中华书局，1989，第 51 页。

从这个比喻中，我们一方面可以看出道、德的根源地位和指导性作用，它们是鱼竿、鱼线，指引着方向、标记了力度，而仁义礼乐只是鱼钩和鱼饵；然而另一方面，并非人人都是姜太公，要在人生海洋中有所收获，离不开钩和饵，而且它们与海洋接触更加密切。故而在《淮南子》中，仁义在被批评的同时，其地位和作用还是有条件地、批判性地被认可和接受。这也是道儒融合的一种体现。

如何能让一直以来在道家思想内受到批判的仁义获得存在的合理性，重视将史与思结合的《淮南子》，借用人类历史发展的需要来加以说明，即以社会生活发展的不同历史阶段的需求不同，来论述仁义产生的必要性和合理性。如：

> 逮至衰世，人众财寡，事力劳而养不足，于是忿争生，是以贵仁。仁鄙不齐，比周朋党，设诈谞，怀机械巧故之心，而性失矣，是以贵义。阴阳之情，莫不有血气之感，男女群居杂处而无别，是以贵礼。性命之情，淫而相胁，以不得已，则不和，是以贵乐。是故仁义礼乐者，可以救败，而非通治之至也。夫仁者所以救争也，义者所以救失也，礼者所以救淫也，乐者所以救忧也。神明定于天下而心反其初，心反其初而民性善，民性善而天地阴阳从而包之，则财足而人澹矣，贪鄙忿争不得生焉。由此观之，则仁义不用矣。[1]（《本经》）

仁义是末世所生，但就其产生的原因来看，在于随社会发展，人口多而财富少，付出劳动无法得到充足的回报，所以产生了纷争，故而要仁；为了相互争夺，就有人之间的结党，用阴谋欺诈手段，怀机巧之心，人际的诚信丧失，故而要义；人免不了血气冲动，世间男女已混杂而住，故而需要礼；人性中有情欲因子，沉溺其中会对人产生威胁，所以需要乐。这些需求表明，仁义礼乐是用来拯救败坏的人性、世风的，仁义礼乐是来挽救争、失、淫、忧这些状况的。当然，从道家角度看，这仍无法从根本上解决问题，人只要心神安定，返本复初，那一切问题都可以得到解决，仁义最终可被扬弃。但就当世实用而言，仁义无疑更加直接。所以《淮南子》不是

---

① 刘文典：《淮南鸿烈集解》，中华书局，1989，第 250 页。

要摧毁仁义，而是告诫人们不要将其置于根源位置、过分拘泥其中，而该将其放在价值序列中的应有位置。仁义礼乐这些是后天由人之知所构建起来的理念、规范，目的是在世风不振之时规范社会正常的道德秩序。作为伦理规范、制度，仁义礼法可以说只是某段历史、某种社会的产物，在所处的时段、社会内具有普遍性和功用性，但无法具有像"道""德"那样的永恒性与不变性。所以仁义代表的伦理规范有合理性，一方面它是一时救败的工具、手段，属低层次；另一方面也是必要、适用或说实用的东西，是处事时不可缺少的。但仁义必须依道循德，将规范建立在顺应人自然本性的基础之上。

除却历史发展的原因，仁义的出现，也是人处理社会关系所需要的。"仁是自己的事，也是人与人相处之道。在超过两人之间关系牵涉社会人群时，仁的观念即扩大为社会共同持守的尺度，也是群体伦理的根本贡献。"① 人一方面是个别人、自然人，另一方面是社会人。《淮南子》已经看到，文明的进步难以阻挡，老死不相往来已不可能，因而维持社会伦理关系的规范、制度难以避免。"以礼为翼者，所以行于世也；以知为时者，不得已于事也。"② 仁义礼乐出现，对于人来说，是其在世间"行"的需要。《淮南子》虽然推崇庄子的自由精神，但在对世也就是面对现实时，不同于庄子游世、避世的态度，而是要经世，这当然和刘安自身作为诸侯王的身份有关，也正好"呈明了人的观念在中国的思想传统中所具有的双重意蕴：真人和角色。真人是人之本然，角色是人在现实中的展开。角色因为已经进入了现实，所以受制于现实中不可避免的对象性关系，是不自由的，而真人则保持着自由。因此人的观念在中国的思想传统中所具有的双重意蕴，也可以说是人的理想属性和现实属性"③。就连《庄子》中也借孔子之口说："子之爱亲，命也，不可解于心；臣之事君，义也，无适而非君也，无所逃于天地之间。"④ 天下已非"未始有分"，人群中既已有位置、角色之分，也就难逃维持关系中位分的伦理规范。作为身负多重角色和治理一方的诸侯王，刘安对角色地位无疑有更深的体认。人们保持自身天性，按照先天赋

① 许倬云：《中国文化的发展过程》，贵州人民出版社，2009，第13页。
② 《庄子·大宗师》，郭庆藩：《庄子集释》，中华书局，2004，第234页。
③ 陈静：《自由与秩序的困惑——〈淮南子〉研究》，云南大学出版社，2004，第169页。
④ 《庄子·人间世》，郭庆藩：《庄子集释》，中华书局，2004，第155页。

予的角色、自由自然地形成和谐关系虽好，然而对于已经处于衰世现实中的人而言显得高远，"反"是指导精神，却不是能一蹴而就的。《淮南子》欲作"刘氏之书"和"务于治"的旨趣，使其不得不关注人间世，接受人现实属性所提的要求。

从人之本根来看，"道"对人"生而不有，为而不恃"，让人自由发展，那人就可能将自由过度运用，乃至用在恶的方向，人的原初之朴所具有的多种可能之中，也不可避免地具有为恶的可能，而人的行为如果违背本性、背离了道，就无法得到理想幸福的结果。所以在老庄看来，人终要回归于"道"，这是人在经历了种种可能之后的最好选择。但残酷的事实是体道不仅在我，还有系于世。《淮南子》强调"道""事"结合，强调"道"在万物身上的体现、在现实中作用的体现，"道"的恍惚性减少而变得越来越具象。在"道"走向具体的过程中，由于万物的多样性及所处环境的复杂性，越是进入现实生活，越会发现秩序存在的重要性，引导万物建立相应的秩序成为一种必要的选择。

对于"仁义"的态度，其实也反映出《淮南子》对于"自由"的态度，推崇自由是道家思想之灵魂。然而自由不是完全由自，而是要有必要的制约，这个制约是什么呢？对于每个人来说，是其"自然"，也就是自然本性；对于整体来说，是作为本原的"大道"，这是道家的一贯观点。然而随着文明发展，人开始群居生活，有了人伦之分，人无所逃避这种关系。道家承认这种关系，作为一个完整之人，毕竟无法逃避人伦关系中的要求。世道的变异，使道家思想终究对仁义做出一定妥协，接受了人世间角色的要求，这不理想但却实用。然而道家的自由和儒家的规范间毕竟存在矛盾，所以《淮南子》一方面强调人自由、自然的天性，认为"性失然后贵仁"；另一方面又说"人之性有仁义之资"。即便在同一章节中也是两者均存在，既认为"凡人之性，莫贵于仁，莫急于智。仁以为质，智以行之"[1]（《主术》），又指出"孝于父母，弟于兄嫂，信于朋友，不得上令而可得为也。释己之所得为，而责于其所不得制，悖矣！士处卑隐，欲上达，必先反诸己。上达有道，名誉不起，而不能上达矣。取誉有道：不信于友，不能得誉。信于友有道：事亲不说，不信于友。说亲有道：修身不诚，不能事亲

---

① 刘文典：《淮南鸿烈集解》，中华书局，1989，第315页。

矣。诚身有道：心不专一，不能诚身。道在易而求之难，验在近而求之远，故弗得也"①（《主术》）。孝悌信义的履行有一定之道，从取誉、信友、悦亲一直到诚身这一序列，最终归于反己、心专一以得道，儒家的德目最终归于道家的得道。这正体现出人自身在群己之间的矛盾，在自由和制度规范间的摇摆，人一直在这些方面中寻求平衡，也就注定《淮南子》在仁义上的矛盾态度。不过，由于《淮南子》的道家思想主轴，"持以道德，辅以仁义"当是其基本姿态。

二　"仁者，爱其类也"的仁论

何者谓"仁"？"仁"字左为"人"右为"二"，就是两人，所表达的是两个人之间的关系，其"是彰明人际关系的"②。人之间关系应如何，儒家给出的答案我们都很熟悉。"樊迟问仁。子曰：'爱人。'"③ 人与人应相爱，这种爱意谓为何呢？"孝弟也者，其为仁之本与！"④ "仁之实，事亲是也。"⑤ 在儒家眼中，爱首先是血亲之爱，爱人首先是血缘关系中的行为，其一开始即是有偏向的，这种血缘之爱是天然的，然而"一旦爱人的行为在亲情的轨道上运行时，这种情结就成了单一的血缘孝情，而且这种孝情会随着人的角色场所的移动而毫不变动地迁移到其他一切领域"⑥。人与人之间其他人伦关系，均是由这种事亲之爱所"推"出来的，将社会伦理奠定在血缘关系、亲亲之情上，由于血缘关系远近不同，人际关系、人际之爱自然有先有后、有厚有薄，即爱有差等，这是不利于推动公德的。《淮南子》注意到了这一点，其"仁"论与儒家不尽相同，有所改进突破。

（一）仁与爱

《淮南子》延续儒家的观念，也以"爱人"来说"仁"，即"所谓仁者，爱人也"⑦（《泰族》）。"爱"的对象为何？"遍爱群生而不爱人类，

① 刘文典：《淮南鸿烈集解》，中华书局，1989，第 317 页。参照王念孙注释改定。
② 许建良：《先秦儒家的道德世界》，中国社会科学出版社，2008，第 14 页。
③ 《论语·颜渊》，杨伯峻译注《论语译注》，中华书局，1980，第 131 页。
④ 《论语·学而》，杨伯峻译注《论语译注》，中华书局，1980，第 2 页。
⑤ 《孟子·离娄上》，阮元校刻《十三经注疏》，中华书局，1980，第 2723 页。
⑥ 许建良：《先秦儒家的道德世界》，中国社会科学出版社，2008，第 23 页。
⑦ 刘文典：《淮南鸿烈集解》，中华书局，1989，第 698 页。

不可谓仁。仁者，爱其类也"①（《主术》），这个"人"并不局限于亲人，而指"人类"，是指"人"这样一个群类，有"人"之名的成员就是爱的对象，所以《淮南子》说"大仁无亲"，这就将仁爱的对象大大拓展和平等化了。

就《淮南子》中的爱而言，父母子女间之爱依旧是十分重要的内涵，如"慈父之爱子，非为报也，不可内解于心""三月婴儿，未知利害也，而慈母之爱谕焉者，情也"，故曰："仁亲乎父。"②（《缪称》）这是人生来就有的自然之情。但《淮南子》并未将"爱"局限于血缘，也没有过多强调亲亲之情，"尧之有天下也，非贪万民之富而安人主之位也，以为百姓力征，强凌弱，众暴寡，于是尧乃身服节俭之行，而明相爱之仁，以和辑之"③（《主术》）。这里的相爱之仁，所要应对的是"强凌弱，众暴寡"，是社会中公众之间的关系，所要推动的是人人彼此相重相爱的秩序形成，是公德形成，而不仅是血缘关系之爱。所以《淮南子》强调"其德含愚而容不肖，无所私爱"④（《本经》），做到不私爱，人际的爱所要达到的是古代的理想状况，即"君施其德，臣尽其忠，父行其慈，子竭其孝，各致其爱而无憾恨其间"⑤（《本经》），以君臣、父子为代表的各种人伦关系中，人们都能自然地表现、表达出对对方的爱，而没有遗憾和怨恨。

（二）仁与恩、惠

对他人之爱，表现在行动上就是施惠于人，而予人惠之后，被受者接受并产生效果，施者便对受者有恩⑥，故在《淮南子》中，仁与惠、恩紧密相连：

> 今夫积惠重厚，累爱袭恩，以声华呕苻妪掩万民百姓，使之欣欣

---

① 刘文典：《淮南鸿烈集解》，中华书局，1989，第314页。
② 刘文典：《淮南鸿烈集解》，中华书局，1989，第323~324页。
③ 刘文典：《淮南鸿烈集解》，中华书局，1989，第290页。
④ 刘文典：《淮南鸿烈集解》，中华书局，1989，第260页。
⑤ 刘文典：《淮南鸿烈集解》，中华书局，1989，第267页。
⑥ 李增认为："仁是人内心所发的'不忍之色'，'唯恻隐推而行之'而加之于外在对象者。其客体所受之爱而有其效者，则为'恩'。仁重在施舍，亦即在于为惠。"参见李增《淮南子》，东大图书公司，1992，第126页。

然，人乐其性者，仁也。^①（《俶真》）

仁者，积恩之见证也。^②（《缪称》）

赵宣孟以束脯免其躯，礼不隆，而德有余，仁心之感恩接而惼恒生，故其入人深。^③（《缪称》）

积累宽厚的恩惠，让积累的慈爱恩惠泽及民众，让民众欣欣然乐于保持自身本性，即是仁，所以说仁是恩惠积累的见证。"为惠者，尚布施也。"^④（《主术》）前文已具，仁之所以产生，在于人众财寡，所以施惠比较偏重于物质上的帮助。不过施惠于人、对人有恩，并不在于所给予的有多么丰厚，比如赵盾在灵辄饿倒在路边时给了他肉饭，换来的回报是赵盾在被追杀时灵辄的拼死相救。施惠的行为出于自身的仁慈之心和怜悯之情，使受者感受到施者的爱心，受恩后，也产生对施者的刻骨铭心之深情，这是情感真诚、深入的交流，这种情感不是出自血缘，而是作为同一类中的成员间不忍之色、恻隐之情的流露。

同时，仁与恩之间也存在适度及对应的问题，即"礼者，实之文也；仁者，恩之效也。故礼因人情而为之节文，而仁发忓以见容。礼不过实，仁不溢恩也，治世之道也"^⑤（《齐俗》）。作为道德准则的仁是积恩产生的效应，是积恩的忠厚体现或说表现。人内在的仁爱、仁德要通过容色、行动表现出来，施恩于人是内在仁心的表现，而仁作为社会伦理规范，又可以成为恩的程度的反映。同时，"仁不溢恩"即仁不该超过实际所施与之恩与应有回报的关系，否则就会有"人主好仁，则无功者赏，有罪者释"^⑥（《诠言》）的荒唐局面。仁、恩结合让仁不仅只是有抽象的爱人的定义，而且有了实在内容和一定的标准，也避免将其无节制地拔至过高地位。

---

① 刘文典：《淮南鸿烈集解》，中华书局，1989，第 59 页。参照王念孙、陶方琦注释改定。
② 刘文典：《淮南鸿烈集解》，中华书局，1989，第 319 页。
③ 刘文典：《淮南鸿烈集解》，中华书局，1989，第 325~326 页。
④ 刘文典：《淮南鸿烈集解》，中华书局，1989，第 282 页。
⑤ 刘文典：《淮南鸿烈集解》，中华书局，1989，第 356 页。
⑥ 刘文典：《淮南鸿烈集解》，中华书局，1989，第 479~480 页。

　　《淮南子》虽然将仁与施恩、施惠相结合，并且强调，施恩应当得报，恩与报相对应，"其施厚者其报美，其怨大者其祸深。薄施而厚望，畜怨而无患者，古今未之有也"①（《缪称》）。然而，对于有"仁"的人来说，施是一种同类间不忍之色、恻隐之情的表现，报是对受者而言的义务，而施者在行动中并非有意求报，"慈父之爱子，非为报也"②（《缪称》），"圣王布德施惠，非求其报于百姓也"③（《人间》）。同时也不因施德便以有德自居，即"施者不德，受者不让，德交归焉而莫之充忉也"④（《本经》）。施恩—接受、感恩—回报是个自然过程。"仁者不以欲伤生"⑤（《人间》），"仁"的对立物是欲，故而"少而贪其力，老而弃其身，仁者弗为也"⑥（《人间》），一旦施仁惠于人，为的只是所得的利益、回报，就像人年轻时贪图其所具有的气力，到人老则嫌弃他的病躯，这是"仁"者不会做的，否则为"仁"就仅是为了利、欲，自然也谈不上"仁"。故而君子、圣人虽然行仁，却不追求"仁"之名、"仁"之报，即所谓"君子修行而使善无名，布施而使仁无章"，"圣人掩迹于为善，而息名于为仁也"⑦（《诠言》）。

　　《淮南子》虽称仁义"为人之所慕，行人之所高，此严父之所以教子，而忠臣之所以事君也"⑧（《人间》），也说"虽有知能，必以仁义为之本，然后可立也"⑨（《泰族》），但其还是有一定局限。这一方面是由于仁义境界上不及道与德；另一方面，也是由于时势的掣肘，故曰："仁非能益也，处便而势利也。"⑩（《俶真》）仁义能否发挥作用，是否有好效用，和时势关系很大，这些都有史实可证明："夫武王先武而后文，非意变也，以应时也；周公放兄诛弟，非不仁也，以匡乱也。"⑪（《齐俗》）"徐偃王被服慈

①　刘文典：《淮南鸿烈集解》，中华书局，1989，第 319 页。
②　刘文典：《淮南鸿烈集解》，中华书局，1989，第 323 页。
③　刘文典：《淮南鸿烈集解》，中华书局，1989，第 596 页。
④　刘文典：《淮南鸿烈集解》，中华书局，1989，第 253 页。参照王念孙注释改定。
⑤　刘文典：《淮南鸿烈集解》，中华书局，1989，第 608 页。
⑥　刘文典：《淮南鸿烈集解》，中华书局，1989，第 622 页。
⑦　刘文典：《淮南鸿烈集解》，中华书局，1989，第 473 页。
⑧　刘文典：《淮南鸿烈集解》，中华书局，1989，第 620 页。
⑨　刘文典：《淮南鸿烈集解》，中华书局，1989，第 685 页。
⑩　刘文典：《淮南鸿烈集解》，中华书局，1989，第 77 页。
⑪　刘文典：《淮南鸿烈集解》，中华书局，1989，第 371 页。

惠，身行仁义，陆地之朝者三十二国，然而身死国亡，子孙无类……徐偃王知仁义而不知时。"① （《泛论》） 周公流放兄长诛杀弟弟，看起来似乎违背了"仁"，但那是为了平定叛乱，是时势的要求，因而是不拘于血缘之爱而爱大众之表现。徐偃王在虎狼之世拘泥在仁义之中，不知时势变化，也就免不了身死国灭。故而"知仁义而不知世变"② （《人间》） 是行不通的。因此，对仁的作用的评价应在具体的语境中，置于历史长河内进行，这是《淮南子》仁论的特色，也是《淮南子》伦理思想道事并重、思史并举的体现。

三 "义者，比于人心而合于众适者也"的义论

在《淮南子》中，"义"字出现约 220 次，甚至超过了出现 140 余次的"仁"，而"在内而合乎道，出外而调于义"③ （《本经》） 也表明《淮南子》对"义"的重视，"义"之内涵和功用值得我们关注。

何者谓"义"？《淮南子》曰："义者，循理而行宜也……义者宜也。"④ （《齐俗》）"义"被定义为遵循理并行为适宜，"以理作为'义'的依据，因'宜'而变'义'，使'义'之僵化的道德属性增添了理性的内涵"⑤。"理"在先秦哲学中多被视为自然万物及社会运行的准则及规律，比如《韩非子》中说："理者，成物之文也。"⑥《庄子》中也说："应之以人事，顺之以天理。"⑦ 孟子则直接将"义"与"理"相连接："心之所同然者，何也？谓理也，义也。圣人先得我心之所同然耳，故理义之悦我心，犹刍豢之悦我口。"⑧《淮南子》中，"理"的内涵很丰富，有天理、地理、人理等，从"义"的产生来看，为"救失"的"义"所遵循的应是人理，即人在世间之行为所必须遵守的准则与规范。《淮南子》强调"以义行理"⑨

---

① 刘文典：《淮南鸿烈集解》，中华书局，1989，第 445~446 页。
② 刘文典：《淮南鸿烈集解》，中华书局，1989，第 620 页。
③ 刘文典：《淮南鸿烈集解》，中华书局，1989，第 244 页。
④ 刘文典：《淮南鸿烈集解》，中华书局，1989，第 357 页。
⑤ 王巧慧：《淮南子的自然哲学思想》，科学出版社，2009，第 67 页。
⑥ 《韩非子·解老》，陈奇猷：《韩非子新校注》，上海古籍出版社，2000，第 411 页。
⑦ 《庄子·天运》，郭庆藩：《庄子集释》，中华书局，2004，第 502 页。
⑧ 《孟子·告子上》，阮元校刻《十三经注疏》，中华书局，1980，第 2749 页。
⑨ 刘文典：《淮南鸿烈集解》，中华书局，1989，第 124 页。

（《天文》），"扶义而动，推理而行，掩节而断割，因资而成功"①（《兵略》），可见"理"是"义"的依据，"理"通过"义"在人所行之事中体现出来。由于"道"在《淮南子》中被称作"一之理"，可以说是众理之理，故而循"理"而行也便是循"道"而行，正是"仁义在道德之包"的体现。故而循"理"便是要修"循道理之数，因天地之自然"②（《原道》）而不"诡自然之性"，这是对"义"的基本要求。对"义"而言，"理"是依据，"宜"在操作中则更为关键。在事务处理之中，"宜"所注重的是在取予关系上的明晰，"为义者必以取予明之"③（《齐俗》），这和"仁"所强调的恩与报相类，强调的是双方的平等性和对应性。前文已具，仁义所以产生，在于"人众财寡，事力劳而养不足"，所以在取和予方面的平等、有节是非常重要的，即要"多少不同，各得其所宜"④（《缪称》），以使"人能尊道行义，喜怒取予，欲如草之从风"⑤（《缪称》）。

同时，《淮南子》之"义"作为社会伦理规范，还关涉人伦关系的处理，"义者，所以合君臣、父子、兄弟、夫妻、朋友之际也"⑥（《齐俗》），它协调人伦关系。对于这种关系的"宜"应如何认定，《淮南子》提出："义者，比于人心而合于众适者也。"⑦（《缪称》）"比于人心"表明是要出于人的真心认定，合乎人内在心意本性，而众适则是在群体之中众人所形成的共识合适与否。这是内外结合、群己结合形成的标准。这种标准既有一定的底线即合乎人性、人情，同时又具灵活性，群体中商议觉得合适的即是合乎义的，而不像其批评的儒家那样拘泥于僵化的教条和规定。所以《淮南子》中对"宜"的论述，一方面，是"外不滑内，则性得其宜"⑧（《俶真》）；另一方面为"论是而处当，为事先倡，守职分明，以立成功也……各得其宜，处其当，则上下有以相使也"⑨（《主术》）。"守职"

---

① 刘文典：《淮南鸿烈集解》，中华书局，1989，第 511 页。
② 刘文典：《淮南鸿烈集解》，中华书局，1989，第 15~16 页。参照王念孙注释改定。
③ 刘文典：《淮南鸿烈集解》，中华书局，1989，第 354 页。
④ 刘文典：《淮南鸿烈集解》，中华书局，1989，第 320 页。
⑤ 刘文典：《淮南鸿烈集解》，中华书局，1989，第 336 页。
⑥ 刘文典：《淮南鸿烈集解》，中华书局，1989，第 343 页。
⑦ 刘文典：《淮南鸿烈集解》，中华书局，1989，第 319 页。
⑧ 刘文典：《淮南鸿烈集解》，中华书局，1989，第 73 页。
⑨ 刘文典：《淮南鸿烈集解》，中华书局，1989，第 284 页。

"处当"，即是要按照"众适"所认定的各人角色，履行好自身职分，恰当处理角色间的关系，以做到"无小大修短，各得其所宜；规矩方圆，各有所施"①（《主术》），每个人都能够处在自身适宜的位置上，合理地履行义务、享受权利。将"义"与"理""宜""适"相结合，一方面让"义"具有客观的规律依据、避免随意性，另一方面又让"义"具有灵活性、适应性，不至于成为僵化的教条。

"义"集处事、待人为一体，两者结合，使"义"具有广泛的作用和表现。"举大功，立显名，体君臣，正上下，明亲疏，等贵贱，存危国，继绝世，决挐治烦，兴毁宗，立无后者，义也。"②（《俶真》）推举有功之人、树立显赫名声、保存危亡国家、延续灭绝的世代、振兴宗庙这些事的处理得当，确立君臣关系、匡正上下位分、标明亲疏、规定贵贱这些人际关系及角色的适宜，都是"义"之体现。比之带有血缘关系影子的仁，"义"在处理外在的社会伦理关系上，也许更具适用性和平等性，这也可以解释为什么《淮南子》中"义"出现次数要超过"仁"。"故义者，天下之所贵也。"③（《人间》）《淮南子》接受人之角色性和伦分意识，乃至有"故仁以为经，义以为纪，此万世不更者也"④（《泛论》）的表述。但这认可的是"义"的重要性，在具体内容上，出于"众适"的"义"是会变化的，人如何依身份在种种人伦关系中行动也是变化的、相对的，所以又说"礼义与俗易"⑤（《泛论》），这是"义"的变与不变的辩证关系。

"义"虽好，但同样也存在可能异化变质的问题。行义的人，若是帮助他人总想得到回报，也就失去"义"的根本了，所以要"君子行义，不为莫知而止休"⑥（《说山》），行义出于真心真情，而不是为了被他人知晓或索取回报。"多欲亏义"⑦（《缪称》）、"小快害义"⑧（《泰族》），义的敌人、威胁同样是人对欲望、利益的贪求，《说山》中有这样一个故事："人

---

① 刘文典：《淮南鸿烈集解》，中华书局，1989，第 292 页。
② 刘文典：《淮南鸿烈集解》，中华书局，1989，第 59 页。
③ 刘文典：《淮南鸿烈集解》，中华书局，1989，第 602 页。参照王念孙注释改定。
④ 刘文典：《淮南鸿烈集解》，中华书局，1989，第 429 页。
⑤ 刘文典：《淮南鸿烈集解》，中华书局，1989，第 432 页。
⑥ 刘文典：《淮南鸿烈集解》，中华书局，1989，第 526 页。
⑦ 刘文典：《淮南鸿烈集解》，中华书局，1989，第 332 页。
⑧ 刘文典：《淮南鸿烈集解》，中华书局，1989，第 695 页。

有昆弟相分者，无量，而众称义焉。夫惟无量，故不可得而量也。"①（《说山》）有兄弟分家，由于家中财产实在多到无法计算，所以都不计较分到多少，而人们都称他们有义。对于因人众财寡、分配不均而生的义来说，如果财物多到数不清，人们都不用争夺，那自然就不用争，不用计较取予，人人有义，道德也就不需要了。但现实却并不是这种状态，所以义与利的关系依旧是伦理思想要面对的关键问题。

先秦道家对仁义多有抨击，而这也成为道家被认为是非道德主义的依据。实际上，道家所反对的是仁义对个人本性可能造成的限制，以及其以血缘关系为中心的局限。在《淮南子》中，对仁义仍有所批判，认为其在价值等级上低于道德，但也肯定了仁义在维护社会伦理关系上的作用及重要性。同时，《淮南子》对仁义等德目也有所改造，减弱了对血缘关系的强调，而将其作为处理社会中人与人关系的伦理规范，凸显出与"道""理"相连的角色意识及职分践履；并且注意仁义使用的适宜性，避免伦理规范变为对人的束缚。

第三节　"不以利害义"之义利观

义利关系是中国道德哲学史上最核心的问题之一，各家各派都十分关注并有各自见解。义利问题所关涉的是人之道德理想和物质利益间的关系问题，人之生存与发展离不开利益，然而对利益的过度追求会影响人之生存，义与利之间如何形成合理张力，涉及人如何生活及如何更好地生活。因而，即便是在今日，这一问题依旧极为重要。

一　"人之情，于利之中则争取大焉"——义利矛盾的成因

义利之间为何会有矛盾，前文所举《说山》中的例子表明，假如社会物质丰富到无法计数的程度，那就不会争夺，人人可称义，那也就意味着"义"没有存在必要。这从反面表明，人之所以需要"义"，正在于社会中的物质利益不足以充分满足每个人，从而会引发争夺：

① 刘文典：《淮南鸿烈集解》，中华书局，1989，第541页。

人有衣食之情，而物弗能足也，故群居杂处，分不均，求不澹，则争。争，则强胁弱而勇侵怯。人无筋骨之强，爪牙之利，故割革而为甲，铄铁而为刃。贪昧饕餮之人，残贼天下，万人搔动，莫宁其所有。① （《兵略》）

亡羊而得牛，则莫不利失也；断指而免头，则莫不利为也。故人之情，于利之中则争取大焉，于害之中则争取小焉。② （《说山》）

人都有饮食穿衣这样的需求，而物质资源并不充足，分配上的不均、需求上的不满，导致了人与人之间的争夺。本身拥有较强的能力与势力的人，就会依靠优势去威胁他人，侵占属于他人的利益份额，且越来越不舍得收手；而在这一过程中利益受损者则不甘心，仇恨、报复心在心中不断蓄积，于是社会开始相互倾轧，无休无止。如果说财物不足是引发争斗的外因，那么人自身天生就有好利恶害的倾向，是争斗的内因。假如丢羊能得牛，就没人不愿意丢东西，断指能免去断头，就没有人不这么做，所以面对利益力图争取到最大份额，面对危害力求降低到最低限度，是人之常情。内外结合，使得人们常贪欲迸发、争斗不休，争斗规模不断扩大的话，还会演变为大大小小的战争，天下不得安宁。

关于争斗的成因，《淮南子》并非凭空论述，而是举出了历史上的实例：

夫民有余即让，不足则争，让则礼义生，争则暴乱起。扣门求水火，莫弗与者，所饶足也；林中不卖薪，湖上不鬻鱼，所有余也。故物丰则欲省，求澹则争止。秦王之时，或人菹子，利不足也；刘氏持政，独夫收孤，财有余也。故世治则小人守政，而利不能诱也；世乱则君子为奸，而法弗能禁也。③ （《齐俗》）

---

① 刘文典：《淮南鸿烈集解》，中华书局，1989，第 489 页。
② 刘文典：《淮南鸿烈集解》，中华书局，1989，第 530 页。
③ 刘文典：《淮南鸿烈集解》，中华书局，1989，第 377 页。参照王念孙注释改定。

民众财富有余就互相谦让，不足就相互争夺，让的话就体现出礼义，争的话则带来暴乱。一个人去敲人家门要水，没有人会不给，这是由于水资源很丰裕，林中不卖柴火、湖上不卖鱼也是类似的道理，故而物质丰足人们的欲望就少，人的需求得到满足争斗就会停止。《淮南子》将秦朝和汉朝的局面做了对比，秦朝时，物质利益不足，乃至有人宰食儿女；而在汉代，独身男子也能收养孤儿，这是因为汉代物质充足，财货富裕。所以世道太平之时，就是小人也规规矩矩的，因为没有什么利益能诱使他冒险去做坏事；而世道混乱时，即使是君子也不免去做奸恶之事，有法令也禁止不了。

《淮南子》从财货不足来解释人际矛盾及不道德现象的起源，比之一味从人的内心来解释，无疑是看到了物质基础的作用。汉代文景之治之所以出现夜不闭户路不拾遗的景象，就在于在清静无为的治理下，社会中有较为充裕的财富。虽然《淮南子》有强烈的崇古、返古倾向，但有一点《淮南子》还是承认：历史发展中道德虽退化，但人的物质文明、生产水平是在提高的。《俶真》《修务》《泛论》中均有这方面的论述，如"古者剡耜而耕，摩蜃而耨，木钩而樵，抱甀而汲，民劳而利薄。后世为之耒耜耰锄，斧柯而樵，桔槔而汲，民逸而利多焉。古者大川名谷，冲绝道路，不通往来也，乃为窬木方版，以为舟航，故地势有无，得相委输"①（《泛论》）。利推动社会进步，然而随着经济发展，人口也在增多，而人需求物质的量和质也在不断增加和提高，这就导致人众财寡的现象。这种现象，《韩非子》中就已经有过论述，人众—财寡—养不足—忿争生这样的逻辑过程也是对韩非论点的延续。争的后果自然是个人、社会、国家都不得安宁。面对这一情况，法家的方案是富国强兵、严刑峻法，这种方案在汉代是被批判的，而且人之争的重要内因是人取大利的贪欲，仅靠外在的发展生产力或者用刑罚是不够的。《淮南子》的选择是用仁义来救失、救败，即用道德规范来克制人的贪欲，教人相互协调，保障公平，也便有了义利之间的矛盾。

二 "君子不弃义以取利"——义利之辨

义利矛盾虽然产生于历史中，但在现实世界中也是不得不面对的问题，在义利之辨的基本态度上，《淮南子》偏向于"义"，但对"利"也有着恰

---

① 刘文典：《淮南鸿烈集解》，中华书局，1989，第 422~423 页。

当的考量。

（一）"君子思义而不虑利"

在义利关系上，《淮南子》认为两者之间存有矛盾，过于重"利"会对"义"造成破坏，故曰："有义者不可欺以利。"①（《缪称》）"故仁者不以欲伤生，知者不以利害义。"②（《人间》）在两者的选择上，《淮南子》的天平明显在"义"这一方，"君子思义而不虑利，小人贪利而不顾义"③（《缪称》），义与利何者摆在第一位，是判别君子和小人的衡量标准。"段干木不趋势利，怀君子之道，隐处穷巷，声施千里，寡人敢勿轼乎！段干木光于德，寡人光于势；段干木富于义，寡人富于财。势不若德尊，财不若义高。干木虽以己易寡人不为。"④（《修务》）魏文侯作为君主，富于财、势，但感觉比不上有"义"的段干木。财、势比不上德义，不趋势利才是君子之道，所以说："义者，人之大本也。虽有战胜存亡之功，不如行义之隆。"⑤（《人间》）义才是人的大本，在义利的选择上，"君子不弃义以取利"⑥（《人间》），人们是不应当放弃义而去谋取利的。

重利会造成怎么样的伤害呢？《淮南子》明确指出"重生则轻利"，"虽贫贱，不以利累形"⑦（《道应》），对物质利益的过度追求会损害人的健康，所以重视生命的话自然就会轻视利益，"众人皆知利利而病病也，唯圣人知病之为利，知利之为病也"⑧（《人间》）。圣人的高明之处就在于看出了"利"华美的外表背后对人的伤害，所以说："天下，大利也，比之身则小。"⑨（《泰族》）但若只是为了重生保身而轻利，在《淮南子》看来还是不够的，这也许只是从一种利进入另一种利，和身比起来，"义"更为重要，"身，所重也，比之义则轻"⑩（《泰族》）。在"义重于身"的原则之

---

① 刘文典：《淮南鸿烈集解》，中华书局，1989，第 332 页。
② 刘文典：《淮南鸿烈集解》，中华书局，1989，第 608 页。
③ 刘文典：《淮南鸿烈集解》，中华书局，1989，第 332 页。
④ 刘文典：《淮南鸿烈集解》，中华书局，1989，第 637 页。
⑤ 刘文典：《淮南鸿烈集解》，中华书局，1989，第 605 页。
⑥ 刘文典：《淮南鸿烈集解》，中华书局，1989，第 609 页。
⑦ 刘文典：《淮南鸿烈集解》，中华书局，1989，第 390 页。
⑧ 刘文典：《淮南鸿烈集解》，中华书局，1989，第 591 页。
⑨ 刘文典：《淮南鸿烈集解》，中华书局，1989，第 685 页。
⑩ 刘文典：《淮南鸿烈集解》，中华书局，1989，第 685 页。参照俞樾注释改定。

下，人之身、人之生都变得不是最重要的，"故不观大义者，不知生之不足贪也"①（《精神》），当体会到大义的可贵之后，就会发觉生命并没有那么值得贪恋，为了大义失去生命也没有什么好值得惊慌的，故而"君子义死，而不可以富贵留也；义为，而不可以死亡恐也"②（《精神》），君子可以为"义"牺牲，不会因富贵引诱而苟活；君子为"义"而行动，死亡的威胁对于他们来说是没有用处的。所以人们"不以生害义"，相反，"世治则以义卫身，世乱则以身卫义"③（《缪称》），世道太平的时候，可以用"义"来保护自身；但到世道混乱，"义"无法保护自身的时候，也不惜用身体、生命来捍卫道"义"。这种带有舍生取义色彩的论点，无疑是对儒家思想的继承吸收。

当然，即便是儒家，对利益也并非完全否定，小人之所以为小人，不在于他得到利益，而在于他为贪利而完全不顾及"义"，利益本身并不能完全禁绝，所以"圣人为善，非以求名而名从之，名不与利期而利归之"④（《缪称》），圣人同样是有"名"与"利"的，只是这里"善"与"利"是先与后的关系，先"义"而后"利"。同时"利"也可能是对"义"的正当回报。对圣人是如此，对于普通人来说，"利"对于道德的运行也是非常重要的：

> 鲁国之法，鲁人为人臣妾于诸侯，有能赎之者，取金于府。子赣赎鲁人于诸侯，来而辞不受金。孔子曰："赐失之矣！夫圣人之举事也，可以移风易俗，而教顺可施后世，非独以适身之行也。今国之富者寡而贫者众，赎而受金，则为不廉；不受金，则不复赎人。自今以来，鲁人不复赎人于诸侯矣。"（《道应》）⑤

这个故事在《吕氏春秋》中也曾出现。子赣赎回为诸侯做奴仆的鲁人而不接受官府的补偿，这种行为就子赣来说是种高风亮节的体现，然而孔子却

---

① 刘文典：《淮南鸿烈集解》，中华书局，1989，第236页。
② 刘文典：《淮南鸿烈集解》，中华书局，1989，第235页。
③ 刘文典：《淮南鸿烈集解》，中华书局，1989，第327页。
④ 刘文典：《淮南鸿烈集解》，中华书局，1989，第326页。
⑤ 刘文典：《淮南鸿烈集解》，中华书局，1989，第388页。参照王念孙注释改定。

加以批评，认为这不是个好的示范。圣人的道德行为不应仅虑及自身，而且要考虑到社会风俗及后世的延续。孔子认为子赣的做法会让之后的人承受道德压力——如果赎人受金就成了不清廉了。但对大多数人而言，并不具备子赣那样的财力，所以他们就会选择不赎人，这样既不用受金，自身也不用付出财物，子赣的行为造成的后果就是鲁国人再也不会去赎人。从这个故事中可以看出，《淮南子》意识到道德准则和道德要求要考虑到普适性，而非只有少数人可做到；同时道德的履行是无法完全摆脱物质利益的，如果人连基本物质条件都保持不了，却要求他们去行道德，难度无疑很高，是不现实的。借这个故事，《淮南子》表达了对合理物质利益的肯定，义利两者并非绝对水火不容，两者均有合理之处，甚至有相结合的可能。当然，前提是要将义利因果厘清。"待利而后拯溺人，亦必利溺人矣。"[1]（《说林》）如果利为因，救人这种道德行为只是为了得利，那也就有可能为了利益去害人。

（二）"日夜不忘于欲利人"

对"利"的追求虽然有落入异化的风险，但履德行善之后所得的利，或者是在不违背义之下所得的正当之利，《淮南子》并未加以贬斥。同时，《淮南子》认为人不仅要利自身，利他人也很重要，主张"善御者不忘其马，善射者不忘其弩，善为人上者不忘其下。诚能爱而利之，天下可从也。弗爱弗利，亲子叛父"[2]（《缪称》）。人与人之间，"利"也是十分重要的，想要保持良好的关系，尤其是上位者要想他人跟从，关键的就是要爱利他人，不然的话，即便父子间也可能反目。这里的"利"指的是利他人，而不是一味为自身牟利，而且强调的是爱而利之，将爱作为利的前导，也就表明利应当以心中对他人之爱作为基础和前提，应出于真心，这种利是值得认可的。

《淮南子》借孔子的话指出："小利破义。"贪图小利，也就是一己私利，是对道德的破坏。若将利的范围扩大，成为利他人乃至利天下，也便是为公利而不局限于一己私利，也就是"不私其利"，那这种利则是被认可

---

① 刘文典：《淮南鸿烈集解》，中华书局，1989，第 579 页。参照俞樾注释改定。
② 刘文典：《淮南鸿烈集解》，中华书局，1989，第 342 页。

的，所以说：

> 夫圣人之心，日夜不忘于欲利人，其泽之所及者，效亦大矣。① （《修务》）

> 世之主有欲利天下之心，是以人得自乐其间。② （《俶真》）

> 先王之所以应时修备，富利国民，实旷来远者，其道备矣。非能目见而足行之也，欲利之也。欲利之也不忘于心，则官自备矣。心之于九窍四支也，不能一事焉，然而动静听视皆以为主者，不忘于欲利之也。③ （《主术》）

圣人之所以为圣人，为人所推崇，正在于其日夜都没有忘记要为他人谋福利，虽在恩泽未及的地方，也能起到很大的功效。同理，作为天下的统治者，君主如果有想要有利于天下民众的心思，那自然就会有为民众造福、谋利的行动，那天下人也就可以自得其乐。就像"先王之所以应时修备"一段所说的那样，君主之所以能够依照时节变化整治完备，使国家富强、民众得利，让库房充实、远方的人来归附，并不是说什么事都是君主亲眼所见、亲身实行的，而是在于他有着为他人、为天下谋福利之心。只要有这种利天下的责任感，并时刻放在心上不忘记，那么百官自然会履行好自身职责，这就好比心对于四肢九窍来说，并没有亲自去侍奉它们，却被它们认为是中心，正在于心没有忘记要为九窍四肢谋利。所以圣人都是"欲事起天下利，而除万民之害"④ （《修务》） 的。这种对于利的追求，不仅不违背"义"，而且是种极高的道德境界。当然，对于一般民众而言，不具备君主那样大的力量，一念变化就可以影响广大民众的幸福。然而，作为理想道德人格的圣人告诉我们，重要的是要有利他人、利天下的观念，在这样高尚的道德追求下来努力推动自己行为。

---

① 刘文典：《淮南鸿烈集解》，中华书局，1989，第 638 页。
② 刘文典：《淮南鸿烈集解》，中华书局，1989，第 75 页。
③ 刘文典：《淮南鸿烈集解》，中华书局，1989，第 309 页。参照刘文典注释改定。
④ 刘文典：《淮南鸿烈集解》，中华书局，1989，第 633 页。

　　《淮南子》曰："故义者，非能遍利天下之民也，利一人而天下从风；暴者，非尽害海内之众也，害一人而天下离叛。"①（《主术》）行义虽以利天下为目的，但即便是君主，也不能亲身为天下民众谋利，主要还是发挥表率作用，保证行这种有义之举，即便行动上仅利一人，那天下人也会从之行义。这是行义的价值、作用和方法。同样，常人怀有利人、利天下之心，即使只能利一人，却在自己影响范围内将道德传递出去，人们行为慢慢积聚，那天下也就会有良好的道德氛围。可见，利若和公结合，行动为公利，就是"义"；如果废公只为私利，利就成了不义之事。利的正当与否，和公私紧密结合。"公"在淮南子中是占绝对优势的，"公道不立，私欲得容者，自古及今，未尝闻也"②（《说山》），"其数直施而正邪，外私而立公"③（《要略》），公是基础，在人们行动之中，应立公道而外私欲，立私废公是衰世的象征。公和私关涉的是在"人际关系里如何处理自己与他人关系的问题"④。《淮南子》通过对历史发展的描述，指出人的生活是从独居走向群居的过程，那人就不能只考虑自身，而要顾及群体及众人。"义"是和群、众紧密联系的，"人以义爱，以党群，以群强"⑤（《缪称》），"义者，比于人心而合于众适者也"⑥（《缪称》），社会中的道德准则、规范所要考虑的应该是群体、公众的利益，所以说："私志不得入公道。"⑦（《修务》）在群己之间、人我之间，要将价值坐标放在群上、放在他人之上，私的错误不在于为自身谋取利益，而是以自己为本位，将自身利益凌驾于他人、群体之上。《淮南子》在道德修养上虽强调"己"的重要，如"君子顺其在己者而已"，但在人际关系中反对己本位，主张"不为始，不专己"⑧（《诠言》），将公众置于私人之前，这在君主身上尤为重要。

①　刘文典：《淮南鸿烈集解》，中华书局，1989，第 305 页。
②　刘文典：《淮南鸿烈集解》，中华书局，1989，第 541 页。
③　刘文典：《淮南鸿烈集解》，中华书局，1989，第 703 页。
④　许建良：《先秦道家的道德世界》，中国社会科学出版社，2006，第 441 页。
⑤　刘文典：《淮南鸿烈集解》，中华书局，1989，第 337 页。
⑥　刘文典：《淮南鸿烈集解》，中华书局，1989，第 319 页。
⑦　刘文典：《淮南鸿烈集解》，中华书局，1989，第 634 页。
⑧　刘文典：《淮南鸿烈集解》，中华书局，1989，第 470 页。

三 "心反其初"—— 义利之争的超越

> 古之人，同气于天地，与一世而优游。当此之时，无庆赏之利，刑罚之威，礼义廉耻不设，毁誉仁鄙不立，而万民莫相侵欺暴虐，犹在于混冥之中。逮至衰世，人众财寡，事力劳而养不足，于是忿争生，是以贵仁……是以贵乐。① （《本经》）

这段文字是对道德规范如何产生的论述。尤其是将古之人和衰世之人做了比对，在古代，人们无须争利，也没有争利之心，自然也就不用仁义礼法来处理道德和利益关系，这也表明义利之矛盾是历史阶段中的问题，如果执着于此，在道家看来，在道德境界之上还显不足。所以，尽管在义利关系中，《淮南子》认为义要重于利，但义利问题既然只是历史性的问题，也就意味着，无论义利之争中孰占优，只要执着强调于其中一者，争就还存在，争的彻底解决，就在于对义利二者的超越。"贪禄者见利不顾身，而好名者非义不苟得。"② （《齐俗》） 见到利益就顾不上身体的固然是贪婪的人，事事都将"义"放在口头上也未尝不是为了得到好名声，在《淮南子》看来，义利既然都是历史产物，也就不具备永恒性，在这点上说，义利都不足贵。

《本经》中，在论述仁义为何产生后，就已经说道："神明定于天下而心反其初；心反其初而民性善，民性善而天地阴阳从而包之，则财足而人澹矣，贪鄙忿争不得生焉。由此观之，则仁义不用矣。"③ 其实只要人心返本复初，回到"无庆赏之利，刑罚之威"那个时代的状态，民众性情良善，那天地阴阳都会协调，财物自然丰足，人人得到满足，贪婪争斗这些都不复存在，仁义也就不再需要，义利之争及义利观也就无须存在。这虽然有一定理想性，却表明义利矛盾的最佳解决方式不是一者完全压过另一者，而是对两者的超越：

---

① 刘文典：《淮南鸿烈集解》，中华书局，1989，第 250 页。参照陈观楼注释改定。
② 刘文典：《淮南鸿烈集解》，中华书局，1989，第 374 页。
③ 刘文典：《淮南鸿烈集解》，中华书局，1989，第 250 页。

夫道者，无私就也，无私去也，能者有余，拙者不足，顺之者利，逆之者凶。① （《览冥》）

乐德而忘贱，故名不动志；乐道而忘贫，故利不动心。名利充天下，不足以概志，故廉而能乐，静而能澹。故其身治者，可与言道矣。② （《诠言》）

"道"对所有人都是公平、无私的，既不会有意靠近谁，也不会有意远离谁。能把握"道"的功德有余，不能把握的功德不足，所以说因顺"道"而行则有利，违背"道"而行则凶险。所以对人而言，顺"道"而行才是最大的得利，如果能以这样的方式来"利"自身，"义"也就没有出现的必要。乐于德自然忘却身份贵贱，乐处于大道之中，自然也就忘却了现实境遇中的贫富，没有过多的欲求，那物质利益也就很难让人妄动贪心，外在名誉也很难撼动人的志向。所以对于乐守道德的人来说，名利即便充盈天下，也不足以破坏他们的心志。所以清廉而能快乐，虚静而能知足。探求物质利益是重利，强调"义"也可能落入重名求名的窠臼之中，只有归于"道""德"，乐在其中的人，才可以超越世俗的利与名，有了这样的状态，才值得与他谈论大道。

君子义死，而不可以富贵留也；义为，而不可以死亡恐也。彼则直为义耳，而尚犹不拘于物，又况无为者矣！尧不以有天下为贵，故授舜；公子札不以有国为尊，故让位；子罕不以玉为富，故不受宝；务光不以生害义，故自投于渊。由此观之，至贵不待爵，至富不待财。天下至大矣，而以与佗人；身至亲矣，而弃之渊。外此，其余无足利矣。此之谓无累之人。无累之人，不以天下为贵矣。③ （《精神》）

在《淮南子》看来，如果为了"义"都可以不为富贵所诱、死亡所恐，不

---

① 刘文典：《淮南鸿烈集解》，中华书局，1989，第 198 页。
② 刘文典：《淮南鸿烈集解》，中华书局，1989，第 486~487 页。
③ 刘文典：《淮南鸿烈集解》，中华书局，1989，第 235~236 页。

拘泥于外物，人若能做到无为，就更能如此。天下之贵、有国之尊、宝玉之富、身体之亲，在虚静无为的人那里，都谈不上最大的贵、尊、富、亲，不该为这些东西所累。而如果这些为世俗所看重的东西都可拒之心外，那也就没有别的利益是可贪恋的，能做到这样的人叫无累之人。既然不为利所累，连天下都不为贵，自然也就不会为利争，那义也就同样不为贵，或者说无必要。

在《淮南子》最为推崇的上世，人们"无为为之而合于道，无为言之而通乎德"，言行都合乎本性，依从大道，自然无须"义"所代表的道德规范，当这种状态被破坏后，才有义利之争，"义"的存在及被推崇正表明世间处在道德不足状态，义利矛盾没有得到最根本的解决。即便是利人或利天下，虽已是很高的道德境界，但如果人人都顺大道守本性，自然就能得利，又何需他人为之谋。即便是君主也只要无为即可。有利天下之心并要去利天下，还是表明世道不兴。《淮南子》中反复提到"反"字，主张"修伏牺氏之迹，而反五帝之道"①（《览冥》），道德规范的最终价值目标不是让人们多尊崇它，而是引导人们和社会复归原初的和谐境界——上世"体道而不德"。当复归实现后，人们的行为自然合乎大道，道德也就自然消失，所以说："知神明然后知道德之不足为也。"②（《本经》）而所谓公利、公义及私利的划分也便无必要，就能"无所私而无所公，靡滥振荡，与天地鸿洞"③（《原道》），使人像水那样无公私之别，与天地相融通连接。

《淮南子》从人内在的好利恶害倾向及外在人众财寡的客观社会状况出发，揭示了义利矛盾的成因。在义利关系之上，《淮南子》主张义重于利，不过这并非对利的否定，而是要求对利的追求要合乎道德准则，尤其不能只顾一己私利，而要顾及他人和整体的利益。义利之争的彻底解决，不在执着于义，那样可能会造成对人的另一种束缚和破坏。超越义利之争，顺从大道过自然生活，不以利也不以义为贵，才是义利问题的最好解决之道。

---

①　刘文典：《淮南鸿烈集解》，中华书局，1989，第 215 页。
②　刘文典：《淮南鸿烈集解》，中华书局，1989，第 251 页。
③　刘文典：《淮南鸿烈集解》，中华书局，1989，第 28 页。

第四节　"法之生也，以辅仁义"之德法论

秦朝的灭亡，导致汉初知识分子对法的反思批判，然而对于统一国家的治理而言，法又无疑是有效的手段，汉朝前期虽推行无为而治，但并没有废除法律。在物质利益与道德的矛盾中，对道德规范的强调固然重要、体道返性更是根本解决之方，然而面对时与世的挑战，纯任德教困难重重。在民众道德觉悟、修养未达到较高境界的现世，对国家治理而言，用法是一种有效手段。"法律与道德的关系，是道德哲学本身的因子之一"①，《淮南子》中对商、韩的严刑峻法思想做了批判，主张以道对法进行道德化改造，形成了《淮南子》独特的刑德观，并在此之上对德法结合的治国方略做了探讨论述。

一　法的阐释

作为诸子百家之一的法家，与道家有着深厚的学术渊源，其建立所借鉴的文化资源主要来自道家，"在哲学思想史上，首先提出'法'这一概念的是老子"②，老子强调法令法规不可过度，否则就成了对人的破坏，这个度自然就是大道。而《黄帝四经》中更是明确提出"道生法""行法循道""刑德相养""先德后刑"等重要命题，提倡在合乎道与人性的基础上，在道德为先的前提下，合理发挥法的作用。

（一）法的必要性："法度者，所以论民俗而节缓急也"

在汉初对秦严刑峻法进行反思及激烈批判的文化背景下，如何让法具备合理性，是在论述法时需面对的问题。《淮南子》借助思与史结合的方法，认为法是社会发展所产生的要求，是时代变化所造就的产物，具有一定的合理性及存在依据：

　　昔者，神农无制令而民从，唐、虞有制令而无刑罚，夏后氏不负

---

① 许建良：《先秦道家的道德世界》，中国社会科学出版社，2006，第111页。
② 许建良：《先秦道家的道德世界》，中国社会科学出版社，2006，第111页。

言，殷人誓，周人盟。逮至当今之世，忍訽而轻辱，贪得而寡羞，欲以神农之道治之，则其乱必矣。……夫神农、伏羲不施赏罚而民不为非，然而立政者不能废法而治民……由此观之，法度者，所以论民俗而节缓急也；器械者，因时变而制宜适也。① （《泛论》）

往昔之时，神农氏没有定政令民众自然听从；到了唐、虞之时，虽然有政令但是没有刑罚；夏代人说话守信；到了殷、周之人，就要靠发誓立盟约来保障践行诺言；而到了汉代，人们已习惯忍受耻辱，贪图物质利益的获取而少羞耻。面对这种社会状况，再想用神农的方法来治理，不用政令刑罚，只会造成社会混乱。时代状况已变化，民众人心异变，不能像之前那样不用赏罚民众也不做坏事，所以统治者不能废除法令来治理民众。法令是反映百姓习俗，调节社会轻重缓急的，可以说就是一种顺应时变出现用来使万事合宜的工具。它虽然不是最理想的，却是基于历史及现实状况的实用设计。

（二）法的起源："生于众适"

明确法起源于何处，是对法的地位、作用加以认定的基础。在法家处，"夫生法者，君也。守法者，臣也。法于法者，民也"②，尽管法家思想有着维护秩序、富国强兵的愿望，但法为维护君主独尊的源头，终究在实践中使法成为君主独尊妄为，对内暴政对外侵略的工具，秦始皇与秦二世的历史事实已经证明一切，《淮南子》对此给予了严厉批判：

今若夫申、韩、商鞅之为治也，挬拔其根，芜弃其本，而不穷究其所由生，何以至此也？凿五刑，为刻削，乃背道德之本，而争于锥刀之末，斩艾百姓，殚尽太半，而忻忻然常自以为治，是犹抱薪而救火，凿窦而止水。③ （《览冥》）

---

① 刘文典：《淮南鸿烈集解》，中华书局，1989，第430~431页。
② 《管子·任法》，黎翔凤：《管子校注》，中华书局，2004，第906页。
③ 刘文典：《淮南鸿烈集解》，中华书局，1989，第215页。参照王念孙注释改定。

在《淮南子》看来，法家学说背弃了法的根本，没有仔细探究法因何而用，只是一味地用严刑峻法，背离了道德这一根本，造成对百姓的摧残，想要依靠这种法来治理天下，就好像抱薪柴救火，凿水缸来止水一样。正是看到了此点，《淮南子》明确提出：

> 法生于义，义生于众适，众适合于人心，此治之要也。故通于本者不乱于末，睹于要者不惑于详。法者，非天堕，非地生，发于人间而反以自正。① （《主术》）

这段话揭示了法—义—众适—人心这样的链条，认为法应当来自义，而义即意味着要对众人都适宜，要让众人适宜，就意味着法应当合乎人的心性。法不是从天上落下也不是从地下冒出，而是人间社会所生，又反过来制约社会中的人们，使之正派。法并非人类与生俱来的，而是社会需要的产物。但是这种需要不是君主一人的需要，而是众人的共同需求，形成的法律法规是要合乎人们内心要求并且合乎道义的，所以说："先王之法籍，非所作也。其禁诛，非所为也，其所守也。"② （《齐俗》） 法典规范，并不是君主随意所定的，而是有所因的；禁止和惩罚的措施方式也不是随意编造的，而是有所依守。所因、所守的是什么？从这段引文前后文看，反复强调的是"守其职""从其所宜、得其所安"，可以说所守的是义，所因的是心性。所以法一方面是要因顺人心人情，另一方面要顾及人在社会中的角色及相应位分，保障人能安守于角色。关于这两点，《淮南子》中不止一次强调：

> 故先王之制法也，因民之所好，而为之节文者也。③ （《泰族》）

> 人之性有仁义之资，非圣人为之法度而教导之，则不可使乡方。④ （《泰族》）

---

① 刘文典：《淮南鸿烈集解》，中华书局，1989，第 296 页。
② 刘文典：《淮南鸿烈集解》，中华书局，1989，第 351 页。
③ 刘文典：《淮南鸿烈集解》，中华书局，1989，第 670 页。
④ 刘文典：《淮南鸿烈集解》，中华书局，1989，第 671 页。

> 故圣人因民之所喜而劝善，因民之所恶而禁奸，故赏一人而天下誉之，罚一人而天下畏之。故至赏不费，至刑不滥。① （《泛论》）

制定法律，施用刑罚，所要注重的都是因，因循民众的喜好及厌恶，这是将法律的价值坐标原点定于民众之上。即便人性中有着仁义这种履行社会伦理角色的因子，但是没有法度的引导，也无法使民众归于正当秩序。如果法律是因循人情人性而定，那自然能为人们所广泛接受。依照法赏赐一个人可以使天下人赞誉，惩罚一个人可以使天下人惧怕，法的功用得到最大发挥，就可以避免刑罚泛滥造成的对人的压制。

因此，在《淮南子》看来，人与法相比，人为本或者说民为本，法为末，这可以说是其与法家的差别所在。法的权威性在于合义，而不是制法者的地位身份；法立足于人、源于人性，法的制定与施用是否合适，需要由众人来检验。法的推行又是实现人目的的重要手段，由于法不是出于统治者的独断，而是出于众心所公认的公道仁义，法之目的虽然摆脱不了"人主之所以执下"，但也不囿于君主一人之私，而能顾及天下之整体利益。相对于秦代维护独断专行的法而言，《淮南子》这种将法建立在合乎民众需求和状况之上的观点无疑是有进步性的。当然，有一个前提，这里的人心是出于人自然本性的本原之心，而不是被破坏后的成心。人自然之心、性是和道相通的，所以从根本上说，法要真正发挥作用，还是要合人性合大道的，故而《淮南子》中虽没有直接提出"道生法"，但主张"有道以统之，法虽少，足以化矣"② （《泰族》）。

（三）法的基本原则

在对法的来源和目的加以厘清后，《淮南子》对法所应循蹈的原则也做了揭示：

1. 公正性

法既然被称作天下度量和人主准绳，那就应当像生活中为人们所认可

---

① 刘文典：《淮南鸿烈集解》，中华书局，1989，第 454~455 页。
② 刘文典：《淮南鸿烈集解》，中华书局，1989，第 679 页。

的那些长度、重量的衡量标准一样，保持客观而不为主观偏见所左右，即要保持公正。对于法的公正而言，最大的挑战在于如何应对君主的个人情感与欲望，作为实际中施法用法的最高权威的君主应克制自己的喜怒爱恶等情绪，否则"喜怒形于心耆欲见于外，则守职者离正而阿上，有司枉法而从风，赏不当功，诛不应罪"①（《主术》），君主的喜怒、欲望表现于外，就会让原先忠于职守的人偏离正道而去阿谀主上，而有的官吏也会罔顾法律而迎合不良风气，这样会造成赏赐和功劳、处罚与罪行不相称，最后会造成"上下离心，而君臣相怨"。《诠言》中也说："人主好仁，则无功者赏，有罪者释；好刑，则有功者废，无罪者诛。及无好者，诛而无怨，施而不德，放准循绳，身无与事，若天若地，何不覆载。故合而舍之者君也，制而诛之者法也。"② 人主无论是喜爱仁还是喜爱刑，所带来的都是功、罪无法获得与之相对应的赏或罚，乃至会有无辜者受到波及。君主若不将个人喜好带入法律中，让法保持公正施行，那被惩罚的人无怨恨，受施与的人也不会感恩戴德，因为他效法水准和墨绳，保持法之客观公正，而不掺入自身意志，如天地一般，就没有什么不包覆的。所以《淮南子》强调"不妄喜怒则赏罚不阿"③（《诠言》），"人主之于用法，无私好憎，故可以为命"④（《主术》），要保持法的公正性，就要将君主私人的喜怒好憎这些偏见私欲排除在法外，不让这些外在因素对法妄加干扰。

君主治国中，赏罚是不可缺少的手段，赏罚不能以个人的喜好为依据，而要以整个国家的利益为前提，循法而行，"明主之赏罚，非以为己也，以为国也。适于己而无功于国者，不施赏焉；逆于己便于国者，不加罚焉"⑤（《缪称》）。赏罚不看人君个人喜好，因为这种手段的目的是治国，所以让君主喜欢但对国家无功的行为得不到赏赐，忤逆君主但对国有利的行为，也不会受到惩罚。"处尊位者，以有公道而无私说，故称尊焉，不称贤也。"⑥（《诠言》）君主与民同出于公，"公道"表明公来自道，适用于一

---

① 刘文典：《淮南鸿烈集解》，中华书局，1989，第 299~300 页。参照王念孙注释改定。
② 刘文典：《淮南鸿烈集解》，中华书局，1989，第 479~480 页。
③ 刘文典：《淮南鸿烈集解》，中华书局，1989，第 466 页。
④ 刘文典：《淮南鸿烈集解》，中华书局，1989，第 276 页。
⑤ 刘文典：《淮南鸿烈集解》，中华书局，1989，第 335 页。
⑥ 刘文典：《淮南鸿烈集解》，中华书局，1989，第 477 页。

切人，排斥了个人因素，道的公正依靠法的公来实现。法之公大于君主一己之私，"衡之于左右，无私轻重，故可以为平。绳之于内外，无私曲直，故可以为正"①（《主术》），法要像天平、墨绳那样公正公平。

2. 平等性

平等同样是法的重要原则，《淮南子》中，法之平等性的最大体现就在于将君主也作为法的制约对象。在以韩非为代表的法家思想中，君主不属于法律制约的对象，这就为秦朝帝王的恣意妄为打开了方便之门。而《淮南子》指出："法籍礼仪者，所以禁君，使无擅断也。"②（《主术》）法的重要作用就是克制君主的擅断，禁止其为所欲为。在此之上，《淮南子》大胆提出："所谓亡国者，非无君也，无法也。变法者，非无法也，有法而不用，与无法等。是故人主之立法，先以身为检式仪表，故令行于天下。孔子曰：'其身正，不令而行。其身不正，虽令不从。'故禁胜于身，则令行于民矣。"③（《主术》）亡国并非没有君王，而是没有法度。变动法令并不是没有法，而是有法而不用，而这和没有法是一样的。所以人主订立法律，首先是自身要以身作则，为天下人作好榜样，就好像孔子说的那样，法令行的前提是要自身正，所以君主能严格按法要求自身，才谈得上法为民众所尊奉。"法者，天下之度量，而人主之准绳也"，所表达的正是这方面的内涵。以法为治所要达到的是"公道通而私道塞"④（《主术》），在法律面前无尊卑贵贱之分，无贤不肖之别，一概遵守法之公义而无所偏私。

3. 稳定性与灵活性相结合

法作为民众共同遵循的准则，保持稳定不乱变更也是很重要的，所以《淮南子》说："今夫权衡规矩，一定而不易，不为秦、楚变节，不为胡、越改容，常一而不邪，方行而不流，一日刑之，万世传之，而以无为为之。故国有亡主，而世无废道；人有困穷，而理无不通。"⑤（《主术》）法若常变，只会让民众无所适从，也会让别有用心者有可乘之机。所以规范性的东西一旦确定就不再去改变，不会因秦、楚政权交替或者胡、越地域变化

---

① 刘文典：《淮南鸿烈集解》，中华书局，1989，第276页。
② 刘文典：《淮南鸿烈集解》，中华书局，1989，第295页。
③ 刘文典：《淮南鸿烈集解》，中华书局，1989，第297页。参照王念孙注释改定。
④ 刘文典：《淮南鸿烈集解》，中华书局，1989，第295页。
⑤ 刘文典：《淮南鸿烈集解》，中华书局，1989，第277页。

而更改，一直保持一致而不歪斜，公正地度量一切而不偏移。一旦形成，万世不变。国有亡国之君，人有穷困之时，然而道与理却没有废止和不通的时候。这无疑表明合乎道术事理的法规、标准应保持稳定不变。

说法不变，是出于保持规范、准则稳定性的考虑，否则朝令夕改，法也就失去了权威性。然而法毕竟是人世间历史的产物，随着历史的发展及社会状况的变化，法也不可以僵化：

> 夫夏、商之衰也，不变法而亡；三代之起也，不相袭而王。故圣人法与时变，礼与俗化。衣服器械，各便其用；法度制令，各因其宜。故变古未可非，而循俗未足多也。[①]（《泛论》）

> 故法制礼义者，治之具也，而非所以为治也。故仁以为经，义以为纪，此万世不更者也。若乃人考其才，而时省其用，虽日变可也。天下岂有常法哉！当于世事，得于人理，顺于天地，祥于鬼神，则可以正治矣。[②]（《泛论》）

夏、商两代到了末世，而不对法进行变化，最终导致亡国；夏禹、商汤、周武不死守旧法，反而兴起而为王。所以法需要根据时代的变化进行调整改变，要让法度在新的条件、环境中依旧能找到自己适宜的位置，所以改变古法无可厚非，一味沿袭旧俗并不值得赞誉。法规制度特别是条文，只是治理的工具，而不是治理的根源。所谓法不变，是其所遵循的原则、精神不变，天下不存在一成不变的法度，只要符合世事需要，适合人之情理，顺应天地，与鬼神相和谐，就可以用于治理天下。所以法既要保持稳定不变，这是为了法的权威性和长久性，不变的是法中体现的精神；但同时，在法规形式上，又不可僵化，要懂得因时而变，这是法变与不变的辩证关系。

4. 简约性

在《淮南子》看来，法还有一个十分重要的原则——简约性，就是要

---

① 刘文典：《淮南鸿烈集解》，中华书局，1989，第 427 页。
② 刘文典：《淮南鸿烈集解》，中华书局，1989，第 429 页。参照王念孙注释改定。

"法省而不烦"①（《主术》），这是针对秦法过于严苛而言的。"位高者事不可以烦，民众者教不可以苛。夫事碎，难治也；法烦，难行也；求多，难澹也。寸而度之，至丈必差；铢而称之，至石必过。"②（《泰族》）处高位者不应应对太多烦琐的事，教化民众也不能苛细。这是因为事情一旦琐碎就难以处理，法令一旦繁杂就难以施行，就好像一寸寸去量东西，到了一丈处就会发生偏差；一铢一铢称，到了一石时就会有偏差。法过于烦琐，让人难以把握，反而起不到预想的作用，成了人行动的桎梏，所以"圣王之设政施教也，必察其终始，其县法立仪，必原其本末，不苟以一事备一物而已矣。见其造而思其功，观其源而知其流，故博施而不竭，弥久而不垢"③（《泰族》）。管理者在颁发法令规范时，必定要审清事的先后状况，厘清本末关系。不要只是依据一事来防备一物，那样是没有抓住根本，看到事物开始就该想到它的后果，观察到事情的源头就能预计到它的流变，有这样的概括性和前瞻性，才能保障所定所行法度规范施用范围广泛而不枯竭，持续时间久远而不被污染。

不仅制定法律时要注意简约，在施行时同样要注意，不要滥用刑罚，而该用在关键之处。"至赏不费，至刑不滥。孔子诛少正卯而鲁国之邪塞，子产诛邓析而郑国之奸禁。以近喻远，以小知大也。故圣人守约而治广者，此之谓也。"④（《泛论》）孔子诛少正卯、子产诛邓析虽然只是针对一人，但是这种处罚是有代表性的，通过代表性的案件来以小见大，将施法者的态度、人们所应当遵循的规范传播开来，给世人警示。圣人所以能以简约的法令来治理广阔的地域、众多的人口，就在于懂得这种办法。

同时，把握住事物根本和法之目标所向，不仅有利于新法的制定，还有利于吸收旧有之法。"亡国之法有可随者，治国之俗有可非者。"⑤（《说山》）已灭亡国家、朝代之法并非没有可取之处，治理良好的国家的制度风俗也有可指摘的地方，懂得吸取前人之法与他人之法的长处，就可以节约立法成本。同时，法虽求简约，但不可投机取巧，"偷利不可以为行，而

---

① 刘文典：《淮南鸿烈集解》，中华书局，1989，第 271 页。
② 刘文典：《淮南鸿烈集解》，中华书局，1989，第 677 页。
③ 刘文典：《淮南鸿烈集解》，中华书局，1989，第 694 页。
④ 刘文典：《淮南鸿烈集解》，中华书局，1989，第 455 页。
⑤ 刘文典：《淮南鸿烈集解》，中华书局，1989，第 546 页。

智术不可以为法"①（《泰族》），智巧谋术是不可用以成法的，因为这与法的精神不符，即便能获得一时方便，长久使用却是要付出代价的。

二 德治思想中的博弈

《淮南子》虽然对法的地位和作用做了认可，然而在《淮南子》看来，法并非最好的治国方式，惠子为惠王立法就是很好的例子：

> 惠子为惠王为国法，已成而示诸先生，先生皆善之，奏之惠王，惠王甚说之，以示翟煎，翟煎曰："善!"惠王曰："善，可行乎?"翟煎曰："不可。"惠王曰："善而不可行，何也?"翟煎对曰："今夫举大木者，前呼邪许，后亦应之。此举重劝力之歌也。岂无郑、卫激楚之音哉? 然而不用者，不若此其宜也。治国在礼，不在文辩。"②（《道应》）

法律确实是有效的治理手段，不过却不适宜广泛推行，不是治国的最佳手段，"故法者，治之具也，而非所以为治也。而犹弓矢，中之具，而非所以中也"③（《泰族》）。法律只是一时的治理手段，却不是治理的根本方法，那治理的根本在何处呢? 在《淮南子》看来，在乎道德：

> 民不知礼义，法弗能正也；非崇善废丑，不向礼义。无法不可以为治也，不知礼义不可以行法。法能杀不孝者，而不能使人为孔、曾之行；法能刑窃盗者，而不能使人为伯夷之廉。④（《泰族》）

没有法难治国，但没有礼义道德，法也难以施行。法能去恶，却不一定能够导人向善。就像法律可以诛杀不孝顺的人，可以给盗窃者刑罚，却不能让人主动做曾子、孔子那样的孝行，也无法让人像伯夷那般清廉。可见如果民众不知道礼义，也就是没有道德因子的话，即便是有法，也难引人走

---

① 刘文典：《淮南鸿烈集解》，中华书局，1989，第698页。
② 刘文典：《淮南鸿烈集解》，中华书局，1989，第380~381页。参照王念孙注释改定。
③ 刘文典：《淮南鸿烈集解》，中华书局，1989，第678页。
④ 刘文典：《淮南鸿烈集解》，中华书局，1989，第681页。

上正道。所以说："民无廉耻，不可治也；非修礼义，廉耻不立。"① （《泰族》）民众如果没有养成廉耻之心，将难以治理，而廉耻心靠法律是无法营造的，因为这是人的道德自我的建立，需要的是修行礼义道德，就像孔子曾说的，用法至多能让人"免且无耻"，要"有耻且格"所需的是道德。"治之所以为本者，仁义也；所以为末者，法度也"② （《泰族》），鲜明地表明了《淮南子》的态度，尽管德法都是治国的有效手段，但道德无疑能发挥更加根本的作用。《淮南子》吸收、融合了多家思想，使其所谈的道德也有着多种内涵，其德治思想中也存在各种观点的博弈及交融。

（一）"国之所以存者，非以有法也，以有贤人也"

> 禹以夏王，桀以夏亡；汤以殷王，纣以殷亡。非法度不存也，纪纲不张，风俗坏也。三代之法不亡，而世不治者，无三代之智也；六律具存，而莫能听者，无师旷之耳也。故法虽在，必待圣而后治；律虽具，必待耳而后听。故国之所以存者，非以有法也，以有贤人也；其所以亡者，非以无法也，以无贤人也。③ （《泰族》）

这段文字以禹、汤和桀、纣相比较作为例子，同样用的是夏法及商法，却一方为王一方身亡，说明并非法律不存在了，而是因为道德纲纪无法伸张、风俗被破坏。三代的法律并没有消亡，但世道之所以失序，在于统治者没有三代圣王那样英明神武的能力，特别是没有他们那么高的道德修养。所以法律虽在，但也要等到有圣人出现，才能使天下大治。故而，国家之所以存在，并非由于有法，而是有贤人；国家之所以灭亡，不是因为没法，而是没有贤人。这无疑是受圣王史观的影响，但对于国家治理而言，统治者及所用之人的道德品质及能力确实极为重要，古代社会以人治为主，法只有在具有高道德水准人处才能发挥正当作用。否则法虽好，缺少能正确理解及使用它们的人，功效将无从发挥，甚至还会偏离正道。

---

① 刘文典：《淮南鸿烈集解》，中华书局，1989，第 681 页。
② 刘文典：《淮南鸿烈集解》，中华书局，1989，第 691 页。
③ 刘文典：《淮南鸿烈集解》，中华书局，1989，第 680~681 页。

贤人在治理中所发挥的是对民众的统理、示范作用。"《易》曰：'丰其屋，蔀其家，窥其户，阒其无人。'无人者，非无众庶也，言无圣人以统理之也。"①（《泰族》）所谓国中无人，所指的是国家中缺少贤明的圣人。如果有圣人的话，"圣王在上，明好恶以示之，经诽誉以导之，亲贤而进之，贱不肖而退之，无被创流血之苦，而有高世尊显之名，民孰不从？"②（《泰族》）。圣人在上位，明确好恶标准示之众人，亲近并重用贤人，轻视并黜退无德之人，人们没有受伤流血，却有尊贵显达的名声，那就没有民众会不主动跟从的。所以《淮南子》强调统治者要知贤、亲贤并"进之"，重用贤人。"圣主者举贤以立功，不肖主举其所与同。"③（《泰族》）要做到亲贤、用贤，首先要求君主自身是贤主，贤主是国家最重要的贤人，君德是国治的关键，故曰："主者，国之心。心治则百节皆安。"④（《缪称》）

《诠言》中曰："未尝闻身治而国乱者也，未尝闻身乱而国治者也。……身者事之规矩也，未闻枉己而能正人者也。"⑤《齐俗》中也说："古之圣王，能得诸己，故令行禁止，名传后世，德施四海。"⑥ 这些都说明了君主道德品行修养在治国中的重要性。重君德、强调内圣外王，是中国古代思想中的一大传统，《淮南子》认为："人主之居也，如日月之明也。天下之所同侧目而视，侧耳而听，延颈举踵而望也。是故非澹薄无以明德，非宁静无以致远，非宽大无以兼覆，非慈厚无以怀众，非平正无以制断。"⑦（《主术》）君主是天下目光所向，人们望其行听其声，澹薄、宁静均是君德的体现。

具体来说，《淮南子》强调的君德，首先是俭约节欲。《淮南子》认为欲是人之大敌，对君主而言更是如此，如果君主迷恋欲望，会给天下带来不幸，故而君主要淡薄欲望，有俭约之德：

> 君人之道，处静以修身，俭约以率下。静则下不扰矣，俭则民不

---

① 刘文典：《淮南鸿烈集解》，中华书局，1989，第681页。
② 刘文典：《淮南鸿烈集解》，中华书局，1989，第682页。
③ 刘文典：《淮南鸿烈集解》，中华书局，1989，第683页。
④ 刘文典：《淮南鸿烈集解》，中华书局，1989，第318页。
⑤ 刘文典：《淮南鸿烈集解》，中华书局，1989，第466页。
⑥ 刘文典：《淮南鸿烈集解》，中华书局，1989，第353页。
⑦ 刘文典：《淮南鸿烈集解》，中华书局，1989，第291页。

怨矣。下扰则政乱，民怨则德薄，政乱则贤者不为谋，德薄则勇者不为死。是故人主好鸷鸟猛兽，珍怪奇物，狡躁康荒，不爱民力，驰骋田猎，出入不时，如此则百官务乱，事勤财匮，万民愁苦，生业不修矣。人主好高台深池，雕琢刻镂，黼黻文章，絺绤绮绣，宝玩珠玉，则赋敛无度，而万民力竭矣。[①]（《主术》）

这里一方面强调的是物质欲望上的俭约，君主不贪图外物享受；另一方面，处静不乱动心念也是种俭约，是心力上的节俭。有了物质及心力上的俭约，君主才不会由于欲望喜好或是自身的成心妄念，而去扰乱正当政治秩序，耗费民心民力，最终造成贤人离心、百姓怨恨。当然，君主并非是要彻底禁绝欲望，而是要节制有度。"仁君明王，其取下有节，自养有度，则得承受于天地，而不离饥寒之患矣。若贪主暴君，挠于其下，侵渔其民，以适无穷之欲，则百姓无以被天和而履地德矣。"[②]（《主术》）明王与暴君的差别就在于在对待欲望的做法上，明王注意将欲望控制在适度范围内，对民众索取有节制，暴君则正与之相反。

其次要崇尚忠正。《淮南子》认为："人主贵正而尚忠，忠正在上位，执正管事，则谗佞奸邪无由进矣。譬犹方员之不相盖，而曲直之不相入。"[③]（《主术》）君王应当以忠正为贵，君王忠正，处事秉持正义尺度，那奸佞之人就没有进入空间。君主发挥自身表率作用，臣下自然也会以正行事，"故人主诚正，则直士任事，而奸人伏匿矣。……使人主执正持平，如从绳准高下，则群臣以邪来者，犹以卵投石，以火投水"[④]（《主术》）。这样就可以有效地避免奸邪当道，保障管理机构对社会正义的维护，"绳正于上，木直于下"说的便是这样的道理。

最后还需慈爱宽容，如"尧立孝慈仁爱，使民如子弟"[⑤]（《修务》），"大足以容众，德足以怀远，信足以一异"[⑥]（《泰族》）；处下不争，如

---

① 刘文典：《淮南鸿烈集解》，中华书局，1989，第289~290页。
② 刘文典：《淮南鸿烈集解》，中华书局，1989，第307~308页。
③ 刘文典：《淮南鸿烈集解》，中华书局，1989，第286页。参照王念孙注释改定。
④ 刘文典：《淮南鸿烈集解》，中华书局，1989，第286~287页。
⑤ 刘文典：《淮南鸿烈集解》，中华书局，1989，第630页。
⑥ 刘文典：《淮南鸿烈集解》，中华书局，1989，第682页。

"水下流而广大，君下臣而聪明。君不与臣争功，而治道通矣"①（《缪称》）。这些均是《淮南子》注重的君德。

（二）"国之所以存者，仁义是也"

君主之德虽然在治理中极为重要，但一己之力终归有穷尽之时，《淮南子》也并不认为圣贤是万能的，"知者之所短，不若愚者之所修；贤者之所不足，不若众人之有余"②（《修务》），即便是圣贤也有自己所不足的地方。所以在《淮南子》看来，道德在国家治理中的功用，不仅在于君主自身有德，还体现在君主将自身内在德性外化为世俗行为，施予臣民，对民众起的表率作用与影响，并且将其深植于社会伦理关系之中。

> 善有章则士争名，利有本则民争功，二争者生，虽有贤者，弗能治。故圣人掩迹于为善，而息名于为仁也。③（《诠言》）

> 国之所以存者，仁义是也；人之所以生者，行善是也。国无义，虽大必亡；人无善志，虽勇必伤。治国上使不得与焉；孝于父母，弟于兄嫂，信于朋友，不得上令而可得为也。释己之所得为，而责于其所不得制，悖矣！④（《主术》）

民众如果道德水准不足，为了争名争功而争斗不休，那即便是有贤良的君主和人才，恐怕也不能治理。所以圣人、君王可以做善事不留痕迹，为仁不求名号，因为这只是虚名，重要的是民众要能学仁义、行仁义。一国之所以能生存，在于国中存有仁义；个人之所以能生存，在于自身行善。国家中如果没有仁义了，即便再大也必会灭亡；同样，个人如果没有良善的意念，即便再英勇也免不了伤亡。对于民众而言，仁义行善方面的要求，不是让他们参与治国活动，这是君王之职分，而且对一般人要求也太高，民众所要做的就是对父母孝顺、对兄嫂顺从、对朋友守信，这是不用上位

---

① 刘文典：《淮南鸿烈集解》，中华书局，1989，第 333 页。
② 刘文典：《淮南鸿烈集解》，中华书局，1989，第 644 页。
③ 刘文典：《淮南鸿烈集解》，中华书局，1989，第 473 页。
④ 刘文典：《淮南鸿烈集解》，中华书局，1989，第 316~317 页。

者发布命令民众自身便可做到的。前文已具，仁义的目标正是协调处理好社会伦理关系，"修身不诚，不能事亲矣。诚身有道：心不专一，不能诚身"①（《主术》），心要专诚于自身之修养，方能事亲、信于友，社会伦理关系的重视与维护，也必然会提升人之仁义水准。故而，在治理上，《淮南子》提出"参五之道"：

> 昔者，五帝三王之莅政施教，必用参五。何谓参五？……中考乎人德，以制礼乐，行仁义之道，以治人伦而除暴乱之祸。乃澄列金木水火土之性，以立父子之亲而成家；别清浊五音六律相生之数，以立君臣之义而成国；察四时季孟之序，以立长幼之礼而成官；此之谓参。制君臣之义，父子之亲，夫妇之辨，长幼之序，朋友之际，此之谓五。②（《泰族》）

"参五之道"强调的就是将五行之性、六律之数、四时之序作为人伦关系及人间道德的根据，通过君王的君德感召，以仁义礼乐治理天下，让民众明礼义、睦人伦。"参五之道"是对儒家德治思想的吸收、接受，在与阴阳五行结合的基础之上，对儒家所注重的五伦关系及所提倡的仁、义、礼、乐、智等进行肯定，认为具备了"仁德之盛"的君主可在以血缘为基础的社会伦理之上，依据其仁义之道教化、统治万民。

（三）"国之所以存者，道德也"

在《淮南子》所阐发的刑德关系中，德无疑占据优势地位，德体现在贤人圣主上，体现在仁义礼乐上，但在《淮南子》看来，德治最终还是要归于道家所主张的自然素朴之道与德上。

实际上，对于贤，道家一贯保持较为警惕的态度，老子就说过"不尚贤，使民不争"，《淮南子》一方面重视贤人的作用，另一方面也对贤、圣这种名号有着清醒认识和保留态度。"有贤圣之名者，必遭乱世之患也。"③

---

① 刘文典：《淮南鸿烈集解》，中华书局，1989，第 317 页。参照王念孙注释改定。
② 刘文典：《淮南鸿烈集解》，中华书局，1989，第 671~672 页。参照王念孙注释改定。
③ 刘文典：《淮南鸿烈集解》，中华书局，1989，第 257 页。

（《本经》）《淮南子》从尧舜汤武这些所谓贤主的事例中得出了这样一个结论。因为"世无灾害，虽神无所施其德；上下和辑，虽贤无所立其功"①（《本经》），如果世间没有灾害，神明也无地方施展恩德；上下和睦，即使是贤人也没有办法建立功业。在良好的世道中，贤是不用凸显的，甚至没有贤与不贤之分。而只有在祸患众多的乱世，才需要有贤人、圣人来拯救世人、平息祸患，正是乱世才给了圣贤建功立业、彰显声名的机会；反过来说，只要社会中推崇圣贤，正说明社会仍处于混乱境地。这是很具辩证色彩的观点，圣贤的出现存在，对仁义的推崇，正说明社会缺乏仁义，把它们置于根本地位，显然还不够，故曰："仁智勇力，人之美才也，而莫足以治天下。由此观之，贤能之不足任也，而道术之可修明矣。"②（《诠言》）仁、智、勇、力是人美好的德性与才能，但仅靠此不足以让天下大治，由此可见，天下大治依靠贤人是不够的，还需要的是大道的指引。

在《淮南子》看来，"国之所以存者，道德也……故国之亡也，虽大不足恃；道之行也，虽小不可轻。由此观之，存在得道而不在于大也，亡在失道而不在于小也"③。（《泛论》）国家存亡的根本在于得道或者失道。"凡治物者不以物，以睦；治睦者不以睦，以人；治人者不以人，以君；治君者不以君，以欲；治欲者不以欲，以性；治性者不于性，以德；治德者不以德，以道。"④（《齐俗》）以"道"来治国，是治国的根本精神，"德者，得也"，得道即有德，其突出表现是守住自身自然本性。这种自然素朴之德比之所谓的仁义道德，有着更为根本之地位。在第四章第二节中，已论述了"仁义在道德之包"，二者高下有别，不过并不影响二者并行，《淮南子》中也有治国用"仁义之道"的论述。故而《淮南子》的德治论，可看作是道家思想和儒家思想的相互融合，是一种以自然之道、德为主，把仁、义、礼作为治理手段纳入"道"之范围的"以德治国"。

这种德治方式，强调的是与道相合，尤其是尊重每个人的自然本性，具体方式是推崇无为，唯有无为而治，才能达到无不治的理想境地，即"所谓无为者，不先物为也；所谓无不为者，因物之所为。所谓无治者，不

① 刘文典：《淮南鸿烈集解》，中华书局，1989，第253页。
② 刘文典：《淮南鸿烈集解》，中华书局，1989，第474页。
③ 刘文典：《淮南鸿烈集解》，中华书局，1989，第439~441页。
④ 刘文典：《淮南鸿烈集解》，中华书局，1989，第351~352页。参照王念孙注释改定。

易自然也；所谓无不治者，因物之相然也"①（《原道》）。无为的治理方式的根本是要统治者因循每个民众之本性，不妄加破坏干涉，让治下万民均能按自性自治、自化、自为、自由，做到"万物固以自然，圣人又何事焉"。"至为无为"，无为是一种至高的行为，所以论述治国之道的《主术》开宗明义地提出：

> 人主之术，处无为之事，而行不言之教。清静而不动，一度而不摇，因循而任下，责成而不劳。是故心知规而师傅谕导，口能言而行人称辞，足能行而相者先导，耳能听而执政进谏。是故虑无失策，举无过事，言为文章，行为仪表。进退应时，动静循理，不为丑美好憎，不为赏罚喜怒，名各自名，类各自类，事犹自然，莫出于己。②（《主术》）

"无为之事、不言之教"的说法来自《老子》，然而《淮南子》却在此基础上做了发挥。君王自身虽清静不动，但要通晓因循、任下、责成，包含君无为而臣有为的思想观念。无为虽为道家首倡，但随着历史的发展，在汉代已非道家的专利，但《淮南子》中治理的指向是事"自然"，表明其所倡无为的根本精神，还是属于道家的，但已将儒家、法家与无为相关的思想纳入其中，特别是将"法"作为君主无为而治的一种有效手段，因而在无为的行动指针下，《淮南子》在治理方式上注重将德治与法治相结合。

三　国家治理中的德法结合

在《淮南子》看来，国家的治理之中，无论是用德还是法，一个原则必须遵守，即要重视民、以民为本。"民者，国之本也。"③（《主术》）民本的最重要体现，就是统治中要能利民——"治国有常，而利民为本"④

①　刘文典：《淮南鸿烈集解》，中华书局，1989，第24页。
②　刘文典：《淮南鸿烈集解》，中华书局，1989，第269~270页。参照孙诒让、王念孙、俞樾注释改定。
③　刘文典：《淮南鸿烈集解》，中华书局，1989，第308页。
④　刘文典：《淮南鸿烈集解》，中华书局，1989，第426~427页。

（《泛论》）。而利民并非为了君自身的更大之利，而是"非求用也，性不能已"①（《缪称》），出于君对民的爱护与责任感。想要做到利民，即要安民、宁民，"为治之本，务在于安民"②（《诠言》），"为治之本，务在宁民"③（《泰族》），安与宁意味着让民众有着安定祥和的生活。而"安民之本，在于足用，足用之本，在于勿夺时；勿夺时之本，在于省事，省事之本，在于节欲"，君主自身节制欲望，让百姓有农时来生产出足够的衣食用品，以保障民众的基本生活，这是安民的根本所在。而再进一步说，"节欲之本，在于反性"④（《诠言》），也就意味着安民靠反性实现。对君主来说，反性首先是指对自身之性要求，要"全其性"；而除自身之性外，作为统治者，治理中要顾及"全"民众之性。但仅"全"还不够，"圣人之治天下，非易民性也，拊循其所有而涤荡之，故因则大，化则细矣"⑤（《泰族》）。在做法上需重视因循，因循才能将无为而治落到实处，以无为为指导，加上"因"的做法，才能让德与法在治理中得到有机结合。

（一）道统法

在治国之中，《淮南子》最推崇"道治"，"道"在治国中处在最高的地位，而"法"需在"道"的统摄之下，"故有道以统之，法虽少，足以化矣；无道以行之，法虽众，足以乱矣"⑥（《泰族》）。"法"不在于数量多少，而在于是否合乎"道"，这既凸显了"道"的根源地位，同时也给了"法"形上依据与合法性证明。"推重自然的道家，同样也正视法令，这一结果的内在缘由是在自然、法本身内容的客观性、规律性"⑦，法家注意并吸收道家的这一特点，提出"道法"的概念，《淮南子》中虽然未出现"道法"，但道统法也显示出了"道"与"法"的关联，"道"统摄下之"法"也可看作"道"的精神体现。然而"刑罚不足以移风，杀戮不足以禁奸，唯神化为贵，至精为神"。精神教化是最佳的治理方法，至精才能达到神

① 刘文典：《淮南鸿烈集解》，中华书局，1989，第 323 页。
② 刘文典：《淮南鸿烈集解》，中华书局，1989，第 467 页。
③ 刘文典：《淮南鸿烈集解》，中华书局，1989，第 686 页。
④ 刘文典：《淮南鸿烈集解》，中华书局，1989，第 467 页。
⑤ 刘文典：《淮南鸿烈集解》，中华书局，1989，第 669 页。
⑥ 刘文典：《淮南鸿烈集解》，中华书局，1989，第 679 页。
⑦ 许建良：《先秦道家的道德世界》，中国社会科学出版社，2006，第 435 页。

化，而"至精之像，弗招而自来，不麾而自往，窈窈冥冥，不知为之者谁，而功自成"①（《主术》）。至精所体现出的治理境界，就是道家无为而治所要达到的效果，"道"治的实现，所要诉诸的方式便是无为。故"圣人事省而易治，求寡而易澹，不施而仁，不言而信，不求而得，不为而成"②（《主术》），不施、不言这些行为，之所以能有仁、信、得、成的结果，就在于行的主体不在君主之身，而在民众自身。君上的无为，带来的是民众自为自能机制的发挥，是按自身的自然而自治。无为—自治是无为发生作用的完整链条。

> 无为者，道之宗。故得道之宗，应物无穷；任人之才，难以至治。③（《主术》）

> 故太上神化，其次使不得为非，其次赏贤而罚暴。衡之于左右，无私轻重，故可以为平。绳之于内外，无私曲直，故可以为正。④（《主术》）

无为是"道"的精神的集中体现，是"道治"的根本；如果只是依靠君主一人或者是周围臣子的才智来进行治理，是难以达到大治的，因为比之庞大的民众及各色事务，个人才智的作用是有限的。无论"神化""不得为非""赏贤罚暴"哪种层次，主体都是民众。治理不是君主个人的事，而是君主和民众双向互动所形成的场域。不过，无为并非什么都不做，《淮南子》认为那不过是"塞而无为"。"天下之事，不可为也，因其自然而推之"⑤（《原道》），"因"成为实现无为的最重要方法。"因"的对象是"自然"，自然之状、之性、之势可以说都是"因"的对象。"因"还主张要在自然的轨道上加以人的推动："禹凿龙门，辟伊阙，决江浚河，东注之海，因水之流也。后稷垦草发菑，粪土树谷，使五谷之五种各得其宜，因

---

① 刘文典：《淮南鸿烈集解》，中华书局，1989，第 273 页。
② 刘文典：《淮南鸿烈集解》，中华书局，1989，第 272 页。
③ 刘文典：《淮南鸿烈集解》，中华书局，1989，第 278 页。
④ 刘文典：《淮南鸿烈集解》，中华书局，1989，第 276 页。
⑤ 刘文典：《淮南鸿烈集解》，中华书局，1989，第 10 页。

地之势也。汤、武革车三百乘，甲卒三千人，讨暴乱，制夏、商，因民之欲也。"①（《泰族》）禹、后稷、汤武的行为，都是在"因"自然基础上的行动。

正因君之无为建立在众人自为自能机制上，且有"推"的因子加入，所以《淮南子》在治理之中强调应"用众"，即要"乘众人之智，用众人之力"，这种乘与用的前提是不能"拂道理之数，诡自然之性"，必须"因"道理之数和自然本性而行。在此之上"因其资而用之"，要做到"有一形者处一位，有一能者服一事。力胜其任，则举之者不重也；能称其事，则为之者不难也。毋小大修短，各得其宜，则天下一齐，无以相过也。圣人兼而用之，故无弃才"②（《主术》）。有了"因"的方法，天下便无弃才。如果每个人都能在适宜自身性分的位分上活动，国之治理所依仗的就不只是一人或一群人的力量，而是让每个民众的力量都得以发挥。"所谓无治者，不易自然也；所谓无不治者，因物之相然也"③（《原道》），依靠"因"，无治而无不治的效果才可得以实现。

"三代之所道者，因也。故禹决江河，因水也；后稷播种树谷，因地也；汤、武平暴乱，因时也。"④（《诠言》）因循不只是因任人之自然，也有因时因地制宜之义。时代毕竟已远离至德之世，民众自为自治能力虽在，却也需一定辅助，这给"生于众适"的法以存在的合理性理由和空间，在"顺道而动""因民而虑"之大前提统摄下，"因民之所喜而劝善，因民之所恶而禁奸"⑤（《泛论》）的法也能作为"无为"的手段之一。"法度制令，各因其宜"⑥（《泛论》），"是故圣人一度循轨，不变其宜，不易其常，放准循绳，曲因其当"⑦（《原道》）。而要用法这样的规制准绳，重要的是"曲因其当"，"曲因"强调的是因循的实践方式，而"当""宜"则是用法中需要注重的标准。"民众'所施'在社会生活里的具体演绎，必须依归自

① 刘文典：《淮南鸿烈集解》，中华书局，1989，第670页。参照刘文典注释改定。
② 刘文典：《淮南鸿烈集解》，中华书局，1989，第285~286页。
③ 刘文典：《淮南鸿烈集解》，中华书局，1989，第24页。
④ 刘文典：《淮南鸿烈集解》，中华书局，1989，第477页。
⑤ 刘文典：《淮南鸿烈集解》，中华书局，1989，第454~455页。
⑥ 刘文典：《淮南鸿烈集解》，中华书局，1989，第427页。
⑦ 刘文典：《淮南鸿烈集解》，中华书局，1989，第31页。

身'所宜'的轨道"①，治理"不是把万物塑造成什么，而是让万物明了自身能够成为什么"②，在这一精神上，"道"与真正理想之"法"是相通的，不过"法"作为人所制定的规范，毕竟有走入歧途可能，故而法度的运行必须依归"道"才能保证方向的正确性。

（二）德主法辅

《淮南子》说："帝者体太一，王者法阴阳，霸者则四时，君者用六律。"帝、王、霸、君这四者，层次有别，但均不失为合格统治者，帝、王"明于天地之情，通于道德之伦"，"德与天地参，明与日月并"③（《本经》），与天地相通相合，无须多劳，言行如春风化雨自然就能感化民众；但帝、王之时是返本的理想目标，换言之，这种方式虽高却不易行，时与世之变，使"则四时"与"用六律"的方法也成为治世的可行之方："则四时者，柔而不脆，刚而不鞼，宽而不肆，肃而不悖，优柔委从，以养群类，其德含愚而容不肖，无所私爱。用六律者，伐乱禁暴，进贤而退不肖，扶拨以为正，坏险以为平，矫枉以为直，明于禁舍开闭之道，乘时因势以服役人心也。"④（《本经》）作为统治者，如何应对治下各群类，是治理中的关键问题，而"含愚而容不肖，无所私爱"的德与"伐乱禁暴，进贤而退不肖"的律法都是可考虑的方案。

前文已具，随时代发展，人如何群居之问题已凸显，而在这一点上，老庄并没有针对性的论述，但群居中纷争不断之现实，也就使这一问题的解决关涉到无为如何实现。《淮南子》中有条件地吸收了儒家思想，认为因顺人性、人情而定仁义礼乐这些规范，是使群体得以安宁和谐的必要手段，即要"因其好色而制婚姻之礼，故男女有别；因其喜音而正《雅》《颂》之声，故风俗不流；因其宁家室、乐妻子，教之以顺，故父子有亲；因其喜朋友而教之以悌，故长幼有序。然后修朝聘以明贵贱，乡饮习射以明长幼，时搜振旅以习用兵也，入学庠序以修人伦"⑤（《泰族》）。依照人性而制订

① 许建良：《先秦法家的道德世界》，人民出版社，2012，第501页。
② 许建良：《先秦法家的道德世界》，人民出版社，2012，第503页。
③ 刘文典：《淮南鸿烈集解》，中华书局，1989，第258~259页。
④ 刘文典：《淮南鸿烈集解》，中华书局，1989，第260页。
⑤ 刘文典：《淮南鸿烈集解》，中华书局，1989，第670~671页。参照王念孙注释改定。

的道德规范能够使人明晰自身的位分，来保障社会群体中的秩序。

而与伦理规范相比，法的功能偏向于遏制性，遏制人为非作歹的行动——"伐乱禁暴""扶拨""坏险""矫枉"，所依靠是刑律规定及相应的赏罚这些外在手段，让人"明于禁舍开闭之道"，知道何者不可为，为非的行为少了，社会秩序自然安定。然而在德法之间，《淮南子》更为提倡道德伦理规范，"治之所以为本者，仁义也；所以为末者，法度也"① （《泰族》），法治被认为是治理中的末等手段。这一观点，自然不免受到了汉初批法风气影响，但《淮南子》也举出了自己的论证：

> 乱世之法，高为量而罪不及，重为任而罚不胜，危为难而诛不敢。民困于三责，则饰智而诈上，犯邪而干免。故虽峭法严刑，不能禁其奸。何者？力不足也。② （《齐俗》）

乱世之中，不能说没有法，甚至法量更大、罚更重，然而所带来的后果却是让民众想出各种计策来欺诈君上，用邪道来免除惩罚，即便有严刑峻法也无法禁止奸恶之行。当然，我们可以说，这是由于乱世中法制定得有问题，没有考虑到人的实际状况，一味用高标准、重责任来要求人，人们难以达到那些不切实际的要求，但即便是较安定之世，法也有无能为力之处：

> 今人所以犯图圄之罪，而陷于刑戮之患者，由嗜欲无厌，不循度量之故也……不材子不胜其欲，蒙死亡之罪，而被刑戮之羞。立秋之后，司寇之徒继踵于门，而死市之人血流于路。何则？惑于财利之得，而蔽于死亡之患也。③ （《泛论》）

为什么即便有法令的严格规定，人们也知道刑罚的厉害，却依旧避免不了有人为非作歹呢？根本原因还是在于人无法克制自身的贪欲，不免被财物诱惑，乃至冒死亡风险铤而走险。法可以起到威慑遏制作用，也可以保持

---

① 刘文典：《淮南鸿烈集解》，中华书局，1989，第691页。
② 刘文典：《淮南鸿烈集解》，中华书局，1989，第371页。参照王念孙注释改定。
③ 刘文典：《淮南鸿烈集解》，中华书局，1989，第455~456页。参照王念孙注释改定。

社会的稳定，然而"夫使天下畏刑而不敢盗，岂若能使无有盗心哉！"①
（《精神》），难以从根本上克制住人们为非作歹的冲动。故法与德相比，德
为主，法为辅："民无廉耻，不可治也；非修礼义，廉耻不立。……无法不
可以为治也，不知礼义不可以行法。法能杀不孝者，而不能使人为孔、曾
之行；法能刑窃盗者，而不能使人为伯夷之廉。"②（《泰族》）法律更多还
是起一种事后的惩戒作用，或许能制止社会变坏，却不善于推动改善社会
风气。社会、国家整体风气进步，还是有待于礼义让人内在道德素质提升，
能够自觉抵制为非作歹行为而为善行，对法纪的遵守是出于主动，就像
《淮南子》中所举的"季子治亶父三年"这一例子。巫马期去考察季子治理
亶父的成果，回来，告诉孔子："季子之德至矣！使人暗行，若有严刑在其
侧者。"③（《道应》）季子以德治理取得了极其良好的效果，突出表现之一
就是人们即便暗中做事都不敢胡来，好像有严厉刑罚在身边一样，德治起
到了促人自律的效果，比之法而言，其效果更为恒定持久。

（三）德法并用

> 宓子治亶父，巫马期往观化焉，见夜渔者得小即释之，非刑之所
> 能禁也。孔子为鲁司寇，道不拾遗，市不豫贾，田渔皆让长，而辩白
> 不戴负，非法之所能致也。夫矢之所以射远贯牢者，弩力也；其所以
> 中的剖微者，人心也。④（《泰族》）

这是巫马期去探查亶父治理状况的故事在《淮南子》中又一次出现，其所
要凸显的是刑与法在促人主动向善、行善上，与德化相比力有未逮。"赏善
罚暴者，政令也；其所以能行者，精诚也。"⑤（《泰族》）赏善罚暴这样的
律法虽是客观的规范，然而法有具体应用的问题，《淮南子》认为法之所以

---

① 刘文典：《淮南鸿烈集解》，中华书局，1989，第 242 页。
② 刘文典：《淮南鸿烈集解》，中华书局，1989，第 681 页。
③ 刘文典：《淮南鸿烈集解》，中华书局，1989，第 411 页。
④ 刘文典：《淮南鸿烈集解》，中华书局，1989，第 668~669 页。参照王念孙注释改定。
⑤ 刘文典：《淮南鸿烈集解》，中华书局，1989，第 669 页。

能行，还在于要有精诚之人。"精诚感于内"①（《泰族》）是种内在道德修养所达到的高境界，有这样的境界保障，才能保障法用在正途，所以《淮南子》才提出"法虽在，必待圣而后治"：

> 所以贵圣人者，非贵随罪而鉴刑也，贵其知乱之所由起也。若不修其风俗，而纵之淫辟，乃随之以刑，绳之以法，法虽残贼天下，弗能禁也。……三代之法不亡，而世不治者，无三代之智也。六律具存，而莫能听者，无师旷之耳也。故法虽在，必待圣而后治；律虽具，必待耳而后听。②（《泰族》）

这段话前文已有所分析。三代时的法犹在，但之所以世间无法大治，在于没有圣王之智；智正体现在圣王知道世道人心乱的根由，借由良好道德风俗的教化，从根本上消弭为非作歹的苗头。所以法可存在，但是需在圣贤手中使用，才能发挥它治理国家的作用。这里并没有否定法的意义，只是认为作为具有强大杀伤力的治理工具，法应当掌握在贤德之人手中，和德治方法结合使用。《主术》说："府吏守法，君子制义。法而无义，亦府吏也。不足以为政。"③ 明显主张法中应注入道德因子，不合仁义之法，不能发生效用。从《淮南子》所处时代背景来看，汉初思想界对法虽多有指摘，然而汉王朝在统治中也沿袭了不少秦之律法。法在国家治理中的作用是不容忽视的；而加入道德因子，主张法应在有德贤人手中使用，也是《淮南子》在吸取秦亡教训上所做之改进。

《尹文子》说："仁义礼乐，名法刑赏，凡此八者，五帝三王治世之术也。故仁以道之，义以宜之，礼以行之，乐以和之，名以正之，法以齐之，刑以威之，赏以劝之。"④ 无论仁义或者刑罚都是治世所用之术。同样，在《淮南子》中，既然"道治"处于最高，那么无论是在"道德之包"的仁义还是为"道"所通的法治，都是"道"下所用之术。道治的核心无为而自治，尤其是加入推之、用之的因循方式，仅以君主之力无疑难以完成。

① 刘文典：《淮南鸿烈集解》，中华书局，1989，第664页。
② 刘文典：《淮南鸿烈集解》，中华书局，1989，第680~681页。参照王念孙注释改定。
③ 刘文典：《淮南鸿烈集解》，中华书局，1989，第314页。
④ 《尹文子·大道下》，钱熙祚校《尹文子》，中华书局，1954，第7~8页。

道家不"尚贤"但并不反对"用贤",无为和自治间还有用人(臣)衔接。"人主之术,处无为之事,而行不言之教,清静而不动,一度而不摇,因循而任下,责成而不劳。"①(《主术》)善于任用下属,明确责任,君主自身也便无须过多作为,"把'因循'与'任下'并称,同样表达'上无为而下有为'的意涵,其致思的焦点就在于人主通过'因循'之术使己之'无为'与臣下之'有为'具有了理论上的同构性"②。《要略》在概括《主术》主题时也说:"君人之事也,所以因任督责,使群臣各尽其能也。明摄权操柄,以制群下,提名责实,考之参伍,所以使人主秉数持要,不妄喜怒也。"③ 君要善用臣,而贤无疑就是对臣下最重要的要求,贤人政治、有德者有其位是儒家思想的重要部分,这里体现出儒家思想在《淮南子》中的影响。但《淮南子》显然不会拘于此,在无"好刑"同时,也主张统治者无"好仁",所要达到的是道胜而人无事的治理景象:"及无好者,诛而无怨,施而不德,放准循绳,身无与事,若天若地,何不覆载。故合而舍之者君也,制而诛之者法也,民已受诛,无所怨憾,谓之道。道胜,则人无事矣。"④(《诠言》)

治理之中,"道"还是最为关键,用贤并不代表对所谓圣贤的完全信任,"治在道,不在圣"就是很好的表述。法虽应让贤人使用,但贤人也受法制约,"犯法者虽贤必诛,中度者虽不肖必无罪,是故公道通而私道塞矣"⑤(《主术》),根本还是在于"道"。外在于人,不为主观意志左右,客观公正这些共同特点,让法成了"道""公道"之规范性的落实及体系。法的加入,可以"消除对统治阶级的极不可靠的主观道德判断力的依赖"⑥。法是君德及臣德的外在监督,克服了只重视内在道德而忽视外在规范的缺陷,在"道"统摄下,将德治和法治结合,也将君主的无为,通过用贤及用法得以落实。

本书第二章中已论述了性分、伦分与位分之间的关系,生活于"混冥"

---

① 刘文典:《淮南鸿烈集解》,中华书局,1989,第269页。

② 唐少莲:《道家"道治"思想研究》,中国社会科学出版社,2011,第194页。

③ 刘文典:《淮南鸿烈集解》,中华书局,1989,第703页。参照王念孙注释改定。

④ 刘文典:《淮南鸿烈集解》,中华书局,1989,第480页。参照王念孙注释改定。

⑤ 刘文典:《淮南鸿烈集解》,中华书局,1989,第295页。

⑥ 本杰明·史华兹:《古代中国的思想世界》,程钢译,江苏人民出版社,2004,第340页。

社会中的人民，"同气于天地，与一世而优游"，有充分的自由，而且社会中"无庆赏之利，刑罚之威，礼义廉耻不设，毁誉仁鄙不立"①（《本经》），但时代变迁终究使这一场景不再，时与世所面临问题的解决，取决于采用何种国家治理方式。"无为"强调因万民万事自然，是重视万物的性分和自由之体现。但在今世的社会秩序维持中，人的伦分与位分又是人所无可逃脱的，所以在"无为"方针和"因"的方法之下，治理之方中既有仁义道德，又有法令治术，两者一刚一柔，相互结合才有最大效用。"故圣人之道，宽而栗，严而温，柔而直，猛而仁。太刚则折，太柔则卷，圣人正在刚柔之间，乃得道之本。"②（《泛论》）德法之间虽有主次差别，然两者须并用，让治道做到天道、人道、世道统一，才能将治理效果最优化。

第五节　"福莫大无祸"之祸福观

祸福问题是道德哲学中的重要问题，切实关系着人的生存境遇，如何助人避祸得福是各家思想所探求、关注的焦点。《淮南子》作者的身世及所处环境，以及从历史中汲取的经验，使书中对这一问题有着更深刻的感悟。在《要略》所总结的二十章要旨中，有五章涉及"知祸福""察祸福"等内容，《淮南子》在祸福的内涵、根由及由之而来的忧患思想上有着独到思考。

一　祸福之内涵

何谓福与祸？从字义上说，《说文解字》曰："福，备也。"段玉裁注："《祭统》曰：'贤者之祭也，必受其福。非世所谓福也。福者，备也，备者，百顺之名也，无所不顺者之谓备。'"③ 福就是无所不顺、一切际遇都称心如意。而祸，《说文》曰："祸，害也。神不福也。"④《释名》曰："祸，毁也，言毁灭也。"⑤ 祸与福相对，即不福，是灾殃、苦难，有着毁灭性的

---

① 刘文典：《淮南鸿烈集解》，中华书局，1989，第250页。参照陈观楼注释改定。
② 刘文典：《淮南鸿烈集解》，中华书局，1989，第432页。
③ 许慎撰，段玉裁注《说文解字注》，上海古籍出版社，1988，第3页。
④ 许慎撰，段玉裁注《说文解字注》，上海古籍出版社，1988，第8页。
⑤ 刘熙：《释名》，中华书局，1985，第55~56页。

力量。

"福"的内涵，先秦典籍中已有不少论述，其中以《尚书》较为全面，《尚书·洪范》曰："五福：一曰寿，二曰富，三曰康宁，四曰攸好德，五曰考终命。"① 五福中寿、富、康宁、考终命等四者是物质性的。《韩非子》也认为："全寿富贵之谓福。"② 身体健全长寿、财富丰足这些物质条件是衡量是否有福的重要指标，也被一般民众视为人生之追求。在《淮南子》中，对福没有详细定义，但"研究中国古典哲学中关于幸福的思想，乐的观念自然是最重要与最基本的反思对象……乐观就是幸福观"③，故从"乐"中可领会出何谓福。《淮南子》曰："所谓乐者，人得其得者也。夫得其得者，不以奢为荣，不以廉为悲。""乐"指人获取应得的东西，若能如此，物质境遇的奢或廉都不系于心。"乐"最终要达到的是"无乐"，"能至于无乐者，则无不乐；无不乐，则至乐极矣"④（《原道》）。与庄子思想相似，这里"无乐"的"乐"指的是世俗认同的侧重物质满足之乐，而"无乐"达到的无不乐境界，所指"主要是内在的精神性的安逸，本性的和谐运作和发展"⑤。这表明《淮南子》对乐对福的理解更重视精神性因素。所以"天下有至贵而非势位也，有至富而非金玉也，有至寿而非千岁也。原心反性则贵矣，适情知足则富矣，明死生之分则寿矣"⑥（《缪称》），贵、富、寿是公认的福，但最高的贵、富、寿却不在于地位、财宝、活过千岁这些物质性的东西，而是能原心反性、适情知足、明死生之分。人的生命延续及生活需求的满足自然是人所需"得"的，《淮南子》对人的正当欲求也并非反对，但不主张人追求世俗所认为的大富大贵，而主张人要保持适宜、自然的态度，更为重要的是守住自身心性。显然这对物质获取所提出的是较低的要求，但对个人修为则提出了很高标准。

《淮南子》中的"祸"常与"福"联袂出现，如"祸福"一词在全书中就出现30次，"祸"的主要内涵也便是作为"福"的对立面，指人的灾

---

① 《尚书·洪范》，阮元校刻《十三经注疏》，中华书局，1980，第193页。
② 《韩非子·解老》，陈奇猷：《韩非子新校注》，上海古籍出版社，2000，第386页。
③ 陈少明：《论乐：对儒道两家幸福观的反思》，《哲学研究》2008年第9期。
④ 刘文典：《淮南鸿烈集解》，中华书局，1989，第33~34页。参照王念孙注释改定。
⑤ 许建良：《先秦道家的道德世界》，中国社会科学出版社，2006，第320页。
⑥ 刘文典：《淮南鸿烈集解》，中华书局，1989，第342页。

殃、苦难。值得注意的是，趋福避祸是人所追求的，而《淮南子》主张"计福勿及，虑祸过之"①（《人间》），考虑福事不必过多，防备祸患宁可过分周到。比之得福，《淮南子》更多关注的是如何免祸，人们该担心的是祸来而非福不至。《淮南子》甚至主张不求福："利则为害始，福则为祸先。唯不求利者为无害，唯不求福者为无祸。"②（《诠言》）这自然不是因为"福"不好，而是担心人一味追求福，福成为人的执念，为了福有为强作，乃至不择手段，到头来导致祸患。"故道不可以劝就利者，而可以宁避害者。故常无祸，不常有福；常无罪，不常有功。"③（《诠言》）在《淮南子》看来，大道主要安宁的是那些求如何避开祸患之人，人们所要崇尚的是无患无罪，而不是着眼于求福求功上。"福莫大无祸"④（《诠言》），《淮南子》认为无祸事对人来说就是莫大之福，故而人们所崇尚的追求无祸，其实也就是在得福。"不求得，不辞福，从天之则。不求所无，不失所得，内无旁祸，外无旁福。祸福不生，安有人贼！"⑤（《诠言》）对待福应当遵循自然法则，不求获得也不辞让福宁。不追求自身没有的，也不失去自身所拥有的，外虽无意外的福利，但内也没有意外的祸害。这也就意味着人进入一种自然生活的状态，祸福都不产生，当然就没有人祸害，自可避祸得福。

二 祸福之根由

虽然《淮南子》主张"祸福不生"是理想状态，但在现实生活中，人们还是需面对祸福的到来，既然道也只可"宁避害者"，那祸福的根由是什么呢？在《淮南子》中存在不同的看法。

前文已具，《淮南子》中的"福"及"乐"，强调的是人"得其得"，"得其得"这样一个标准显然较主观，因人而异。而将富贵寿等公认的福的内容，定义为原心反性、适情知足、明死生之分，凸显的是人保持自身本性，将自身欲求、情绪控制在合理范围，安然面对死亡与生存，就能够获

---

① 刘文典：《淮南鸿烈集解》，中华书局，1989，第612页。
② 刘文典：《淮南鸿烈集解》，中华书局，1989，第479页。
③ 刘文典：《淮南鸿烈集解》，中华书局，1989，第469页。
④ 刘文典：《淮南鸿烈集解》，中华书局，1989，第469页。
⑤ 刘文典：《淮南鸿烈集解》，中华书局，1989，第470页。

取依自然本性、需求所应得的东西，也就能够得乐得福。所谓的"不求所无，不失所得"①（《诠言》），也就是"得其得"，保持自身本有的东西，主要是指自身的本性和本心。从这方面来说，祸福是人所能决定的，人留心自身的心志及行动，守住本性，在物质欲求和情感释放上注意合理限度，克服老子曾说的"祸莫大于不知足"②，就可避祸就福。祸福由人所定，故曰："夫祸之来也，人自生之；福之来也，人自成之。"③（《人间》）"福由己发，祸由己生。"④（《缪称》）

如若人守性知足、循道合德即可以有福宁安乐，那祸福不过只是修养方面的事，但《淮南子》的祸福思想显然不仅限于此，而是指出了祸福之来有许多人所无法预料、控制的方面："终身为善，非天不行；终身为不善，非天不亡。故善否，我也；祸福，非我也。"⑤（《缪称》）"祸之至也，非其求所生……福之至也，非其求所成。"⑥（《诠言》）即便是人自身修养已经到了高境界，也无法使自身得福免祸，所以《淮南子》不免感叹："君子能为善，而不能必得其福；不忍为非，而未能必免其祸。"⑦（《缪称》）

《淮南子》中，祸福一方面被认为可由人决定，另一方面又变得与人无关，两者间似乎存在矛盾，但这体现的恰是《淮南子》对祸福现象的多向度思考。人毕竟不是生活在真空中，即便是体道修德，也还是会"体道者不专在于我，亦有系于世矣"，所以即便自身行为适宜，祸福到来仍有其他重要影响因素，比如"天"。"内修极而横祸至者，皆天也，非人也。"⑧（《诠言》）修养高的人却遭遇祸，这是上天的安排而非人力所能抗拒。这种无法抗拒的力量作用于人，使人不可避免要经历的运数即是"命"，"命"是"天"的力量的体现。"命者，所遭于时也。有其材，不遇其世，天也。太公何力，比干何罪，循性而行指，或害或利。求之有道，得之在命。"⑨

---

① 刘文典：《淮南鸿烈集解》，中华书局，1989，第 470 页。
② 《老子》46 章，王弼注，楼宇烈校释《老子道德经注校释》，中华书局，2008，第 125 页。
③ 刘文典：《淮南鸿烈集解》，中华书局，1989，第 587 页。
④ 刘文典：《淮南鸿烈集解》，中华书局，1989，第 341 页。
⑤ 刘文典：《淮南鸿烈集解》，中华书局，1989，第 333 页。
⑥ 刘文典：《淮南鸿烈集解》，中华书局，1989，第 468 页。
⑦ 刘文典：《淮南鸿烈集解》，中华书局，1989，第 333 页。
⑧ 刘文典：《淮南鸿烈集解》，中华书局，1989，第 487 页。
⑨ 刘文典：《淮南鸿烈集解》，中华书局，1989，第 333 页。

（《缪称》）"天"和"命"的突出体现就是人遭遇的"时"与"世"。《淮南子》很重视"时"与"世"的作用，乱世之时，"夫鸟飞千仞之上，兽走丛薄之中，祸犹及之，又况编户齐民乎？"①（《俶真》），鸟兽都不能免祸，何况乎人？就算品德高尚，也无力对抗世道。

乱世状况也许较为极端，但人在生活中会面临千变万化的局势和状况，这些都会促使人的期求与最后结果发生偏差乃至大相径庭。《淮南子》继承了老子"祸兮福之所倚，福兮祸之所伏"的辩证思想，认为祸福间是相互依存、相互转化的关系，并做了生动论述。在《人间》一章中就有不少这方面的故事，如宋国有户人家世代行善不懈，父子二人却无故失明，但父亲对此十分淡然，后来楚国攻克这家人所在城池，二人因失明而逃过屠杀，祸化为福。再如我们十分熟悉的"塞翁失马"故事，祸福经历了三次相互转化。所以书中才感叹："福之为祸，祸之为福，化不可极，深不可测也。"②（《人间》）这种转化是人所难以预测的，甚至两者会相互交织："失火而遇雨，失火则不幸，遇雨则幸也，故祸中有福也。"③（《说林》）祸中有福的影子，福中有祸的种子，故"夫祸福之转而相生，其变难见也"④（《人间》）。

因而，《淮南子》中看似矛盾的祸福观念，实则从不同方面探讨了祸福的获得问题。福的获得、祸的避免自然免不了人的主观因素，正是人修养、行动上的不同境界、不同选择才导致了祸福结果的产生。《淮南子》吸收《周易》中的报应之说，认为"君子致其道而福禄归焉。夫有阴德者必有阳报，有隐行者必有昭名"⑤（《人间》），人行大道能得到福禄，暗中积德行善的人可得到好报偿、好名声。像禹、契、后稷治理水患、教化民众、教民农事，所以他们的后裔世代为王。人倒行逆施、道德败坏，带来的自然是灾祸。同时，由于《淮南子》强调"得其得"，对于所得是福是祸的判断，主观感受也很关键。比如："君子时则进，得之以义，何幸之有！不时则退，让之以义，何不幸之有！故伯夷饿死首阳之下，犹不自悔，弃其所

---

① 刘文典：《淮南鸿烈集解》，中华书局，1989，第 76 页。
② 刘文典：《淮南鸿烈集解》，中华书局，1989，第 599 页。
③ 刘文典：《淮南鸿烈集解》，中华书局，1989，第 559 页。
④ 刘文典：《淮南鸿烈集解》，中华书局，1989，第 597 页。
⑤ 刘文典：《淮南鸿烈集解》，中华书局，1989，第 596 页。参照王念孙注释改定。

贱，得其所贵也。"①（《缪称》）这里将人的仁义与祸福判定相结合。君子坚守义，对生活境遇中的进退得失不认为是幸或不幸，像伯夷叔齐饿死在首阳山下，但他们并不后悔，因为他们得到了所珍贵的东西——义，在情感上、精神上得到了满足，当然这是种极端情况。同时，祸福中又避免不了物质性要素，从《尚书》对"福"的定义就可看出这点，人的心理体验、感受固然重要，但还需坚实的物质保障作为基础，很难想象缺乏基本生活条件，乃至危及人的生命之时，人们还能够有幸福感受，"幸福并不仅仅限于主体的感受，它总是在实质的层面涉及实际的生活境遇"②。祸、福有着客观内容，是无法脱离客观存在境况的，伯夷叔齐这样的人毕竟少，且仁义难以和幸福等同，对于一般民众而言，物质丰足、身体康健的得到或是失去更易成为衡量福的指标。而这种物质状况的形成，不是仅靠人一己之修养便可达到，还有无法抗拒的外在客观因素的影响，如前文所说的"命"；而在面对这种人力无法应对的趋势时，也就只能"不忧命之所无奈何"。

故而，祸福的获得有待于主客观两方面的结合，福祸的到来既可说与人有关，也可认为与人无涉。人们所要做的是"不能使祸不至，信己之不迎也；不能使福必来，信己之不攘也"③（《诠言》）。即便祸福的到来是人们无法完全决定和预料的，但通过人们自身的修养，却可以做好迎福攘祸的准备，不主动去招致祸患，同时也不会将福挡在门外。

三　因祸福而生的忧患思想

《淮南子》的祸福思想中，避祸是主题，连福也被定义为无祸，这一方面是由于有祸比无福给人的伤害更大，另一方面是由于祸福难以把握，使人不得不持守无祸这一底线。祸福的根由涉及主客双方，这就使祸福之到来是无常的，这不免会引起人的忧虑。"襄子再胜而有忧色，畏福之为祸也。"④（《泰族》）赵襄子讨伐狄获胜，本应是利好之事，但却面露忧虑之色，之所以忧，是担心福会变成祸。《淮南子》认为人所忧的正是福可能向祸的转化，以及社会中已经出现的导致祸的苗头。

---

① 刘文典：《淮南鸿烈集解》，中华书局，1989，第 334 页。
② 杨国荣：《伦理与存在——道德哲学研究》，华东师范大学出版社，2009，第 275 页。
③ 刘文典：《淮南鸿烈集解》，中华书局，1989，第 468 页。
④ 刘文典：《淮南鸿烈集解》，中华书局，1989，第 696 页。

因祸福而生的忧患思想，在《淮南子》中被反复强调。书中认为人需忧患意识，因为一方面，忧患意识会让人保持清醒警觉："夫忧，所以为昌也；而喜，所以为亡也。"①（《道应》）忧患会带来昌盛，而沾沾自喜则会导致败亡。这句话是在赵襄子之事后说的，一早上就攻下两座城池是值得高兴的战果，但听见这消息后的赵襄子却忧心忡忡，担心自身积累不足，而胜利又来得太快，好事背后隐藏着衰败灭亡的危险。所以孔子感叹说赵氏马上要兴盛。"胜非其难也，持之其难也。"取得胜利不难，难的是如何将胜利保持下去。"贤主以此持胜，故其福及后世。齐、楚、吴、越，皆尝胜矣，然而卒取亡焉，不通乎持胜也。唯有道之主能持胜。"②（《道应》）"以此"的"此"指的就是有忧患意识。贤明君主懂得在面对胜利时保持清醒，忧虑深思，才能将胜利一直保持下去，让福宁恩泽后世。齐、楚、吴、越这些国家都曾取胜，但最终走向灭亡，就是因为不懂得以忧患保持胜利的道理。此处所说的均是国家保持胜利的例子，实则个人也是如此。取得一点成果后就沾沾自喜，一定无法持续取得成绩，只有保持忧患意识，才能以清醒、警觉的态度保持成果。另一方面，忧患意识不仅是对自身的，圣人及统治者还有对民众、国家之忧。"圣人之行义也，其忧寻出乎中也，于己何以利！"③（《缪称》）圣人之所以行义事，出发点不在于对自身有何利，而在于心中对民对国之忧。理想的统治者，都该"不忧命之短，而忧百姓之穷"，不担忧自身性命短，而忧虑民众的穷困。是故"禹为水，以身解于阳盱之河。汤苦旱，以身祷于桑山之林。圣人忧民，如此其明也"④（《修务》），大禹、商汤为了治理水、旱这些困扰民众的灾害，甚至不惜牺牲自己向上苍祈祷。圣人对民之忧，可见一斑。

不过，《淮南子》虽然强调人需有忧患意识，但如果忧虑过多也会造成对人的伤害："夫忧患之来，撄人心也，非直蜂虿之螫毒而蚊虻之惨怛也。"⑤（《俶真》）受忧患困扰的人所受的是揪心般的痛苦，胜过昆虫叮咬

---

①　刘文典：《淮南鸿烈集解》，中华书局，1989，第 384 页。

②　刘文典：《淮南鸿烈集解》，中华书局，1989，第 384 页。

③　刘文典：《淮南鸿烈集解》，中华书局，1989，第 328 页。

④　刘文典：《淮南鸿烈集解》，中华书局，1989，第 632~633 页。参照王念孙注释改定。

⑤　刘文典：《淮南鸿烈集解》，中华书局，1989，第 73~74 页。

这样的皮肉之苦。而且"多忧害智"①（《缪称》），忧虑过多对人其他能力也是损害。所以《淮南子》也主张人需努力做到无忧、不忧。一方面，"通命之情者，不忧命之所无奈何"②（《诠言》），命和祸福的到来是紧密相关的，通达命之情，就会明白有的祸福的到来是无可奈何的，既然如此，那心中也就无须为其所动，像庄子所说的"安之若命"。另一方面，"守其分，循其理，失之不忧，得之不喜"③（《诠言》），人守分循理，做好自身该做的事，保持心中安定，那面对得失也就能无喜忧、波澜不惊。所以说忧患，是让人保持清醒、警惕的心理，不放松对自我的要求；说无忧、不忧，强调的是人明晰何者当忧，做好应对准备后，要保持平静、自然心态。"祸之至也，非其求所生，故穷而不忧；福之至也，非其求所成，故通而弗矜。"④（《诠言》）做好自身所能做到的，如果真的有自身所未求的祸福到来，也就能保持不忧虑的通达态度。这是种自在态度，也是无奈的感叹。

忧患意识所担忧的是祸的到来，人要无忧，除自身守分循理外，也要掌握避祸方法。《淮南子》中的核心理念是"治无患之患"，也就是在忧患还未显现之际，注意预防。"良医者，常治无病之病，故无病；圣人者，常治无患之患，故无患也。"⑤（《说山》）好的医生能治"无病之病"，所谓无病之病就是在未显露症状时加以医治，就可以让人远离疾病；同样，圣人的高超之处在于在祸患还未显现之际，就注意预防，加以治理遏制，所以能够远离祸患。"人皆务于救患之备，而莫能知使患无生。夫使患无生，易于救患而莫能加务焉，则未可与言术也……今不务使患无生，患生而救之，虽有圣知，弗能为谋耳。"⑥（《人间》）在祸患发生时准备得再好再完善，也比不上从源头上遏制祸患，让祸患不产生。在祸患只有苗头时注意熄灭、使祸患不生，其实是远比祸患成形后加以拯救容易，可人们常常无法做到。不着力于使祸患不生，而等产生后再挽救，即便有圣人之知，也难以谋划成功。这就是人们常说的防患于未然的道理。在这种使患无生思

---

① 刘文典：《淮南鸿烈集解》，中华书局，1989，第 332 页。
② 刘文典：《淮南鸿烈集解》，中华书局，1989，第 465 页。
③ 刘文典：《淮南鸿烈集解》，中华书局，1989，第 468 页。
④ 刘文典：《淮南鸿烈集解》，中华书局，1989，第 468 页。
⑤ 刘文典：《淮南鸿烈集解》，中华书局，1989，第 528 页。
⑥ 刘文典：《淮南鸿烈集解》，中华书局，1989，第 614 页。

想的指引下，对祸患的消除也能在潜移默化中进行，是自然而然而非大张旗鼓地做作。"其生物也，莫见其所养而物长；其杀物也，莫见其所丧而物亡，此之谓神明。圣人象之，故其起福也，不见其所由而福起；其除祸也，不见其所以而祸除。"①（《泰族》）上天化育物的时候，没有看到其如何养育物就生长了；让物消亡的时候，没有见如何灭杀，物就消亡了。圣人也该效法自然，营造福祉、去除灾祸时，没有什么行动，却能使福来祸消。

《淮南子》以守住自身原本心性，得其所得为福，并将无祸视为大福，注重对祸的避免。书中继承道家传统，认为福祸是相互依存相互转化的，福祸到来的根由既与人自身的修为、努力有关，又有着人所无可奈何的客观因素。正因福祸有无常的一面，人才会担忧祸患的突然降临，这也促使人们保持警醒，预先做好防范灾祸的准备，使患无生。然而要保卫自身乃至国家远离祸患，仅有心中的忧虑还是不够的，还要有实际的努力，这还需诉诸更为主动的危机思想②。

《淮南子》作为包容广大的著作，其伦理思想的主要范畴涉及诸多领域，人之性既与道、德联系紧密，又是每个人生而具有的东西，是道德选择及行动的推动力，故人性及与之相关的情、欲问题是首先需探讨的。同时，人并非孤立的存在，而是生活在社会里，《淮南子》以仁、义等伦理规范来应对种种人际关系，尤为强调人际的施、报关系及按照自身在伦理关系中所处地位来采取适宜行动。而义利问题是人进入社会群体后不可避免要遇到的，在强调义的重要性的同时，《淮南子》认为超越义利是解决二者争端的最好方式。在国家治理这一更大领域中，仅靠伦理道德并不足够，还需要与法制相协调，以道统法、德法结合是《淮南子》在德法问题上的根本立场。无论是个人还是社会、国家，都会面临福祸境遇问题，《淮南子》认为祸福之来是主客观因素相结合的结果，注重以忧患思想提醒人们从源头遏制、避免祸患。这些主要范畴，构成了《淮南子》从个人到社会、国家的理论框架。

---

① 刘文典：《淮南鸿烈集解》，中华书局，1989，第 663 页。
② "忧患意识主要侧重在心理担忧的活动，只能在心里担忧，是因为个人力量的渺小，无法对此有根本性的举措，如果在力量上足够通过具体的行动来冲击引起忧患的渊薮，那就不可能停留在忧虑、忧愁上，危机意识所带来的正是人为保卫自己而做的一切实际努力。"许建良：《先秦儒家的道德世界》，中国社会科学出版社，2008，第 366 页。

第五章 《淮南子》伦理思想的践行之道

形上基础与主要范畴涉及的主要是理论思考，理论变为现实离不开切实的践行。《淮南子》伦理思想的践行之道，是一个由外至内、由低到高循序渐进以达到至善境界的修道养德的过程，同时，修为者也可依据自身的具体情况选择相对应的阶段来修道养德，从而达到最佳的效果。外在他律的道德教化及内在自律的道德修养无疑是必要的践行路径，通过道德教化和自我修养的洗礼，人的道德境界逐步提升，向着理想人格的终极目标逐步迈进，从而达到一个最理想的状态。

第一节 "因其所喜以劝善"之道德教化

《淮南子》认为人性本清静，然而却可能由于内外因素的影响而受到破坏，同时，大多数人并非天生就具有很强的道德觉悟和素养，能自觉回归正途，这就迫切需要能引导人内在道德因子生长的道德教化。《淮南子》主张道德教化需要因循人性基础，因势利导地进行；在教化内容上，个人道德的培育和人伦关系的处理都很重要；教化方式以精神感化为核心，以音乐、鬼神崇拜等形式为辅助，统治者在其中要发挥模范作用。道德教化虽是他律，有被动性，境界上或许不如自觉的道德修养，但却是道德实践中不可缺少的基础性环节。

一 教化的必要性与可能性

《淮南子》秉承道家的观点，认为每个人都是性分自足的，如果人能一直保持本真，依本性而行，自然最为理想；然而现实中却是"人之性无邪，久湛于俗则易，易而忘本"①（《齐俗》），人性在道德已退化的世俗之中，不免会受其影响而发生改变，一改变也就忘却人之根本，在这种情况下，自然需要道德教化的指引，这是外在现实的要求。世俗之所以混乱，人之所以忘本的重要原因在于有欲，人对欲望的节制可诉诸自身自觉的道德修养，然而每个人由于性分不同，其个体素质间是存在差异的。"性命可说，不待学问而合于道者，尧、舜、文王也；沉湎耽荒，不可教以道，不可喻以德，严父弗能正，贤师不能化者，丹朱、商均也。曼颊皓齿，形夸骨佳，不待脂粉芳泽而性可说者，西施、阳文也；嗤䐸哆呀，蓬蒢戚施，虽粉白黛黑弗能为美者，嫫母、仳倠也。夫上不及尧、舜，下不若商均，美不及西施，恶不若嫫母，此教训之所谕也，而芳泽之所施。"②（《修务》）像尧舜那样无需教化就能一贯合于道的圣贤是少数，像丹朱、商均这种道德教化无用的人也是罕见；就好像西施那样的美人和嫫母那样的丑女均是少数，绝大多数人都处在上与下之间，不免会有偏离道德的趋势，所以需道德教化，就好像女子需要妆容一样。道德教化手段虽是外在的，带有一定被动性，却能助人形成自觉的道德意识，道德教化需要一个漫长的过程，但却是有必要的。

道德教化对人而言是必要的，但人的教化何以可能？《淮南子》认为可能性在于人性中含有向善因子："修朝聘以明贵贱，乡饮习射以明长幼，时搜振旅以习用兵也，入学庠序以修人伦。此皆人之所有于性，而圣人之所匠成也。故无其性，不可教训；有其性，无其养，不能遵道。茧之性为丝，然非得工女煮以热汤而抽其统纪，则不能成丝。卵之化为雏，非慈雌呕煖覆伏，累日积久，则不能为雏。人之性有仁义之资，非圣人为之法度而教导之，则不可使乡方。"③（《泰族》）此处讨论的教化强调的是人伦秩序的遵守，教化之所以能施行，在于人性之中有这方面的因子——仁义之资，故曰"善之由我"。人性中如果没有这方面的因素，教化是没有用的，有这种人性因素，没有教化教养，也不能让人遵道。《淮南子》中的仁义是建立在"爱"的基础上的，加之"仁义在道德之包"的统摄关系，仁义也便成

---

① 刘文典：《淮南鸿烈集解》，中华书局，1989，第 352 页。

② 刘文典：《淮南鸿烈集解》，中华书局，1989，第 639~640 页。参照王念孙注释改定。

③ 刘文典：《淮南鸿烈集解》，中华书局，1989，第 670~671 页。参照王念孙注释改定。

为人性中所具有的资质，这是教化之所以可能。有这样的资质，就像茧、卵本性中有成为丝、雏的可能一样，但要真正实现，还是要经过加工、孵化，这也表明后天教化之不可少。

在论述教化的必要性和可能性的同时，《淮南子》也对当时的一些非教非学的观点做了批判："世俗废衰，而非学者多：'人性各有所修短，若鱼之跃，若鹊之驳，此自然者，不可损益。'吾以为不然。夫鱼者跃，鹊者驳也，犹人之为人，马之为马，筋骨形体，所受于天，不可变。以此论之，则不类矣。"① （《修务》）鱼跃鸟飞，就像马有马之形一样，是天然生成，虽不可变，但只是天性、本能，和内涵复杂的人性是不同的，不能简单比附。"故其形之为马，马不可化；其可驾御，教之所为也。马，聋虫也，而可以通气志，犹待教而成，又况人乎！"② （《修务》）马的形体不可改变，但能为人所驾驭，所靠的是后天教化，马都可被教化而有其用，人当然也可以。先天赋予的东西确实不可改变，然而后天经过教化也许能生发出自身更为丰富、完满的功用。对自然本性、性分自足的强调，所反对的是违背人性的妄为，但如果拘泥其中，反对任何变化，也就成了"蔽于天而不知人"，人只有在教化之中才能让自身更完备、完善。而且人性本易受影响，人如果自身不够坚定，很容易走上歪路还不自知。自我选择之路不代表就是自然之路，教化对保证人在正途上行走还是极为重要的，所以说："今无五圣之天奉，四俊之才难，欲弃学而循性，是谓犹释船而欲蹍水也。"③ （《修务》）反对不教不学。不过教化中确实蕴含着风险，如反对教化者担心的，教化可能会变为对人性的钳制，将人的多种可能限定为只有一种。故而，教化应遵守何种原则、如何操行就显得格外重要。

二 "因其性"——本于人性的教化原则

道德教化是必要且可能的，那教化中有什么原则需遵循？《淮南子》将"因"作为教化的最重要原则。"因"的对象是人性，即要认识和顺应民众之自然本性，因势利导地施以教化，"故先王之教也，因其所喜以劝善，因

---

① 刘文典：《淮南鸿烈集解》，中华书局，1989，第638页。参照刘文典注释改定。
② 刘文典：《淮南鸿烈集解》，中华书局，1989，第638页。
③ 刘文典：《淮南鸿烈集解》，中华书局，1989，第642页。

其所恶以禁奸，故刑罚不用而威行如流，政令约省而化耀如神。故因其性，则天下听从；拂其性，则法县而不用"①（《泰族》）。教化的施用，应当依照人性中所喜欢或所厌恶的内容，来劝人向善或禁止奸邪行为，这样就无须太多强制性的教化方式。教化中能把握因的原则的话，自然能德化万民；如果不能，即便法令再多也不能发挥作用。

因循人性与人情，在道德教化活动中极为关键，如果无法把握这一原则，教化是无法达到预期目标的。如道德教化的主要目的之一是避免人陷入欲望的泥潭，然而欲却并不是能绝对禁绝的，欲也是人性所需，如果在教化中不知因人之性，只是一味强调道德规范来禁欲，并不能取得良好效果。儒家便有这样的缺点，《淮南子》中批评道："今夫儒者，不本其所以欲而禁其所欲，不原其所以乐而闭其所乐，是犹决江河之源而障之以手也。夫牧民者，犹畜禽兽也，不塞其圊垣，使有野心，系绊其足，以禁其动，而欲修生寿终，岂可得乎！夫颜回、季路、子夏、冉伯牛，孔子之通学也，然颜渊夭死，季路菹于卫，子夏失明，冉伯牛为厉。此皆迫性拂情而不得其和也。"②（《精神》）教化中不知道本于人的正当欲求，依循人的正当享乐，而一味用种种规范来禁绝人的欲与乐，用这种只知堵而不知疏的方法，就好比挖开江河之源，却想用只手去阻拦它的去势，是不可能的。这种教化方式，在《淮南子》看来，只是"衰世凑学，不知原心反本，直雕琢其性，矫拂其情"③（《精神》），而一些儒家弟子不得善终的命运，也证明这种不知"因"、不知疏通的教化方式，会伤人伤己。

同时，"因"还意味着教化中要因时因地而变，教化中重要的是人之需求而非僵化的条文。"著于竹帛，镂于金石，可传于人者，其粗也。五帝三王，殊事而同指，异路而同归。晚世学者，不知道之所一体，德之所总犹，取成事之迹，相与危坐而说之，鼓歌而舞之，故博学多闻，而不免于惑。"④（《本经》）古时传下的只是些粗疏的内容，五帝三王的教化也并没有一定成法，但殊途同归，所归正是"道"和"德"，具体在教化对象身上即是"性"。后世负责道德教化的学者，只是局限于所谓圣人之言、古之教条这

① 刘文典：《淮南鸿烈集解》，中华书局，1989，第 671 页
② 刘文典：《淮南鸿烈集解》，中华书局，1989，第 241 页。
③ 刘文典：《淮南鸿烈集解》，中华书局，1989，第 240 页。
④ 刘文典：《淮南鸿烈集解》，中华书局，1989，第 257 页。参照陶方琦、陈观楼注释改定。

些成事之迹，守旧不化，那些成事之迹就如同轮扁所说的，只是"圣人之糟粕"①（《道应》），如果只用这些教条来进行教化，似乎博学，然而在遭逢具体境遇时不免陷入困惑。这些例证都表明"因"的原则的贯彻情况关系到道德教化之成败，故而在懂得"因"的基础上选择适当的教化内容，灵活采用道德教化方式，才可让教化作用落到实处。

三 "莅政施教，必用参五"——道儒结合的教化内容

道德教化与众人的学习中，采用什么样的内容，既能体现教化的指向，也能影响教化的结果？在教化内容的选择上，《淮南子》结合了道家与儒家的思想，既注重对个人道德的指引，同时也注意教导人合理地应对人伦关系。

《淮南子》将"道"与"德"作为人生存之依据，所以教化中最根本的便是要"教以道""喻以德"，使人能依道合德。依道合德的体现，则是人能保持原初的清静本性，所以说："圣人之学也，欲以返性于初，而游心于虚也。达人之学也，欲以通性于辽廓，而觉于寂漠也。"②（《俶真》）圣人、达人的教化、学习，要引导人的是如何让本性回到最初、让心游于虚空，或者是如何让自身的心性、知觉徜徉在辽阔寂寥的空间中，以实现精神的自由驰骋。这样的话，"凡学者能明于天人之分，通于治乱之本，澄心清意以存之，见其终始，可谓知略矣"③（《泰族》），人们便能知道什么是先天之真，什么是后天之伪，明确自身的性分、位分，通晓治乱的本源在何处，心志明澄、意志清静，可窥见事件的来龙去脉，掌握事之要略。在此基础之上，《淮南子》批判了俗世之学，"若夫俗世之学也则不然，擢德捲性，内愁五藏，外劳耳目，乃始招蛲振缕物之毫芒，摇消掉捎仁义礼乐，暴行越智于天下，以招号名声于世"④（《俶真》）。这种教化偏德离性，内使五藏忧愁，外让耳目操劳，老是围绕着微小利益及事情，为仁义礼乐的实行奔走疾呼，让自己的行动智巧暴露于天下，以为自己招揽世俗的种种名声。在《淮南子》看来，这种俗世流行的教化方式，是违背"道"的，

① 刘文典：《淮南鸿烈集解》，中华书局，1989，第391页。
② 刘文典：《淮南鸿烈集解》，中华书局，1989，第67页。
③ 刘文典：《淮南鸿烈集解》，中华书局，1989，第691页。
④ 刘文典：《淮南鸿烈集解》，中华书局，1989，第67页。

其代表就是儒、墨二家，所以《淮南子》批评道："孔、墨之弟子，皆以仁义之术教导于世，然而不免于偏。身犹不能行也，又况所教乎？是何则？其道外也。"①（《俶真》）仁义自身并无错，也是人之所需，只是"在'大道'之中，人自然仁义，那是真仁义。至于学习、训练而来的仁义，那就有模拟的成分，同自然而有的仁义比较起来就差一点次一级了"②。而将仁义作为一种术，作为谋取自身名声之手段，层次又更低，《淮南子》对这种只重形式而忽略实质的仁义是否定的。

教道喻德这种教化内容，着眼于人内在的本性，让人明白本真之贵，不被成心欲念与外在教条束缚，引导人进入自然而又自由的境界。然而，随世之变化，人仅合"道"还不够，还要能应事，要能在世间种种人伦关系中找到适合自身的位分。"君先而臣从"等尊卑先后的具体规定，连强调个人自由的《庄子》，也称之为"大道之序"③，视之为社会得以存在的必要条件，认为不懂这种秩序的话，就无法体得"道"。所以让人懂得人伦之序，懂伦理规范，也是教化的重要内容：

> 昔者，五帝三王之莅政施教，必用参五。何谓参五？仰取象于天，俯取度于地，中取法于人，乃立明堂之朝，行明堂之令，以调阴阳之气，以和四时之节，以辟疾病之菑。俯视地理，以制度量，察陵陆水泽肥墽高下之宜，立事生财，以除饥寒之患。中考乎人德，以制礼乐，行仁义之道，以治人伦而除暴乱之祸。乃澄列金木水火土之性，以立父子之亲而成家；别清浊五音六律相生之数，以立君臣之义而成国；察四时季孟之序，以立长幼之礼而成官；此之谓参。制君臣之义，父子之亲，夫妇之辨，长幼之序，朋友之际，此之谓五。④（《泰族》）

---

① 刘文典：《淮南鸿烈集解》，中华书局，1989，第71页。
② 陈鼓应：《老子今注今译》，商务印书馆，2003，第145页。
③ 《庄子·天道》："君先而臣从，父先而子从，兄先而弟从，长先而少从，男先而女从，夫先而妇从。夫尊卑先后，天地之行也，故圣人取象焉。天尊，地卑，神明之位也；春夏先，秋冬后，四时之序也。万物化作，萌区有状；盛衰之杀，变化之流也。夫天地至神，而有尊卑先后之序，而况人道乎！宗庙尚亲，朝廷尚尊，乡党尚齿，行事尚贤，大道之序也。"郭庆藩：《庄子集释》，中华书局，2004，第469页。
④ 刘文典：《淮南鸿烈集解》，中华书局，1989，第671~672页。参照王念孙注释改定。

这种教化，核心是仁义礼乐及五伦关系，但又不止于此。"参"代表天地人三者，用"参"教人即以贯穿三才的内容教人，既有天地之道，如四时节气、水陆地形，又最终归结于依人德所制的礼乐仁义，实质是以自然中的五行、四时、五音为人伦之理的订立提供基础。这种三才间的通联，一方面当然是为人伦之理、伦理规范提供了强大的合理性依据；另一方面，也使仁义礼乐、忠孝信悌等不拘于人的领域，而能与天地自然相连接，消除人为造作性，而被纳入自然的序列，让人能通过爱人、行义、守礼建立和谐的父子、夫妇、朋友等人伦关系。"非修礼义，廉耻不立"，通过礼义的建立，促使人内在廉耻之心的觉醒，以对自身行为加以道德约束。

应该说，在教化内容上，《淮南子》对道、儒两家做了中和。道家的教化着眼于人之本性，人之本性地位平等，但资质上的差异是客观存在的；《淮南子》吸收了儒家重学思想，认为后天的学习能提高人的能力，优化人之性，因此教化及学习既能保持人性的清净又能够减少人们的先天差异。道家虽批评儒家之仁义，但其批评对象只是徒有道德之名的仁义；儒家所长的人伦之理、伦理规范可以提高人的社会性，让人恰如其分地应对社会生活，是教化内容中应加以吸收的。兼容两家教化之所长，方能使道德教化变为推动人整体发展的重要手段。

四 "神化为贵"——重精神感化的教化方法

道德教化无论对个人还是对社会整体都有着至关重要的作用，合理有效的教化方法对于教化思想的实现极其关键，《淮南子》所提倡的教化方法主要有以下四种。

（一）以精神感化为核心

《淮南子》明确提出："块然保真，抱德推诚，天下从之，如响之应声，景之像形，其所修者本也。刑罚不足以移风，杀戮不足以禁奸，唯神化为贵。"①（《主术》）精神感化才可贵，具体来说，"圣人怀天心，抱地气，执中含和，不下庙堂而行于四海，变习易俗，民化而迁善，若性诸己，能

---

① 刘文典：《淮南鸿烈集解》，中华书局，1989，第272~273页。

以神化也"①（《泰族》）。而"所谓'神化'，是指君主保持纯朴之本性，怀仁诚之心，践崇高之德，从精神上教化和感化民众"②。之所以能感化，就在于人均由气所化，气类相感，尤其是在情感上能相感，"圣人在上，民迁而化，情以先之也。动于上，不应于下者，情与令殊也"③（《缪称》）。道德感化方法的核心就是对德育对象施予道德情感上的感染，这种感染由于深入人之内心，效用远胜道德说教，"说之所不至者，容貌至焉；容貌之所不至者，感忽至焉。感乎心，明乎智，发而成形，精之至也。可以形势接，而不可以照䛐"④（《缪称》）。通过圣人的道德感染，可启发人之道德因子，使人向善行善。

神化的方法，重要的是教化者在面对教化对象时将其放在平等地位，以精诚之气使二者间的道德情感相通相连，"故不言而信，不施而仁，不怒而威，是以无心动化者也；施而仁，言而信，怒而威，是以精诚感之者也；施而不仁，言而不信，怒而不威，是以外貌为之者也"⑤（《泰族》）。最理想的教化方式当然是使自身精神充盈在天地中，靠天之心而非己之心自然对民众进行教化，但这只有传说中的圣王才可做到；统治者以精诚之心感化万民也可达到有仁、有信、有威的效果；至于只在外貌上表现而没有发自内心的教化，是无法发挥作用的。"神化"这一教育方法之所以重要，"关键在于它实现了教育者和被教育者双方的沟通和交流。……教育主体只有以诚挚之情，才能够唤起被教育者的认同、感动、服膺的心理感应，进而实现道德要求的内化"⑥，这样产生的效果如春风化雨一样自然而又深入。

（二）君主发挥示范作用

教化者要让教化对象接受教化，无疑不能只将内容挂在嘴上，而应当切实践行，这样才能给教化对象以信心，同时也让他们有榜样可学习。而君王作为影响力最大的教化者，其一言一行都会受到臣下及民众注视，更

---

① 刘文典：《淮南鸿烈集解》，中华书局，1989，第665页。参照俞樾、王念孙注释改定。
② 吕锡琛：《论〈淮南子〉的道德教育思想》，《道德与文明》2001年第1期。
③ 刘文典：《淮南鸿烈集解》，中华书局，1989，第324页。
④ 刘文典：《淮南鸿烈集解》，中华书局，1989，第322页。
⑤ 刘文典：《淮南鸿烈集解》，中华书局，1989，第679页。参照俞樾注释改定。
⑥ 吕锡琛：《论〈淮南子〉的道德教育思想》，《道德与文明》2001年第1期。

应当从自身做起，发挥示范作用，这样才能在教化中发挥良好的榜样作用。"故民之化上也，不从其所言，而从所行。故齐庄公好勇，不使斗争，而国家多难，其渐至于崔杼之乱。顷襄好色，不使风议，而民多昏乱，其积至昭奇之难。故至精之所动，若春气之生，秋气之杀也，虽驰传骛置，不若此其亟。"①（《主术》）民众的教化，所从所学的是君王的行为而不是口头所说的语言。统治者自身好勇、好色，那民众也有样学样，不免也陷入昏乱，造成社会苦难。君主若以自身的至精至诚来打动万民，那就如同春风化万物、秋风让万物凋零那样自然，即便驾车飞奔也比不上这种教化速度。

《淮南子》还将君王与孔子、墨子做了对比："孔子弟子七十，养徒三千人，皆入孝出悌，言为文章，行为仪表，教之所成也。墨子服役者百八十人，皆可使赴火蹈刃，死不还踵，化之所致也。夫刻肌肤，镵皮革，被创流血，至难也，然越人为之，以求荣也。圣王在上，明好恶以示之，经诽誉以导之，亲贤而进之，贱不肖而退之，无被创流血之苦，而有高世尊显之名，民孰不从？"②（《泰族》）孔子门徒三千，入则孝，出则悌，言辞合礼仪法度，行动规矩可做表率，这些都是孔子道德教化而成。墨子门下弟子一百八十人，都可以为了义去赴汤蹈火、不畏兵刃，面对死亡也义无反顾，同样是教化的效果。孔、墨虽为一派宗主，但毕竟不是君王，犹可使教化达到如此效果。如果是圣主明王的话，明确好恶是否的标准并示之于众，规定诽誉的标准并加以引导，亲近贤人，斥退不贤之人，以自身道德行动为民众树立榜样，教化民众向善，所影响的范围、所产生的效果一定大于孔墨。

君王的示范作用之所以有这么重要的作用，重要原因之一在于君王握有的权势："孔丘、墨翟修先圣之术，通六艺之论，口道其言，身行其志，慕义从风，而为之服役者不过数十人。使居天子之位，则天下遍为儒墨矣。楚庄王伤文无畏之死于宋也，奋袂而起，衣冠相连于道，遂成军宋城之下，权柄重也。楚文王好服獬冠，楚国效之；赵武灵王贝带鵕鸃而朝，赵国化之。"③（《主术》）孔、墨也许在道德境界、知识上要强于君王，但没有权

---

① 刘文典：《淮南鸿烈集解》，中华书局，1989，第274~275页。参照王念孙注释改定。
② 刘文典：《淮南鸿烈集解》，中华书局，1989，第681~682页。参照王念孙注释改定。
③ 刘文典：《淮南鸿烈集解》，中华书局，1989，第302~303页。参照陶方琦注释改定。

柄，其弟子数量终归有限。君主的身体力行之所以是教化的重要手段，正在于君主握有国中无匹之权柄，所产生的跟从效应是极大的。楚文王、赵武灵王只是在衣饰上有所喜好，就引动一国效仿。故而《淮南子》虽强调君主不可迷恋权势，但权势的作用确实是客观存在的，所以教化中也该合理利用权势："由此观之，权势之柄，其以移风易俗易矣。尧为匹夫，不能仁化一里；桀在上位，令行禁止。由此观之，贤不足以为治，而势可以易俗，明矣。"①（《主术》）特别是在对社会风俗的改良中，秉权势者也许能发挥比少数贤人更加重要的推动作用。

（三）以音乐等文艺形式为辅助

除了礼法，《淮南子》也重视利用音乐等艺术形式来开展教化活动。音乐不仅是个人情绪的表现，且一时一地所流行的音乐也是民俗民风的体现，"听其音则知其俗，见其俗则知其化"②（《主术》），聆听乐音，从中就可以了解到所在之地的风气如何，从而可以进一步推演出教化的情况，所以乐与教化间有着密切联系。古代圣王在教化中就注意"陈之以礼乐，风之以歌谣"，以能"叶贯万世而不雍，横扃四方而不穷，禽兽昆虫与之陶化"③（《主术》）。乐之所以能发挥如此大的作用，在于其是人内心情绪之集中体现，极易引发人的感应、共鸣，"宁戚商歌车下，桓公喟然而寤""申喜闻乞人之歌而悲，出而视之，其母也"都是很明显的例子。故而寓教化于乐中，能让民众在乐于接受的同时也让教化进入人情人心。从乐出现的初衷来看，"乐者，所以致和，非所以为淫也"④（《本经》）。和是乐的目的和精神，乐要动人，正在宫商角徵羽五音、琴瑟中大小弦的和谐，故高诱注曰："乐荡人之邪志，存人之正性，致其中和而已，非所为自淫过也。"⑤乐可以使人荡除邪恶的念头，留存正直之性，达到情绪的中和之境，而非过分浸淫其中，超过界限。

除了音乐，《淮南子》主张应"以弋猎博弈之日诵《诗》读《书》，闻

---

① 刘文典：《淮南鸿烈集解》，中华书局，1989，第287页。参照王念孙注释改定。
② 刘文典：《淮南鸿烈集解》，中华书局，1989，第275页。
③ 刘文典：《淮南鸿烈集解》，中华书局，1989，第276页。参照王念孙注释改定。
④ 刘文典：《淮南鸿烈集解》，中华书局，1989，第268页。
⑤ 刘文典：《淮南鸿烈集解》，中华书局，1989，第268页。

识必博矣，故不学之与学也，犹暗聋之比于人也"①（《泰族》），优秀的典籍是人学习的重要资料。而对文化程度不高的民众而言，种种寓言箴言、历史故事、神话传说、奇闻逸事等也是进行教化的好材料，借此阐发德育主张，可以达到教化世人的目的。像《说山》《说林》中就收集了大量的故事，内容"涵盖了培养忠君、不贪、诚实、忠信、勤劳等品质；在行为规范上引导人们向善、为善、积善、利他、知足知止、感恩、行义等方面"②。这种以箴言为形式的人生观、价值观，借助贴近生活的故事及形象、朴实的表述语言，易被民众接受，并借由故事在民间流传，在潜移默化中实现教化。

（四）借鬼神之力

《淮南子》以"道"为本根，以"气"为人之质料，对鬼神之说并不热衷，但民间对鬼神的信仰长久存在，加之阴阳家思想对《淮南子》亦有影响，故而书中同样也会借鬼神、禁忌之事向民众解释说明一些道理：

> 夫见不可布于海内，闻不可明于百姓，是故因鬼神机祥而为之立禁，总形推类而为之变象。……以为盉者，家人所常畜而易得之物也，故因其便以尊之。裘不可以藏者，非能具绨绵曼帛温煖于身也，世以为裘者，难得贵贾之物也，而可传于后世，无益于死者，而足以养生，故因其资以誉之。相戏以刃太祖軵其肘者，夫以刃相戏，必为过失，过失相伤，其患必大，无涉血之仇争忿斗，而以小事自内于刑戮，愚者所不知忌也，故因太祖以累其心。……凡此之属，皆不可胜著于书策竹帛而藏于官府者也，故以机祥明之。为愚者之不知其害，乃借鬼神之威以声其教，所由来者远矣。而愚者以为机祥，而狠者以为非，唯有道者能通其志。今世之祭井灶、门户、箕帚、臼杵者，非以其神为能飨之也，特赖其德，烦苦之无已也。是故以时见其德，所以不忘其功也。触石而出，肤寸而合，不崇朝而雨天下者，唯太山；赤地三年而不绝流，泽及百里而润草木者，唯江、河也；是以天子秩而祭之。故马免人于难者，其死也葬之，以帷为衾；牛，其死也葬之，以大车之

---

① 刘文典：《淮南鸿烈集解》，中华书局，1989，第691页。

② 杨敏：《论〈淮南子〉的德育思想》，硕士学位论文，华南师范大学，2004，第33页。

箱为荐。牛马有功，犹不可忘，又况人乎！此圣人所以重仁袭恩。故炎帝作火，死而为灶；禹劳力天下，死而为社；后稷作稼穑，死而为稷；羿除天下之害，死而为宗布。此鬼神之所以立。①（《泛论》）

不少所见所闻的事难以直接向天下百姓宣告、说明，或者是解释了也难达到理想效果，那不如借所谓鬼神显示的吉凶之兆来为民众定下禁戒，为百姓辨明形象。《淮南子》举例说祭祀之所以用猪、皮裘之所以不埋葬，其实质不在于神灵喜好，而是出于方便及实用的目的；忌讳在祖先前用刀嬉戏，是因为这样容易引发冲突矛盾，从而产生争斗。至于祭井灶、门户、箕帚、臼杵这些活动，目的不在于真要让鬼神感知、享用，而是人要表达对这些用具功用的感激；天子祭祀山川也是表达对它们恩泽万民的感激。祭祀所真正要表彰的是德行及其产生的功用，让崇德行德以有功的观念为民众所接受。试想连牛马都可因有功而不被忘记，何况人乎？所以灶神、土地神这些神明即古代的炎帝、大禹等圣王。这一方面教人有德可为神，另一方面在祭祀中让这些圣王的德性、德行为人所铭记、学习。设立祭祀、鬼神的背后，所要教的是"重仁袭恩"，借助鬼神之力、祭祀之俗，能极大强化教化的力量。

社会中的大多数人没有天生就是圣人的禀赋，也非不可救药的顽石，他们都有着向往善的因子，需要通过道德教化引导才能走上正确的道路。《淮南子》沿袭道家传统，主张教化应当在顺应对象的自然本性、主客体相互配合的基础上进行，防止教化成为单方面说教及对人发展的钳制。人在教化中所要学的，除了如何保持自身本性，还有如何依伦理规范处理人伦关系。在教化方法上，《淮南子》主张以精神感化为主，君主的示范、艺术乃至信仰都可在道德教化中发挥功用。

第二节　"和愉虚无，所以养德也"之道德修养

所谓道德修养，即"人们从事道德实践、提高道德认识的过程"②，道德教化只是他律，想要启发个体内在的道德自觉性，提高道德境界，关键

---

① 刘文典：《淮南鸿烈集解》，中华书局，1989，第459~461页。参照王念孙、刘文典注释改定。
② 张岱年：《中国伦理思想研究》，上海人民出版社，1989，第28页。

还需增强自我的道德意识，持之以恒地加强道德修养。道德教化带有一定被动性，若能主动以道德修养相配合，则境界又高出一筹，也能让教化功用得以发挥。《淮南子》中对道德修养极为注重，其吸收综合诸家思想，对这一问题进行了详尽论述。

一 "身得则万物备矣"的修养必要性

道德修养，建立从身到天下的修养链条，为先秦道儒二家所推崇。《淮南子》同样持这种观点，认为，"天下之要，不在于彼而在于我，不在于人而在于身，身得则万物备矣"①（《原道》）。天下安定、道德问题的要义，都可以归于一己之身，身能"得"，一切均可齐备。修身、得身的链条是这样推演的："能有天下者必不失其国，能有其国者必不丧其家，能治其家者必不遗其身，能修其身者必不忘其心，能原其心者必不亏其性，能全其性者必不惑于道。"②（《诠言》）这里是用倒推（"天下"到"身"）的方式来论述，"身"到"天下"的模式自不待说。与儒家"八条目"③不同的是，《淮南子》将修身链归于"原心""全性"，最终归结于"道"，给修身实践以客观标准即"道"，避免将天下之要归于身后可能导致的个人独断，具有浓厚的道家精神。

作为"道"与"德"在人身上体现的"性"，是人之"斗极"，自然是修身中最为关键之所在。人性本静，但这种状态常面临种种挑战与破坏，这些干扰破坏的因素前文已陆续提及，内在的有作为性第一大敌的欲望、情绪、智识智巧，外在的有外物诱惑、制度规范的制约、世俗价值观的束缚。正因有如此多的挑战，修养也就成为必要的，这是一种正气与邪气的较量："君子行正气，小人行邪气。内便于性，外合于义，循理而动，不系于物者，正气也。重于滋味，淫于声色，发于喜怒，不顾后患者，邪气也。邪与正相伤，欲与性相害，不可两立。一置一废，故圣人损欲而从性。……凡治身养性，节寝处，适饮食，和喜怒，便动静，使在己者得，

---

① 刘文典：《淮南鸿烈集解》，中华书局，1989，第 36 页。参照王念孙注释改定。
② 刘文典：《淮南鸿烈集解》，中华书局，1989，第 467 页。
③ 即《大学》中所提出的"格物""致知""诚意""正心""修身""齐家""治国""平天下"。《礼记·大学》，阮元校刻《十三经注疏》，中华书局，1980，第 1673 页。

而邪气自不生。"①（《诠言》） 正邪区分也就是以性还是以欲为人之本，人该养的自然是正气，以治身养性的修养克制欲望、情绪，使自身把握适宜的生存发展之道，邪气自然不会长生。故而，道德修养是世人所必需的，是存正去邪的枢机，也是人的力量所能做到的。应以道德修养在人之身中、人之内在竖立起保护人性的防火墙，故曰：

> 以中制外，百事不废；中能得之，则外能牧之。中之得，则五藏宁，思虑平，筋力劲强，耳目聪明，疏达而不悖，坚强而不赣，无所大过而无所不逮。处小而不逼，处大而不窕，其魂不躁，其神不娆，湫漻寂寞，为天下枭。②（《原道》）

何谓中与外？高诱注曰："中，心也；外，情欲。"③ 中之得可说即心之得，原心方能反性，故而"身得则万物备矣"后所接的即是"彻于心术之论，则嗜欲好憎外矣"④（《原道》）。性如何持守就在于心如何持养，特别是要以心来实现中扃外闭："故中欲不出谓之扃，外邪不入谓之闭。中扃外闭，何事之不节；外闭中扃，何事之不成！"⑤（《主术》） 通过心之修养来克制内在的欲望奔流、外在的诱惑扰乱，以保障身体安宁、精神平静，出现何种状况都能适应、恬淡对之，那便没有事情不可达成。修养以求自得的重要可见一斑。但对自得的强调，是否会导致自我的臆断擅行呢？《淮南子》中说得明白："是故夫得道已定，而不待万物之推移也，非以一时之变化而定吾所以自得也。吾所谓得者，性命之情处其所安也。"⑥（《原道》） 由于修养以"道"为标准规范，所以自得不会随意变化，所要持守的就是一条——性命之情处在应有的安定之处。

二 "尊天而保真"的修养目标

《淮南子》中，道德修养以"道"为标准，那"道"给人的修养提出

---

① 刘文典：《淮南鸿烈集解》，中华书局，1989，第475~476页。参照王念孙注释改定。
② 刘文典：《淮南鸿烈集解》，中华书局，1989，第32页。参照王念孙注释改定。
③ 刘文典：《淮南鸿烈集解》，中华书局，1989，第32页。
④ 刘文典：《淮南鸿烈集解》，中华书局，1989，第36页。
⑤ 刘文典：《淮南鸿烈集解》，中华书局，1989，第300~301页。参照王念孙注释改定。
⑥ 刘文典：《淮南鸿烈集解》，中华书局，1989，第39页。

了怎样的要求呢？《要略》中总结得明白："欲一言而寤，则尊天而保真；欲再言而通，则贱物而贵身；欲参言而究，则外物而反情。"① "尊天保真"是修养的首要要求与目标，"真"是道家所反复强调之境界，老子就曾说："修之于身，其德乃真。"② 庄子尤为重"真"，视真为"精诚之至"，"物之实在为真，质之纯朴为真，这是'真'这一概念最初出现时所具有的基本含义"③。"保真"在《淮南子》中被反复强强调。"真"一方面与素、朴相联系，如"质真而素朴""抱素反真"，朴原指未加工过的木头，素则指未染色的丝绸，所凸显的都是原初的本真状态，有着"纯粹朴素，质直皓白，未始有与杂糅者也"④（《原道》）的特征。这种纯一不杂的状态、特征也被称作"天"，"真"与"天"相通，便是"天真"。原初状态及其保持就是自然⑤，"真"所强调的是保持自然状态或自然本性。

修养的核心在于自得，而"满足生命形式的需要，是人们最大的自得需要。……这种需要就是生命本性和必然的自然真情"⑥。"真"不仅指静态的本性保持，还关涉到外在表现，即人之情。《淮南子》中说"抱素守精""精神反于至真"⑦（《本经》），"块然保真，抱德推诚"⑧（《主术》），"故圣人养心，莫善于诚，至诚而能动化矣"⑨（《泰族》），"真"与"精""诚"紧密相连，"'精'是不杂的意思，即思念不杂，因为'精'是'在内者'；'诚'是信实的意思，即内在不杂的思念外表时，应该实在，即不能有伪，这是'神动于外'的方面。这种内外一致、表里如一的行为就是'真'"⑩。人的情感的流露、表达应真正出于内在，避免"以伪辅情"⑪（《齐俗》）的发生。故而，尊天而保真后达到"贱物而贵身""外物而反

① 刘文典：《淮南鸿烈集解》，中华书局，1989，第700~701页。
② 《老子》54章，王弼注，楼宇烈校释《老子道德经注校释》，中华书局，2008，第143页。
③ 陈静：《自由与秩序的困惑——〈淮南子〉研究》，云南大学出版社，2004，第253页。
④ 刘文典：《淮南鸿烈集解》，中华书局，1989，第20页。
⑤ "'自'原意为原始、开始、初始、始发，引申为自己，自然，即自己而然、自己如此，表明的是物的一种原初状态和实现这种状态的行为方式（自己而然的方式）。"许建良：《先秦道家的道德世界》，中国社会科学出版社，2006，第11页。
⑥ 张立文：《中国哲学范畴发展史（人道篇）》，中国人民大学出版社，1995，第16页。
⑦ 刘文典：《淮南鸿烈集解》，中华书局，1989，第260页。
⑧ 刘文典：《淮南鸿烈集解》，中华书局，1989，第272页。
⑨ 刘文典：《淮南鸿烈集解》，中华书局，1989，第668页。
⑩ 许建良：《先秦道家的道德世界》，中国社会科学出版社，2006，第306~307页。
⑪ 刘文典：《淮南鸿烈集解》，中华书局，1989，第356页。

情"。"贱物""外物"意指不以外害内，而"贵身""反情"则分别是注重静态的真性蓄养，及动于外的真情表达，以使人"其心愉而不伪，其事素而不饰"①。（《本经》）

三　"太上养神，其次养形"的修养内容

修养的目的在于使人能保真，那修养中包含何种内容呢？在《淮南子》中主张的是形神皆养，以神为主，而养心则处于修养中的核心地位。

（一）人的生命构成

《淮南子》认为，人由形、气、神三部分构成，"夫形者，生之舍也；气者，生之充也；神者，生之制也"②（《原道》）。用现代汉语来说，形所指的是人的形体，神所指的是人的精神，而气指血气或气志。由于"精气为人"，所以气也可以说是生命活动的原始物质，前人研究中有人称之为生命力，还是较为贴切的。由于气充盈于人身之中，因此气与人的形体相关，而"精气"之称又表明其与神相连，故而气也可以说是连接形与神的红线，使三者贯通。"形体是人的骨骸血肉等，是生命的基础；精神是人的思想、意识等活动，它制约、主宰人的生命活动；气志通过它的流动全身，使人的生命获得充实，这是人的生命系统结构。"③

形、气、神三者作为构成人之生命系统的三要素，缺一不可，有着各自的功能及作用，各处其位是非常重要的。"一失位，则三者伤矣。是故圣人使人各处其位，守其职，而不得相干也。故夫形者非其所安也而处之则废，气不当其所充而用之则泄，神非其所宜而行之则昧。此三者，不可不慎守也。"④（《原道》）三者一旦失位，对人就有极大损害，所以"圣人将养其神，和弱其气，平夷其形，而与道沉浮俯仰，恬然则纵之，迫则用之"⑤（《原道》）。在形与神之间，《淮南子》尤重神的修养，明确提出"治身，

---

① 刘文典：《淮南鸿烈集解》，中华书局，1989，第 245 页。
② 刘文典：《淮南鸿烈集解》，中华书局，1989，第 39 页。
③ 张立文：《冲突与医治：〈淮南子〉化解危机的哲学》，《江海学刊》2010 年第 1 期。
④ 刘文典：《淮南鸿烈集解》，中华书局，1989，第 39~40 页。
⑤ 刘文典：《淮南鸿烈集解》，中华书局，1989，第 42 页。

太上养神，其次养形"①（《泰族》），认为神重于形；而"抱神以静，形将自正"②（《诠言》），神的修养一旦到位，形之修养自然也能上正途。

（二）形之修养

在形与神之间，《淮南子》虽然注重神胜于形，然而人之身形却是人活动的承载者，养生、修身也是为道家所一贯提倡。人的形体与外物直接接触最多，也是种种欲望的直接享受者，所以也最容易被过度的欲求、情绪所伤。"五色乱目，使目不明；五声哗耳，使耳不聪；五味乱口，使口厉爽；趣舍滑心，使行飞扬。此四者，天下之所养性也，然皆人累也。故曰：嗜欲者使人之气越，而好憎者使人之心劳，弗疾去，则志气日耗。"③（《精神》）不注意身形之修养，沉溺在各种声色犬马之中，所带来的是人形体血气的过度消耗，使人不得善终。故《淮南子》提出要守三关、闭四关："目妄视则淫，耳妄听则惑，口妄言则乱。夫三关者，不可不慎守也。"④（《主术》）"精泄于目则其视明，在于耳则其听聪，留于口则其言当，集于心则其虑通。故闭四关则终身无患。"⑤（《本经》）所谓三关、四关所指的正是人身上的目、耳、口、心等器官，这些器官有着各自的欲求。宋人苏辙曾说："视色听音尝味，其本皆出于性，方其有性而未有物也，至矣。及目缘五色，耳缘五音，口缘五味，夺于所缘而忘其本，则虽见而实盲，虽闻而实聋，虽尝而实爽也。"⑥ 视色、听声这些欲望，若出于人的本性，属自然诉求，是合理的，但欲望一旦脱离本性扩张，就成了戕害自身的大敌。养形的一个重要方面，就是要重视自身生命的长久健康，自觉抵制、远离那些过欲、纵欲的欢愉及享受。

目、耳、口既然生就有欲，那么依靠什么来克制、控制它们呢？《淮南子》中说："目好色，耳好声，口好味，接而说之。不知利害嗜欲也，食之不宁于体，听之不合于道，视之不便于性。三官交争，以义为制者，心

---

① 刘文典：《淮南鸿烈集解》，中华书局，1989，第679页。
② 刘文典：《淮南鸿烈集解》，中华书局，1989，第467页。
③ 刘文典：《淮南鸿烈集解》，中华书局，1989，第223页。参照王念孙注释改定。
④ 刘文典：《淮南鸿烈集解》，中华书局，1989，第270页。
⑤ 刘文典：《淮南鸿烈集解》，中华书局，1989，第260~261页。参照王念孙注释改定。
⑥ 苏辙：《道德真经注》，张继禹主编《中华道藏》第10册，华夏出版社，2004，第376页。

也。"① （《诠言》）目、耳、口三官相争，所能克制它们的便是人之心。《淮南子》中又说："是故血气者，人之华也；而五藏者，人之精也。夫血气能专于五藏而不外越，则胸腹充而嗜欲省矣。胸腹充而嗜欲省，则耳目清、听视达矣。耳目清、听视达，谓之明。五藏能属于心而无乖，则勃志胜而行不僻矣。勃志胜而行之不僻，则精神盛而气不散矣。"② （《精神》）血气是人的生命力所在，人的血气能专一运行在自身五藏之中而不向外泄散，那胸腹就会充实而嗜欲减少；胸腹充实嗜欲减少，则耳目清明而听力视觉通达，也就达到"明"之境界。想要血气不外散、五藏明，关键在于使五藏隶属于心而不乖离，故养形落实在养心之上。

（三）心之修养

"心"字在《淮南子》中出现逾 300 次，是非常重要的概念。"心者，形之主也；而神者，心之宝也。"③ （《精神》）心是形之主，同时神又是心中最宝贵之处。作为身之器官而言，心是形中一员，然而心能够思考与判断，为主体思维的器官，故又成为形之主；同时心又与神相连，彼此密不可分，神即是透过心掌控形体，形成形躯生命的动源。心成为连接形与神的核心。

"夫心者，五藏之主也，所以制使四支，流行血气，驰骋于是非之境，而出入于百事之门户者也。是故不得于心而有经天下之气，是犹无耳而欲调钟鼓，无目而欲喜文章也，亦必不胜其任矣。"④ （《原道》）心在人身之中处主位，人的五藏运作、四肢动作要靠心来驱使；而且气在人身上的运行也要靠心保障正常流转，养气也要靠养心来完成。心是人身能健康正常运行的关键，故曰："心者，身之本也。"⑤ （《泰族》）心之修养一旦做好，人身之运行也便有了主心骨，不仅能保养好身体，而且能够辨明是非、弄清事情根由，如心不得其治、不处其安，就像没有耳朵想去调钟鼓的乐音、没有眼睛想去欣赏文采一样，任何事都无法胜任，即便有经理天下的愿望

---

① 刘文典：《淮南鸿烈集解》，中华书局，1989，第 476 页。
② 刘文典：《淮南鸿烈集解》，中华书局，1989，第 222 页。
③ 刘文典：《淮南鸿烈集解》，中华书局，1989，第 226 页。
④ 刘文典：《淮南鸿烈集解》，中华书局，1989，第 35 页。
⑤ 刘文典：《淮南鸿烈集解》，中华书局，1989，第 686 页。

也不过是空想罢了。

心之所以如此重要，还在于其与性之间的关系，徐复观先生认为《淮南子》中道落实于性，性落实于心①。和心相比，性无疑具有先天性，为先天之灵，而心为后天之主；而在后天生活中，原心方能反性。性和欲的互动，也是透过心来进行的，所谓"圣人胜心，众人胜欲"②（《诠言》），就是指作为五藏之主的心可制约耳目这些器官的欲求。同时，作为形体器官之一的心，也同样会被其他器官的需求影响，也就是心依旧有着异化的可能，所以心才需养。"心无所载，通洞条达，恬漠无事，无所凝滞，虚寂以待。"③（《俶真》）去心之所载，净化人心，使人内心恬静、通达，用虚寂姿态面对万事万物，任一切事物往来而皆得其自在，以向天心境界迈进，这是修养中的关键所在。

（四）神之修养

神之重要，《淮南子》中已说明得很清楚："以神为主者，形从而利；以形为制者，神从而害"④（《原道》）。形神之中，神处主位。《淮南子》中的神，在作为名词使用时，除神明、鬼神等明确表述外，所指即精神，高诱注曰："神，精神也。"⑤精神非人才有，"精神，天之有也"⑥（《精神》），故"精与神乃人与天地万物所共有，人即凭此与天地万物相感通"⑦。比之在形体层面仍有被污染异化可能的心而言，神更为纯粹，故曰"必反诸神"⑧（《诠言》）。养神所求的已不仅仅是人不为欲、物所扰，而是突破形体之限制，与"道"相通、与天地相合之境界。人在这种境界和形态时，并没有破坏自己的形体也不被它局限；人处在时空和自己的形体之中，但在精神世界中又超越了它们。"精神盛而气不散则理，理则均，均则通，通则神，神则以视无不见，以听无不闻也，以为无不成也。是故忧

---

① 参见徐复观《两汉思想史》第 2 卷，华东师范大学出版社，2001，第 143 页。
② 刘文典：《淮南鸿烈集解》，中华书局，1989，第 474 页。
③ 刘文典：《淮南鸿烈集解》，中华书局，1989，第 71 页。
④ 刘文典：《淮南鸿烈集解》，中华书局，1989，第 41 页。
⑤ 刘文典：《淮南鸿烈集解》，中华书局，1989，第 42 页。
⑥ 刘文典：《淮南鸿烈集解》，中华书局，1989，第 218 页。
⑦ 徐复观：《两汉思想史》第 2 卷，华东师范大学出版社，2001，第 146 页。
⑧ 刘文典：《淮南鸿烈集解》，中华书局，1989，第 488 页。

患不能入也，而邪气不能袭。"①（《精神》）精神修养达到昌盛之境，能理、均、通，直至无不见、无不闻、无不成的类似神明之境，忧患、邪气自然无法侵蚀神明，乃至可以超越生死："魂魄处其宅，而精神守其根，死生无变于己，故曰至神"②（《精神》）。

"太上养神。"③（《泰族》）"太上"表明养神既是修养中的最高方法，同时确实也是最难之处，少有人能达致。《要略》在论《精神》一章要旨时便说："使人爱养其精神，抚静其魂魄，不以物易己，而坚守虚无之宅者也。"④ 通过爱养精神，达致虚无之境，与道相合，正是道家修养所求至境。"精神反于至真"⑤（《本经》），让人的精神回到至真的状态，是修养中重要同时也是需要付出极大努力之内容。"外与物接而不眩，内有以处神养气，宴炀至和，而己自乐所受乎天地者也"⑥ 是《要略》中论述的著书原因，也是修养中力求达致之目标。

四　"以恬养性，以漠处神"的修养方法

《淮南子》中规定了道德修养的目的、内容，要实现目的需要切实的践行之方，故而提出了丰富的修养方法。修养方法的总纲便是："心不忧乐，德之至也；通而不变，静之至也；嗜欲不载，虚之至也；无所好憎，平之至也；不与物散，粹之至也。"⑦（《原道》）《淮南子》围绕着德、静、虚、平、粹论述如何修养。

（一）"自得"

所谓自得，作为修养方法而言，是指一方面重视自然而得，另一方面强调是自身内在修养之得，而非外在强制制约。"所谓自得者，全其身者也。全其身，则与道为一矣。"⑧（《原道》）"自得"意味着要保全自身的

①　刘文典：《淮南鸿烈集解》，中华书局，1989，第 222 页。
②　刘文典：《淮南鸿烈集解》，中华书局，1989，第 227 页。
③　刘文典：《淮南鸿烈集解》，中华书局，1989，第 679 页。
④　刘文典：《淮南鸿烈集解》，中华书局，1989，第 703 页。
⑤　刘文典：《淮南鸿烈集解》，中华书局，1989，第 260 页。
⑥　刘文典：《淮南鸿烈集解》，中华书局，1989，第 706 页。
⑦　刘文典：《淮南鸿烈集解》，中华书局，1989，第 31 页。
⑧　刘文典：《淮南鸿烈集解》，中华书局，1989，第 36 页。

身体，而保全自身则可以说与"道"相合一，自得就其根本而言即是"得道"。想要"全身"，具体来说就是要"理情性，治心术，养以和，持以适"①（《精神》）。理顺自己的性情，修治自己的心术，用平和之气保养心性，以闲适安宁保持本性。老子曾说："得之若惊，失之若惊。"为何心中会因有得失而有惊这种情绪，因为得失的对象是外在荣辱，而以"理情性"这种恬淡寡欲的内心修养让心中安宁，自得其所、自得所安。"有以自得之也，乔木之下，空穴之中，足以适情。无以自得也，虽以天下为家，万民为臣妾，不足以养生也。"②（《原道》）能自得的话，即便外在条件再不好，也足以安自身、安性情，外在的物质条件、荣辱非誉都无法让人心起波澜，心中脱离忧乐情绪，是得之至，也是德之至。

同时，自得还应做到"柔弱"。柔弱是道家自老子始一贯提倡的修养、处世之方，《老子》中明确提出"弱者道之用"等命题，在《淮南子》中同样也认为"柔弱者，道之要也"，具体来说：

> 是故欲刚者必以柔守之，欲强者必以弱保之。积于柔则刚，积于弱则强，观其所积，以知祸福之乡。强胜不若己者，至于若己者而同；柔胜出于己者，其力不可量。故兵强则灭，木强则折，革固则裂，齿坚于舌而先之敝。是故柔弱者，生之干也；而坚强者，死之徒也。③（《原道》）

欲刚、欲强之人应以柔弱守、保之，积柔弱反而才能刚强。如果只是刚强，至多只能胜过不如己的人；而用柔弱，则能胜过强于自己之人，这种力量之大是不可衡量的。以柔弱的姿态出现，低调切入，才是达到真正强大的方法。这不仅是理论，而且有着实例的支持，即兵、木、革、齿这些社会、自然和生理现象，都证明了柔弱才是保证长生久存之法。而柔弱之道最直观而又最切近的形象莫过于水，《淮南子》中继承老子"上善若水"的说法，同样认为"天下之物，莫柔弱于水"④（《原道》），认为水有天下之至

---

① 刘文典：《淮南鸿烈集解》，中华书局，1989，第240页。
② 刘文典：《淮南鸿烈集解》，中华书局，1989，第34页。
③ 刘文典：《淮南鸿烈集解》，中华书局，1989，第24~25页。
④ 刘文典：《淮南鸿烈集解》，中华书局，1989，第27页。

德，所以应效仿水，"是故无所私而无所公，靡滥振荡，与天地鸿洞；无所左而无所右，蟠委错紾，与万物终始"①（《原道》）。

当然，柔弱之道并非不分青红皂白地一味处在柔弱状态，而是在明白了什么是真正的强之基础上的一种智慧。所谓处柔处弱，就是虽有、虽强，但是不局限于此，有而不有才不会滞于有，即《淮南子》中所说的"志弱而事强者，柔毳安静，藏于不敢，行于不能，恬然无虑，动不失时，与万物回周旋转，不为先唱，感而应之"②（《原道》）。与万物回旋周转，融合成一片，自身不处强势地位，而多想想何种行动不敢、不能。行动掌握好适宜的时机——"不失时"，主体"不为先唱，感而应之"；客体处在首位，"当客体有具体的意欲倾向时，根据这些倾向，来选择具体的应对策略"③。以己本位的心志减少，甘于柔弱，却能带来处事上的强，即"志弱而事强"，这"是在动态的境遇里的行为的特点。这是道家思想的自然发展"④。

（二）"游心于虚"

"虚"是道家一贯追求之境界，《淮南子》中同样也注重"虚"，认为"虚无者，道之所居也"⑤（《精神》），"虚无者道之舍"⑥（《俶真》）。虚无并不意味着绝对没有，《淮南子》"借着'法天顺情'将形上学之道展现为虚无转化为伦理学上得道体现之方法，以反性于初，而游心于虚也"⑦。如何能达到游心于虚？《淮南子》中说："去载则虚。"⑧（《诠言》）"去载"也就是去除人所不应担负的东西，方能达致虚，那载包括哪些内容呢？

第一，"嗜欲不载，虚之至也"⑨（《原道》）。去载首先就是要去人对欲望的嗜求。沉浸在欲望中，永不满足，人永远都负担着对于各种欲之渴望，为外物牵引，那就无法有达致虚之时。

---

① 刘文典：《淮南鸿烈集解》，中华书局，1989，第 28 页。参照王念孙注释改定。
② 刘文典：《淮南鸿烈集解》，中华书局，1989，第 24 页。
③ 许建良：《先秦道家的道德世界》，中国社会科学出版社，2006，第 238 页。
④ 许建良：《先秦道家的道德世界》，中国社会科学出版社，2006，第 417 页。
⑤ 刘文典：《淮南鸿烈集解》，中华书局，1989，第 219 页。
⑥ 刘文典：《淮南鸿烈集解》，中华书局，1989，第 61 页。
⑦ 李增：《淮南子》，东大图书出版公司，1992，第 74 页。
⑧ 刘文典：《淮南鸿烈集解》，中华书局，1989，第 467 页。
⑨ 刘文典：《淮南鸿烈集解》，中华书局，1989，第 31 页。

第二，"夫载哀者闻歌声而泣，载乐者见哭者而笑。哀可乐者，笑可哀者，载使然也。是故贵虚"① （《齐俗》）。情绪也是人之载，人皆有情，《淮南子》也认可此点，即使圣人也非断绝感情；但情绪不可过度，不可为其所累，否则就会有种种不自然、不合理之事。

第三，"机械知巧弗载于心"。《淮南子》中对机械所代表人之智巧、诈伪，持批判的态度："机械知巧弗载于心。"②（《精神》）"机械诈伪莫藏于心。"③（《本经》）因为"机械之心藏于胸中，则纯白不粹，神德不全"④（《原道》），这是对庄子思想的传承，认为人有机械就易产生种种心机妄念，本性会被污染；人掌握的技术、知识越多，反会让人欲望膨胀，以技术机巧来争斗，造成道德退化。机械工具总被认为是人进步的体现，但是如果沉溺于此，人对技术就会由欲求到依赖，最后反过来被控制，所以它所代表的非"真知"而是"假"知识，应用"弗载而虚"的方式使它不存于人心中。

《淮南子》中的虚无"在伦理学里，用于道德德性之养成上，借着'治心术、理性情'，使在心理上、精神上产生虚无之心境"⑤。故而要"廓惝而虚，清靖而无思虑"⑥（《精神》），借助"去载"的功夫，人逐步解放自身，使己虚无，"人能虚己以游于世，孰能訾之！……守其分，循其理，失之不忧，得之不喜，故成者非所为也，得者非所求也。入者有受而无取，出者有授而无予，因春而生，因秋而杀，所生者弗得，所杀者非怨，则几于道也"⑦（《诠言》）。人虚心而弱志后，守性分循天理，不以一时得失而忧喜，由于心中已虚，故一切都可淡然处之、自然行之，无论是出入还是生杀，任一切事物往来而皆得其自在，也就能不为而成、不求而得。

（三）"处静以修身"

《淮南子》认为人性本安静，故而处静守静自然是重要的修养方法。

① 刘文典：《淮南鸿烈集解》，中华书局，1989，第353页。
② 刘文典：《淮南鸿烈集解》，中华书局，1989，第227页。
③ 刘文典：《淮南鸿烈集解》，中华书局，1989，第245页。
④ 刘文典：《淮南鸿烈集解》，中华书局，1989，第14页。
⑤ 李增：《淮南子》，东大图书公司，1992，第74页。
⑥ 刘文典：《淮南鸿烈集解》，中华书局，1989，第228页。
⑦ 刘文典：《淮南鸿烈集解》，中华书局，1989，第468页。

"清静者，德之至也"① （《原道》）、"静漠恬澹，所以养性也"② （《俶真》） 等表述，已经清楚表达了 "处静以修身" 的观点，在修养方式上，《淮南子》也大体延续老庄之传统，主张 "身欲静，去声色，禁嗜欲，宁身体，安形性"③（《时则》）。值得注意的是 "通而不变，静之至也"④ （《原道》） 的提出，关于这一命题，《淮南子》中有着生动比喻：

> 故通于道者，如车轴，不运于己，而与毂致千里，转无穷之原也。不通于道者，若迷惑，告以东西南北，所居聆聆，一曲而辟，忽然不得，复迷惑也。故终身隶于人，辟若绕之见风也，无须臾之间定矣。故圣人体道反性，不化以待化，则几于免矣。⑤ （《齐俗》）

《淮南子》中多次提到 "通"，有 "通于天""通于死生" 等，但就 "至" 而言，人最终所要通的是 "道"。一旦与 "道" 通，人若车轴一般，无须有意运动，却能随车轮运转千里，行进在无穷之域中。不通 "道" 的人始终处在迷惑中，情况一变就手足无措，所以一生都像测风仪那样，见风而动，没有须臾安定，这样道德修养也就无从谈起。所以圣人体认大道，回归本性，以不变化来应对一切变化，就可免去这种不安定。"故东面而望，不见西墙；南面而视，不睹北方；唯无所向者，则无所不通。"⑥ （《泛论》） 人朝东看就望不到西边，向南而望就看不到北方，方向不断变化却总不免有所失，这里的方向所喻自是人心之方向，只有无预定之方向，才能无所不通。

不变的究竟为何？"无所向" 的指引究竟为何？"圣人一度循轨，不变其宜，不易其常。"⑦ （《原道》） 不变、不易的是 "宜" 和 "常"，不变并非指不要任何行动，而是坚定标准不动摇，从圣人 "体道反性" 中就可看出，在道德修养中，人所能把控的 "宜" 和 "常" 就是自然本性，所以

---

① 刘文典：《淮南鸿烈集解》，中华书局，1989，第29页。
② 刘文典：《淮南鸿烈集解》，中华书局，1989，第73页。
③ 刘文典：《淮南鸿烈集解》，中华书局，1989，第182页。
④ 刘文典：《淮南鸿烈集解》，中华书局，1989，第31页。
⑤ 刘文典：《淮南鸿烈集解》，中华书局，1989，第367~368页。参照王念孙注释改定。
⑥ 刘文典：《淮南鸿烈集解》，中华书局，1989，第439页。
⑦ 刘文典：《淮南鸿烈集解》，中华书局，1989，第31页。

《淮南子》也说"不易自然"。守静处静并非人凝固不动，而是人与大道相通，保持自身自然本性不变；而行动也依本性自然而为，不预定任何方向，自然也就不会有得失之迷惑。在"通"与不变的辩证关系中，才能处静守性，提升自我境界，故"通性之情者，不务性之所无以为；通命之情者，不忧命之所无奈何；通于道者，物莫足滑其和"①（《诠言》）。

（四）"相忘于道术"

"忘"是道家十分具有特色的修养方法，《庄子》中就提出过"坐忘"，《淮南子》也基本予以沿袭。《淮南子》中载孔颜对话：

> 颜回谓仲尼曰："回益矣。"仲尼曰："何谓也？"曰："回忘礼乐矣。"仲尼曰："可矣，犹未也。"异日复见，曰："回益矣。"仲尼曰："何谓也？"曰："回忘仁义矣。"仲尼曰："可矣，犹未也。"异日复见曰："回坐忘矣。"仲尼遽然曰："何谓坐忘？"颜回曰："隳支体，黜聪明，离形去知，洞于化通，是谓坐忘。"②（《道应》）

对于"忘"而言，首先要忘的便是形体，即要"忘肝胆，遗耳目，独浮游无方之外，不与物相弊挠，中徙倚无形之域而和以天倪者乎！"③（《俶真》）。"忘肝胆""遗耳目"，也就是"堕支体""离形"，这样才能让自身处在无方之地、进入无形之域，不陷入与外物的勾连牵扯中，而与天地相和。然而，仅忘形还不够，还要去知、忘知，"去"和"忘"的具体内容就是仁义礼乐这些外在于人的规范教条。

同时，《淮南子》还提出："人相忘于道术。"④（《俶真》）这与《庄子》中的"人相忘乎道术"相类，"人与'道'是相互共作的关系，忘掉'道术'，实际上是'无事而生定'的无为，也是一种'化其道'，这是外在方面必须忘的内容"⑤。外在方面虽须忘，但内在却有不忘的地方，孔颜

---

① 刘文典：《淮南鸿烈集解》，中华书局，1989，第465页。参照王念孙注释改定。
② 刘文典：《淮南鸿烈集解》，中华书局，1989，第404页。
③ 刘文典：《淮南鸿烈集解》，中华书局，1989，第51页。参照俞樾注释改定。
④ 刘文典：《淮南鸿烈集解》，中华书局，1989，第50页。
⑤ 许建良：《先秦道家的道德世界》，中国社会科学出版社，2006，第247页。

间还有这样的对话："孔子谓颜回曰：'吾服汝也忘，而汝服于我也亦忘。虽然，汝虽忘乎吾，犹有不忘者存。'孔子知其本也。"①（《齐俗》）人与人之间所存念的终将被忘记，但人却有不忘之处，不忘的正是孔子所知的"本"。"本"指"什么"？联系对话前后文字，"本"所指的正是作为"人之斗极"之性。故而忘的是外在纷扰，不忘的是自身本性，即"得其精而忘其粗，在其内而忘其外"②（《道应》）。

通过"忘"与"不忘"之修养，将达到"'大通'与大道的广袤无垠的世界，一切是非差别都将不复存在的自由自在的自主世界"③。一切是非差别都不存在，也就意味着不存在好恶之分，没有偏私，而"衡之于左右，无私轻重，故可以为平"。"忘"使人能平，"古圣王至精形于内，而好憎忘于外"④（《主术》），像圣王一样，自然应对一切，将好憎忘却在人之外，就可达"无有好憎"的"平之至"。同时，不忘本性这一人之大本、这一人内在的至高精粹，不为形体心知所扰，也就不会随物散性。同时"念虑者不得卧，止念虑，则有为其所止矣，两者俱忘，则至德纯矣"⑤（《说山》），高诱注曰："止，犹去也。强自抑去念虑，非真无念虑，则与物所止矣。"⑥人有种种念虑不得安睡，强行抑止念虑，并非真能让人无念虑，而"忘二者，则神内守，故至德纯一也"⑦。念虑与不念虑都忘，因为不念虑也是种强作有为。所以忘与不忘也不该是有意而为，而是自然而为，这样才能让德纯粹，达到"粹之至"。

《淮南子》认为人的自然本性清静，然而人的本性却容易因内外各种因素的影响而迷失或异化，人的道德修养就是为了能保证人的本性始终在正确的行进之路上，保障人的自然本性和自然真情。《淮南子》将形、气、神作为构成人的三大要素，而心则是连接形与神的枢纽，故在修养之中，形体养护和精神持养都应关注，而心与神的修养在道德修养中更为关键。在具体修养方法上，《淮南子》基本沿袭了道家特别是庄子的思想，主张在

① 刘文典：《淮南鸿烈集解》，中华书局，1989，第352页。
② 刘文典：《淮南鸿烈集解》，中华书局，1989，第396页。参照王念孙注释改定。
③ 许建良：《先秦道家的道德世界》，中国社会科学出版社，2006，第249页。
④ 刘文典：《淮南鸿烈集解》，中华书局，1989，第276页。
⑤ 刘文典：《淮南鸿烈集解》，中华书局，1989，第523~524页。
⑥ 刘文典：《淮南鸿烈集解》，中华书局，1989，第524页。
⑦ 刘文典：《淮南鸿烈集解》，中华书局，1989，第524页。

"虚""静""忘"等方面进行修炼。同时,《淮南子》中对"忘"还有这样的描述:"君子见过忘罚,故能谏;见贤忘贱,故能让;见不足忘贫,故能施。"① (《缪称》) 这些论述带有儒家积极有为之色彩,可见《淮南子》的道德修养思想在道家之外,对儒家也有所吸收。

第三节 "所谓真人者,性合于道也"之道德理想人格

《淮南子》描述的伦理思想践行之道中,修德所至的最高境界是迈进道德理想人格。《淮南子》中主要的道德理想人格是"圣人""至人""真人"。在对三者的论述中均提到了"游",池田知久认为"游"的基本含义是:"飞翔于作为假象的'万物'的世界之上,同时又沉潜于作为本体的'道'的世界之中。"② 这三种理想人格均体现出对现象世界不同程度的超越,而各自"游"的境遇及所达致的自由程度,构成了三者间的差异。

一 "法天顺情"的圣人人格

圣人在先秦便是受诸家推崇的理想人格形象,在《淮南子》中,"圣人"二字出现高达 215 次。圣人是道德上的榜样、行动的楷模,也是理想的统治者。在《淮南子》所推崇的理想人格形象中,圣人是与世、与事接触最多的一类,比之至人和真人,世俗性更强,也更体现出道家理想人格和其他诸家理想人格的融合性。在《淮南子》中,圣人并非绝对完满的形象,《泛论》曰:"自古及今,五帝三王,未有能全其行者也。故《易》曰:'小过亨,利贞。'言人莫不有过,而不欲其大也。"③ 五帝三王是公认的圣王,却也都不能保证德行无亏,但圣人之所以为圣人,正在于能正视自身问题,不断"自修则以道德",也就是"圣人无止,无以岁贤昔,日愈昨也"④ (《说山》),能不断自我修炼,以日益精进。《淮南子》中对圣人有

---

① 刘文典:《淮南鸿烈集解》,中华书局,1989,第 320 页。
② 池田知久:《道家思想的新研究——以〈庄子〉为中心》,王启发、曹峰译,中州古籍出版社,2009,第 446 页。
③ 刘文典:《淮南鸿烈集解》,中华书局,1989,第 449 页。
④ 刘文典:《淮南鸿烈集解》,中华书局,1989,第 538 页。

着生动比喻："圣人之于道，犹葵之与日也。虽不能与终始哉，其乡之诚也。"①（《说林》）圣人与大道就像向日葵和太阳一样，虽不能保证始终都能合乎道，但向道修道之心却是精诚实在的。

《淮南子》中是这样论述"圣人之游"的："圣人内修道术，而不外饰仁义，不知耳目之宜，而游于精神之和。若然者，下揲三泉，上寻九天，横廓六合，揲贯万物。"②（《俶真》）圣人是修道术而至于精神之和的人，能在天地六合、万物之中纵横捭阖，结合《淮南子》中其他对圣人的描述，可以看出，圣人有以下三个特点。

（一）法天从性

圣人所修的是"道术"，前文已具，"道"落实在人之身体现为"性"，而"天"则是沟通"道"与"人"的中间环节，故圣人十分重视"法天"与"从性"：

> 圣人法天顺情，不拘于俗，不诱于人，以天为父，以地为母，阴阳为纲，四时为纪。③（《精神》）

> 圣人损欲而从性。④（《诠言》）

"法天"和"从性"归于一点，就是要人守住自身原初的自然本性不被破坏，只有这样，方能到精神之和。圣人之所以能为圣人，在于他能够不为世俗拘束，不为他人利诱，自觉抵御可"滑和"之欲：

> 圣人不以身役物，不以欲滑和，是故其为欢不忻忻，其为悲不惙惙，万方百变，消摇而无所定，吾独慷慨，遗物而与道同出。⑤（《原道》）

---

① 刘文典：《淮南鸿烈集解》，中华书局，1989，第559页。
② 刘文典：《淮南鸿烈集解》，中华书局，1989，第60~61页。参照俞樾注释改定。
③ 刘文典：《淮南鸿烈集解》，中华书局，1989，第219页。
④ 刘文典：《淮南鸿烈集解》，中华书局，1989，第476页。参照王念孙注释改定。
⑤ 刘文典：《淮南鸿烈集解》，中华书局，1989，第34页。

> 圣人食足以接气，衣足以盖形，适情不求余，无天下不亏其性，
> 有天下不羡其和。有天下，无天下，一实也。① （《精神》）

圣人并非没有物质需求，但是只要求能够满足基本的自然需求而不去求多
余的东西，不让自身成为外物的奴隶，将物置于自身之外，而与道同行。
圣人并非无情，但是注意适度，高兴时不忘乎所以，悲伤时不愁云惨淡。
故而，即便是天下得失这样在世人眼中极大的事，对于圣人来说都没有什
么区别。

同时，圣人不仅对物质之欲小心防范，还注意不贪求名声："故圣人不
以行求名，不以智见誉。法修自然，己无所与。"② （《诠言》） 不以自身的
行为、智慧去求名求誉，一切行为只是遵循自然，而不滥施人为。概言之，
即圣人 "不以人滑天，不以欲乱情，不谋而当，不言而信，不虑而得，不
为而成，精通于灵府，与造化者为人"③ （《原道》）。圣人懂得不以人为破
坏天然，不以欲望扰乱本性，自然也就不谋划而能让事情妥当，不信誓旦
旦就能有信用，不思虑而能得心应手，不大肆作为也能将事完成，精气和
心灵相通，人与大道相伴。

（二）处下处后

圣人虽然有着比常人高的境界，乃至有着更高的社会地位，但在和他
人相处时，却主张柔弱处后：

> 圣人守清道而抱雌节，因循应变，常后而不先。柔弱以静，舒安
> 以定，攻大礒坚，莫能与之争。④ （《原道》）

> 圣人常后而不先，常应而不唱。⑤ （《诠言》）

---

① 刘文典：《淮南鸿烈集解》，中华书局，1989，第 238 页。
② 刘文典：《淮南鸿烈集解》，中华书局，1989，第 470 页。
③ 刘文典：《淮南鸿烈集解》，中华书局，1989，第 21 页。
④ 刘文典：《淮南鸿烈集解》，中华书局，1989，第 27 页。
⑤ 刘文典：《淮南鸿烈集解》，中华书局，1989，第 486 页。

圣人所抱守的是"雌"节，是柔弱之道，与人相处，注意处后而不争先，因循他人本性而变，应"和"他人而非自己先"唱"，将他人放在优先地位，根据客体的意欲需求选择适宜的应对方式，就像老子曾说的"圣人无常心，以百姓心为心"。圣人柔弱而宁静，安宁而舒逸，以柔弱处下之道来攻破巨大难关，故天下无人可以与之争。

（三）权事制宜

池田知久在论述"游"时，指出："当时代进入汉朝时，又出现了即使置身现实社会也能够'游'的主张。"① 《淮南子》主张"道""事"并举，所以圣人不仅应能修道术，还应能恰当处理各种事物，不仅游于精神之和，在世间也可游刃有余。

从圣人应入世处事的立场出发，《淮南子》批判了认为圣人无为是什么事都不做的观点：

> 且夫圣人者，不耻身之贱，而愧道之不行，不忧命之短，而忧百姓之穷。是故禹为水，以身解于阳盱之河。汤苦旱，以身祷于桑山之林。圣人忧民，如此其明也，而称以"无为"，岂不悖哉！② （《修务》）

> 由此观之，则圣人之忧劳百姓甚矣！故自天子以下，至于庶人，四肢不动，思虑不用，事治求澹者，未之闻也。③ （《修务》）

> 圣人知时之难得，务可趣也，苦身劳形，焦心怖肝，不避烦难，不违危殆。④ （《修务》）

这里的圣人有儒家的色彩，心系百姓，积极入世，乃至不顾自身身体和安全。

---

① 池田知久：《道家思想的新研究——以〈庄子〉为中心》，王启发、曹峰译，中州古籍出版社，2009，第446页。
② 刘文典：《淮南鸿烈集解》，中华书局，1989，第632~633页。参照王念孙注释改定。
③ 刘文典：《淮南鸿烈集解》，中华书局，1989，第634页。
④ 刘文典：《淮南鸿烈集解》，中华书局，1989，第653页。

有观点认为这里反对"无为"和书中其他部分提倡"无为"相矛盾，实则不然。这里所反对的"无为"是被误解的"无为"，即认为"无为"便是什么事情都不要做，不动手、不思考，这完全偏离了"无为"的本义，无论道家还是法家的"无为"，都没有什么都不做这种内涵。同时引文中所要突出的是圣人忧劳百姓的精神，《老子》中所提及的圣人同样也是"以百姓心为心"、心忧天下的，他们反对战争、反对盘剥民众，同样是有志要引导世间进入清明之境的。"圣人在位，怀道而不言，泽及万民"①（《览冥》），应当说忧劳百姓、想为民为世谋福是道儒两家圣人的共同品质，也是其责任感所在。

圣人不仅有为人之心，而且有这样的能力。圣人与一般人不同之处就在于，他能自如应对各种事宜："言无常是，行无常宜者，小人也。察于一事，通于一伎者，中人也。兼覆盖而并有之，伎能而裁使之者，圣人也"②（《缪称》）。小人言行反复自不待言，中人能明察某事理，通晓某种技能，而圣人能够兼容覆盖各种事宜，能度量人的才能后决定如何应用。这种能力的拥有，自然在于圣人有着良好的内在修养：

> 圣人内修其本，而不外饰其末，保其精神，偃其智故，漠然无为而无不为也，澹然无治也而无不治也。③（《原道》）

> 圣人将养其神，和弱其气，平夷其形，而与道沉浮俛仰，恬然则纵之，迫则用之。其纵之也若委衣，其用之也若发机。如是，则万物之化无不耦，而百事之变无不应。④（《原道》）

圣人把握住内在根本修养，安顿好人的神、气、形，就能跟随大道运转，恬静时放松如垂放衣服般轻松，急迫时运用又如弩弓般迅速，有这样的应对速度，那不管万物如何变化、世事如何变动都能泰然应对，也就可无为而无不为、无治而无不治。

内在修养毕竟还只是提供了无不为、无不应的基础和可能，实际上从

---

① 刘文典：《淮南鸿烈集解》，中华书局，1989，第196页。
② 刘文典：《淮南鸿烈集解》，中华书局，1989，第342页。参照王念孙注释改定。
③ 刘文典：《淮南鸿烈集解》，中华书局，1989，第24页。
④ 刘文典：《淮南鸿烈集解》，中华书局，1989，第42~43页。参照孙诒让注释改定。

"圣人将养其神"一段可看出，《淮南子》认识到世事状况不同，要注意因事制宜。"圣人所由曰道，所为曰事。道犹金石，一调不更；事犹琴瑟，每弦改调。"①（《泛论》）道如同金钟石磬，一旦定下调后就固定不变，属于原则、标准；而具体之事如同琴瑟，每根弦的音都可随需要调整。圣人能"论世而为之事，权事而为之谋"②（《泛论》），即研究世道变化状况，根据它来行事，权衡事情大小利弊而进行谋划。具体来说，圣人应对世事，有着自身独有的明察留意之处：

> 是故圣人者……物动而知其反，事萌而察其变，化则为之象，运则为之应，是以终身行而无所困。故事有可行而不可言者，有可言而不可行者，有易为而难成者，有难成而易败者。所谓可行而不可言者，趋舍也；可言而不可行者，伪诈也；易为而难成者，事也；难成而易败者，名也。此四策者，圣人之所独见而留意也。③（《泛论》）

事情中有的可以实行但不能用言语表达，这是取舍；有的可以用言语表达但不能去做，这是虚伪欺诈；有的容易做却难成功，这指的是事业；有的难成功而且容易被破坏，这指的是名声。对这四者，圣人仔细留意并有独特应对之策，所以圣人才能"内之寻常而不塞，布之天下而不窕"④（《人间》）。而这种对权谋的运用，也体现出法家思想对《淮南子》的影响。

二 "容身而游，适情而行"的至人人格

至人同样是《淮南子》中重要的理想人格形象，有以下两个特点。

（一）无所不通

《淮南子》中指出：

> 若夫至人，量腹而食，度形而衣，容身而游，适情而行，余天下

---

① 刘文典：《淮南鸿烈集解》，中华书局，1989，第429页。
② 刘文典：《淮南鸿烈集解》，中华书局，1989，第446页。
③ 刘文典：《淮南鸿烈集解》，中华书局，1989，第446页。
④ 刘文典：《淮南鸿烈集解》，中华书局，1989，第586页。

而不贪，委万物而不利，处大廓之宇，游无极之野，登太皇，冯太一，玩天地于掌握之中，夫岂为贫富肥臞哉！① （《精神》）

至人和圣人一样，都不追求物质上的享受，依饭量进食，据形体穿衣，注意情绪控制的适宜，不以天下为贪，不以万物为利。而比之圣人，至人不仅在精神中悠游自得，其遨游的世界更加宽广。身处在空旷无边的天宇下，遨游在无边无垠的区域中，登临上天，依凭天之形神，那天地可以说都在人的掌握中，又怎么会为世间的贫富而伤神，变得一会胖一会瘦。比之圣人，至人的超越性更强，视野更加辽阔，同时还带有一定的神秘色彩：

至人倚不拔之柱，行不关之途，禀不竭之府，学不死之师，无往而不遂，无至而不通。生不足以挂志，死不足以幽神，屈伸俯仰，抱命而婉转。祸福利害，千变万纷，孰足以患心！若此人者，抱素守精，蝉蜕蛇解，游于太清，轻举独往，忽然入冥。凤凰不能与之俪，而况斥鷃乎！势位爵禄何足以概志也！② （《精神》）

所谓"倚不拔之柱，行不关之途"，高诱注曰："倚于不可拔摇之柱，行于不可关闭之途，言无不通。"③ 因为至人依凭着不可动摇的支柱，走在不可关闭的通途上，加上受用取之不尽的宝库，以不死之人为师，所以不管往哪去都顺遂畅通。显然，至人所倚所行的自然便是"道"，"道"本义是"路"，"道"为至人所开的是一条"无所不通"的大路。能通生死，不为生烦恼，不为死伤神；能通天命，如高诱注所说"抱天命而婉转，不离违也"④，无论何种行动都不会远离天命；还能通祸福，千变万化的祸福利害都不足以让至人担心。这样的至人，抱素朴守精神，就像蝉蜕壳、蛇蜕皮一样，从世俗纷扰中解脱出来，遨游在太清天道中，飞升飘动、独来独往，恍恍惚惚中进入幽冥之境。即便凤凰这样的神鸟也无法与之比拟，更何况是斥鷃这样的小鸟；而世间的所谓爵禄名位对于"无不通"的至人而言，

① 刘文典：《淮南鸿烈集解》，中华书局，1989，第241~242页。
② 刘文典：《淮南鸿烈集解》，中华书局，1989，第234~235页。参照王念孙注释改定。
③ 刘文典：《淮南鸿烈集解》，中华书局，1989，第234页。
④ 刘文典：《淮南鸿烈集解》，中华书局，1989，第234~235页。

更是不足以动心。至人这种境界，可以说已经贯通生死、天地，自由在宇宙间翱翔。

（二）至人之治

出于"务于治"的精神，《淮南子》在论述至人时，也不免论及"至人之治"：

> 至人之治也，掩其聪明，灭其文章，依道废智，与民同出于公。约其所守，寡其所求，去其诱慕，除其嗜欲，捐其思虑。约其所守则察，寡其所求则得。①（《原道》）

> 故至人之治也，心与神处，形与性调，静而体德，动而理通，随自然之性而缘不得已之化，洞然无为而天下自和，憺然无欲而民自朴，无机祥而民不夭，不忿争而养足，兼包海内，泽及后世，不知为之者谁何。是故生无号，死无谥，实不聚而名不立，施者不德，受者不让，德交归焉而莫之充忉也。②（《本经》）

至人的治理，首先是懂得做减法，懂得掩盖小聪明，除去礼义文章，依道而行，废除一己智巧，对自己和对民众一样公正平等；同时懂得简化职守，减少要求，去除外物诱惑和内在欲求，去除过多思虑。虽然职守简、要求减，却更容易明察和满足。就至人的内在而言，心与神共处，形和性协调，静时依照德，动时合乎理。对于民众，则懂得因循他们自然本性，依照自然规律，采用无为的治理方式，无为而让天下自然和谐，无欲而使民众自然纯朴；不用向鬼神祈福，民众也不会夭亡，不相互争夺，给养也能充足。至人的德泽虽然遍及海内外、泽及后世，但是由于用无为的方式，所以民众都不知道施德的是谁，也就是《老子》曾说的"功成事遂，百姓皆谓我自然"③。至人生前不用名号，死后不用谥号，不聚财不求名，施恩者不以

---

① 刘文典：《淮南鸿烈集解》，中华书局，1989，第30~31页。参照王念孙注释改定。
② 刘文典：《淮南鸿烈集解》，中华书局，1989，第252~253页。参照王念孙注释改定。
③ 《老子》17章，王弼注，楼宇烈校释《老子道德经注校释》，中华书局，2008，第40页。

为己有德，受恩者也不故作姿态谦让，美德虽聚集于至人之身，但他却从不让它们满溢外现。比之留名后世，为人传诵的圣人，至人在境界上显然是要高出一筹。

三 "性合于道"的真人人格

真人是道家区别于其他学派的标志性人格，始于庄子。《淮南子》中所推崇的圣人身处衰世，体道逍遥的同时，仍努力济民利世；至人则一方面遨游在太清之境中，另一方面又以无为治世而不求留名；至于真人，则完全超脱于方外，进入一种极为自由之状态。

（一）真人之"游"

《淮南子》中说："圣人之所以骇天下者，真人未尝过焉。"[1]（《俶真》）真人不像圣人那样能使天下人惊动，而是处在一种更高的脱离天下世事的境界，故曰："古之真人，立于天地之本，中至优游，抱德炀和，而万物炊累焉，孰肯解构人间之事，以物烦其性命乎！"[2]（《俶真》）真人立足于天地之大本，中正平和而自由自在，怀抱至德、炙于和气，让万物自行成熟，故而他不肯介入人世中纷扰之事，也不让外物来烦扰自身的性命，所以真人的"游"是："若夫神无所掩，心无所载，通洞条达，恬漠无事，无所凝滞，虚寂以待，势利不能诱也，声色不能淫也，辩者不能说也，美者不能滥也，智者不能动也，勇者不能恐也，此真人之游也。"[3]（《俶真》）真人把握住了大本，自然精神上无遮蔽，心中没有负载，通达洞悉、明白练达，心中能达到虚寂的境地，那一切都可以包纳，任一切往来而皆得自在，在心中没有凝结停滞，那些世界的声色、辩、美、智、勇之事、之人都无法影响他，是超脱一切的自由畅游，乃至天地宇宙都成了他自由驰骋的舞台：

> 若夫真人，则动溶于至虚，而游于灭亡之野。骑蜚廉而从敦圉，

---

[1] 刘文典：《淮南鸿烈集解》，中华书局，1989，第62页。
[2] 刘文典：《淮南鸿烈集解》，中华书局，1989，第50页。参照孙诒让注释改定。
[3] 刘文典：《淮南鸿烈集解》，中华书局，1989，第71页。参照俞樾、王念孙注释改定。

驰于外方，休乎内宇，烛十日而使风雨，臣雷公，役夸父，妾宓妃，妻织女，天地之间，何足以留其志！① （《俶真》）

真人飘动在至虚的领域，遨游在无形无垠的境界，以蕙廉为坐骑，以敦圄为随从，驰骋在世俗之外，休憩于宇宙之间，乃至能让十个太阳照明，呼风唤雨，以雷公为臣子，以夸父为仆役，以织女为妻，以宓妃为妾，天地之间没有什么足以让他留恋的。这里的真人已经进入类似于仙人的超凡之境。有观点认为这体现了《淮南子》中的修仙观念，在笔者看来，这不过是沿袭了庄子思想，以灵动的想象力，营造出带虚幻色彩的氛围，其所要凸显的不是神仙生活，而是以此体现出精神自由翱翔的境界，所要论述的是"虚无者道之舍，平易者道之素"② （《俶真》） 这样的道理。

（二）"反其所生"

真人最大的特点，《淮南子》中已经说得很清楚："所谓真人者，性合于道也。"③ （《精神》） 比之向道、倚道、行道的圣人和至人，真人直接便将自身本性与道相合，人便是道的化身，《淮南子》中用一段长文字来描述真人的状态：

> 故有而若无，实而若虚，处其一不知其二，治其内不识其外，明白太素，无为复朴，体本抱神，以游于天地之樊，芒然仿佯于尘垢之外，而消摇于无事之业。浩浩荡荡乎，机械之巧弗载于心。是故死生亦大矣，而不为变。虽天地覆育，亦不与之抮抱矣。审乎无瑕，而不与物糅；见事之乱，而能守其宗。若然者，忘肝胆，遗耳目，心志专于内，通达耦于一，居不知所为，行不知所之，浑然而往，逯然而来，形若槁木，心若死灰，忘其五藏，损其形骸。不学而知，不视而见，不为而成，不治而辩。感而应，迫而动，不得已而往，如光之耀，如景之效，以道为绌，有待而然。抱其太清之本而无所容与，而物无能营，廓惝而虚，清靖而无思虑。④ （《精神》）

---

① 刘文典：《淮南鸿烈集解》，中华书局，1989，第61页。参照王念孙注释改定。
② 刘文典：《淮南鸿烈集解》，中华书局，1989，第61页。
③ 刘文典：《淮南鸿烈集解》，中华书局，1989，第227页。
④ 刘文典：《淮南鸿烈集解》，中华书局，1989，第227页。参照王念孙、王绍兰注释改定。

这里对真人状态有着细致描写，真人的关键在于"处其一不知其二，治其内不识其外"，也就是"心志专于内，通达耦于一"，专心于内在精神、心性的修养、修炼，其他外在的诱惑、影响都被摈除，也没有这方面的念头，所以说"故闭四关则终身无患，百节莫苑，莫死莫生，莫虚莫盈，是谓真人"①（《本经》）。真人忘记了五藏，减少了形体要求，达到"无身"，"形若槁木，心若死灰"，清静而无思虑。更重要的是，真人能处在一种"一"的状态，"人生于无，形于有，有形而制于物。能反其所生，若未有形，谓之真人。真人者，未始分于太一者也"②（《诠言》）。人的生之源在"无"，然人有形，故"无"要落实于"有"，一旦有形就有欲，不免为物所制。而真人的高明之处就在于能够返回到生命本源，回到未有形之处。这种返是精神中的返，"未有形"也不是没有形体，而是前文所说的"无身"，真人所处的是庄子曾说过的"道未始有分"的太一状态，也就是未散为器的"朴"的状态。一旦处在太一状态，那一切对立、矛盾、差别都消失，宇宙间一切对于真人来说都是平等的，换句话说，也都是不值得留恋、牵挂的。所以《淮南子》中用大段想象性的瑰丽文字刻画出真人的这种状态：

> 大泽焚而不能热，河、汉涸而不能寒也，大雷毁山而不能惊也，大风晦日而不能伤也。是故视珍宝珠玉犹砾石也，视至尊穷宠犹行客也，视毛嫱、西施犹俱魄也。以死生为一化，以万物为一方，同精于太清之本，而游于忽区之旁。有精而不使，有神而不行，契大浑之朴，而立至清之中。是故其寝不梦，其智不萌，其魄不抑，其魂不腾。反覆终始，不知其端绪，甘暝于太宵之宅，而觉视于昭昭之宇，休息于无委曲之隅，而游敖于无形埒之野。居而无容，处而无所，其动无形，其静无体，存而若亡，生而若死，出入无间，役使鬼神，沦于不测，入于无间，以不同形相嬗也，终始若环，莫得其伦。此精神之所以能登假于道也。③（《精神》）

---

① 刘文典：《淮南鸿烈集解》，中华书局，1989，第261页。
② 刘文典：《淮南鸿烈集解》，中华书局，1989，第463页。
③ 刘文典：《淮南鸿烈集解》，中华书局，1989，第228~230页。参照王引之、刘文典注释改定。

因为真人之精神处在未分的太一状态，所以对他而言，珠宝和石子没有区别，尊贵之人犹若路边行人，西施那样的美人和土偶是一样的；更进一步说，生与死视为一体，万物被视作同一类。真人精神同和于天道而遨游在恍惚无边的区域中，他不浊己之精、不劳己之神，与不散之朴即"道"融合在一起，立于至高的清虚之中。"真人在精神上是彻底超脱的。他们对于身体的关注根本地源于对生命本质的追寻……因此，当'真人'进入到精神之'游'的状态时，其生命意识实际上已转化为一种内在的生命信仰。"①高诱注曰："一者，道也。"② 真人通于"道"，随"道"的运行而化，所以无始无终，无形貌、无居所，动无痕、静无迹，存亡、死生、出入这些差别都被抹去，生命已经脱离了现世中时间和空间的局限。引文中"无"的反复使用，所要凸显的正是真人没有限制、没有规定性；同时又能像"道"一样在不同形体之物中显现，以任何规定性为规定性。世人以生为起点，以死亡为终点，而真人由于一直处在生命循环中，能像圆环那样没有起点与终点，生生不息，其中的精妙道理是常人无法把握的。至于大泽之焚、大雷毁山等不能热、不能惊，能够役使鬼神，进入不测、无间这些常人无法进入的区域的描写，不免带有神话色彩，当是受阴阳家思想的一定影响。总体而言，《淮南子》对真人的推崇，主要还是对通过精神解放而获得自由的生命状态的向往。

《淮南子》主要的理想人格中，至人与真人是对庄子思想的继承，强调对个体生命自由状态的刻画。圣人的境界不及至人和真人，但却是出现及描述最多的形象。"反"是《淮南子》中所坚持的精神，然而身处的世道及面临的世事又让《淮南子》意识到"反"之不易："十人养之，一人拔之，则必无余蘖，又况与一国同伐之哉？"③（《俶真》）在群体的努力中，只要有一人拖后腿都难有成果出现，何况面临的是整个社会、国家世风不济的状况。个人难以离开社会，超越社会的影响，所以《淮南子》放弃了一味对"道"的坚持，而主张道事并举，在这种前提和目的下，给予了儒家、法家思想合理性，并加以吸收；全社会"反"回原初之时已成遥远的目标，

① 高旭：《论〈淮南子〉之"游"》，《江汉大学学报》（人文科学版）2012年第4期。
② 刘文典：《淮南鸿烈集解》，中华书局，1989，第227页。
③ 刘文典：《淮南鸿烈集解》，中华书局，1989，第74页。参照王念孙注释改定。

较为理想而又可行的是先"救败"即挽救世道的颓败。故而"圣人"的形象在《淮南子》中具有多元性：一方面，"圣人"在自身修养时，强调道家化的法天从性，在人己关系上也是柔弱处下；但另一方面，"圣人"进入社会中，作为管理社会、治理国家的统治者时，又不可避免地带上了儒家及法家圣人的特点，进取有为，用仁义乃至法令来治理国家。

在《淮南子》三种主要理想人格中，圣人形象较多元化，既重视个人自然因素，也注重社会因素，而这种形象也合乎刘安富于道家思想修养的诸侯王的地位和状况。《淮南子》虽无奈地认为"反"对整个"世"而言是个遥远理想，但对个人精神修养而言，却仍是心之向往，所以在圣人之上，《淮南子》依旧没有忘记给摆脱、超越世俗影响，专心于内在生命本质回归、精神自由之探求的至人、真人地位。至人虽无法脱离治，但比之圣人已是远离许多；直至真人，终于实现"反"之理想，回到原初未始有分的太一状态。如果在道德范畴和教化中主要体现的是"道"向"事"的落实或者说落下，是"与世浮沉"的一面；那以修养达致的理想人格的序列，体现在人的精神中——即便是在少数人的精神中——向"道"的回升，是"与化游息"的一面，这一落一升间的思想张力，是《淮南子》的纠结、困惑所在，也是它的思索与探求所在。

《淮南子》强调"善言归乎可行"，肯定道德哲学必须回到生活世界和社会实践中，所以在道德实践的层面上做了大量设计。道德教化主要围绕的是"因"的原则，主张教化应当依照人的不同本性采用多种方法，对"学"的重要性的强调，更凸显出教化虽外在于人，但主客体的相互配合却至关重要。在道德修养上，以"保真"为核心，兼顾神与形之修养，在沿袭道家修养思想的同时，对儒家观念也有所吸收。理想人格则既是教化与修养的目标及取得效果的具象，又寄托了《淮南子》追求自由超越境界的愿望。

第六章 《淮南子》伦理思想的理论特色与现代启示

《淮南子》伦理思想以道家思想为主轴，兼收并蓄各家思想，形成了自身理论体系，这一体系致力于将形上理论与现实践履相结合，追求思想的实用性。在实用指向下，《淮南子》注重多管齐下，构建包含个人、社会、国家的道德行动系统，在不同领域中给各种思想发挥作用的空间。因循则被作为最重要的实践方法，而其中主动性因子的加强，也体现了《淮南子》伦理思想的突破创新。居安思危的意识则让《淮南子》保持反思精神及长远预见性。《淮南子》伦理思想虽历经千年，但如果我们能吸收其合理因子并加以科学利用，就能发现不少值得借鉴之处，这对化解当前面临的道德危机大有裨益。

第一节 《淮南子》伦理思想的理论特色

《淮南子》是一部承前启后的集大成之作，其伦理思想既有对先秦各家道德哲学因子的继承，又有自身的发展与突破，形成别具一格之特色。

一 道事结合的实用指向

"道"是《淮南子》中的最本原所在，《淮南子》对"道"有许多本体论上的思考，金春峰先生认为这足够证明"汉人或汉代哲学同样有很高的哲学抽象思维能力"[①]，但作刘氏之书以"务于治"的目标，使得"道"不能仅停留在抽象的形上世界中，还要落实在现实世界中，与现实中的事发生联系，将"道"与"事"结合，以恒常不变之道指引千变万化之事，对

---

① 金春峰：《从〈淮南子〉看中国哲学思想及其特点》，《淮南师范学院学报》2008年第4期。

"道"的关注更多地指向现实问题的解决，重人事而务实用①。

（一）《淮南子》中的"用"

《淮南子》中"用"字出现 300 多次，表明其对思想在实际中之用的重视，用的对象涉及物、人、言等，其中有以下方面是值得关注的。

第一，"假弗用而能以成其用"。

《淮南子》重视"用"，但书中却数次提倡"弗用"或者"不用"，当然这并不是对"用"的否定，而是对庄子"无用之用"思想的继承：

> 鼎镬日用而不足贵，周鼎不爨而不可贱，物固有以不用而为有用者。地平则水不流，重钧则衡不倾，物之尤必有所感，物固有以不用为大用者。②（《说山》）

平时煮食物的小鼎，虽然每天都在使用，但不显得珍贵，相反，周王室的大鼎，并不能用来煮饭做菜，却被人重视，视作宝鼎。所以事物中本来就存在以不用来成就其有用的状况。事物用与不用的关系就好像地势平、重量均一样，是均等的，从这一方面看没有用，然而从另一方面看却有着大用，无用的这一面也许恰是为了大用才存在的。周鼎无法用于日常饮食，而正是因为这种远离日常所用的"无用"，才凸显出其作为国家象征的大用。无用还是有用取决于其对主体的功效或价值，周鼎虽贵重，但在平民手中，恐怕也就只能被视为无用，而在统治者手中，则能作为政权象征、国之宝器，主客体间的不同组合造就了不同之用。同时，"用"不一定要以

---

① 许建良教授曾提出，法家的知识系统里注重"实用"，并以此为道德目标设计；而在本质层面，功用思想的渊源在道家。（许建良：《实用：法家道德的目标设计论》，《思想战线》2010 年第 5 期。）《淮南子》对实用的重视无疑是在道家立场之上，对法家思想有所借鉴。《淮南子》相关研究中对此部分内容关注不多，雷建坤对"事"这一概念做了论述，但认为其主要从臣与君如何相来进行分析，是为无为而治做历史经验论证。（雷健坤：《综合与重构——〈淮南子〉与中国传统文化》，开明出版社，2000，第 129 页。）韩国学者金容燮对道事观也有所关注，但主要是解释各家思想融合的问题，对道事结合问题的观察视野有所局限，且未对其中包含的实用指向做分析。（金容燮：《〈淮南子〉思想的基本逻辑》，《经济与社会发展》2005 年第 2 期。）

② 刘文典：《淮南鸿烈集解》，中华书局，1989，第 551 页。参照王引之注释改定。

外在标准来认定，《淮南子》强调的是"各用之于其所适，施之于其所宜"①（《齐俗》），"用"是靠万物在各自所适所宜地位上体现出来的，万物的价值"只能在是否得到合于自身本性规律的发展中才能完成印证"②，万物在本性轨道上运动，在自身系统中都是有用的。

同时，"弗用"还有不滥用之意，《淮南子》曰："弗用而后能用之，弗为而后能为之。精神劳则越，耳目淫则竭。故有道之主，灭想去意，清虚以待，不代之言，不夺之事，循名责实，使有司，任而弗诏，责而弗教，以不知为道，以奈何为宝。"③（《主术》）"弗用而后能用之"和"弗为而后能为之"即无为而无不为的精神是一样的，人自身的生理、心理组织都有各自功用，但同时也有一定的使用限度，如果不知节制、一味滥用，反而在需要的时候无法发挥功效，对于统治者而言最容易如此。所以《淮南子》主张，统治者不用过度使用自身精力，甚至应当要努力去除自身的想法意念，以清虚之心来面对世间状况和民众需要。统治者不要想着代替具体事务的负责人员去发言、做事，把握住名实一致原则，让各个职位上的人履行好自身职分，不要过度干涉、越俎代庖，以"不知""奈何"为最佳状态。这样的话，虽然表面上看，统治者没有施用什么，却能够有大用，因为他将他人、将万物的功用都加以激活、凝聚。《淮南子》中还把钳且、大丙的御马之法作为生动的例子：

> 若夫钳且、大丙之御，除辔舍衔，去鞭弃策，车莫动而自举，马莫使而自走也，日行月动，星耀而玄运，电奔而鬼腾，进退屈伸，不见朕垠，故不招指，不咄叱，过归雁于碣石，轶鶤鸡于姑余，骋若飞，鹜若绝，纵矢蹑风，追猋归忽，朝发榑桑，入日落棠，此假弗用而能以成其用者也。非虑思之察，手爪之巧也，嗜欲形于胸中，而精神喻于六马，此以弗御御之者也。④（《览冥》）

---

① 刘文典：《淮南鸿烈集解》，中华书局，1989，第348页。
② 许建良：《道家"无用之用"的思想及其生态伦理价值》，《哲学研究》2007年第11期。
③ 刘文典：《淮南鸿烈集解》，中华书局，1989，第301页。参照王念孙注释改定。
④ 刘文典：《淮南鸿烈集解》，中华书局，1989，第204~205页。参照王念孙、陈观楼、刘文典注释改定。

钳且、大丙对马的驾驭不用辔衔，不用鞭策，然而马及车却能自行自走，而且速度飞快。但钳且、大丙之所以能有如此高的御马技术，不在于他们在马身上施用有多么多；相反，他们并没有将过多思虑或者是精巧的驾驭工具加诸马身，也不贪求要将马用到什么程度、得到何种利益，而是尊重所驾驭的马的自然本性，让它们按本性奔驰而不加过度约束，在精神上和马相通相感，看上去似乎没有用马、御马，却能实现用和御。这无疑是对世人过度强调万物对人自身的有用性，不惜破坏物的本性，缺乏长远目光的观念及做法的很好纠正。

第二，"上言者，下用也；下言者，上用也"。

"道"在现实中的落实、运用面对的是形形色色的人和千变万化的状况，有时不免也要有权衡变通，关于此点，《淮南子》引《周书》中的话说明："《周书》有言曰：'上言者，下用也；下言者，上用也。上言者，常也；下言者，权也。'此存亡之术也，唯圣人为能知权。"①（《泛论》）处上位的人用的是下言，而处下位的人用的则是上言。所谓上言和下言，即"常"和"权"，即不变之原则和权变。权变不是所有在上位的统治者都可用的，只有圣人才可以。后文还举出了尾生、弦高、黄衰微等人"信反为过，诞反为功""失礼而有大功"②的例子，表明有时不能死守道德原则，而要懂得变通，才能有良好效果，这显然是一种后果论的观点。为什么要权，因为"事有所至"③（《人间》），也就是具体事件是由具体情况决定的，有时为了应对不同状况、不同时势下的事件，以达到良好效果，不免要对道德践履形式做一时变通，所以"圣人论事之曲直，与之屈伸偃仰，无常仪表，时屈时伸。弱柔如蒲苇，非摄夺也；刚强猛毅，志厉青云，非夸矜也，以乘时应变也"④（《泛论》）。圣人或刚或柔，时屈时伸，这不同

---

① 刘文典：《淮南鸿烈集解》，中华书局，1989，第442页。
② 《淮南子·泛论》："直躬其父攘羊而子证之，尾生与妇人期而死之。直而证父，信而溺死，虽有直信，孰能贵之！夫三军矫命，过之大者也。秦穆公兴兵袭郑，过周而东。郑贾人弦高将西贩牛，道遇秦师于周、郑之间，乃矫郑伯之命，犒以十二牛，宾秦师而却之，以存郑国。故事有所至，信反为过，诞反为功。何谓失礼而有大功？昔楚恭王战于阴陵，潘尫、养由基、黄衰微、公孙丙相与篡之。恭王惧而失体，黄衰微举足蹈其体，恭王乃觉。怒其失礼，奋体而起，四大夫载而行。"刘文典：《淮南鸿烈集解》，中华书局，1989，第442~443页。
③ 刘文典：《淮南鸿烈集解》，中华书局，1989，第619页。
④ 刘文典：《淮南鸿烈集解》，中华书局，1989，第443~444页。参照王念孙注释改定。

态度是应对不同状况所做出的调整。"溺则捽父，祝则名君，势不得不然也。此权之所设也。"①（《泛论》）捽父、名君这种做法不合通常的礼仪规范，但之所以要权变，是因为时势所造成的不得不如此的境况。

世间的事不免要受时代和情势的影响，故而"权"也就成为不得已的选择，这就是为何《淮南子》中要强调"道"与"事"相结合。不过《淮南子》中对"权"的态度还是很谨慎，提出"权者，圣人之所独见也"②（《泛论》）。这当然是为了凸显出圣人的卓尔不群之处，而视"权"为圣人所独有，并非对众人的不公或者轻视，因为"权"是很需智慧、难以把握的。它是在不背离基本道德原则的基础上所做的适当变通，其程度、方式都需把握得当，否则的话"权"就变成了背离、偏离"常"的借口。"权"毕竟只是一时之计，"常"代表的原则规律才是长时间持续的，所以《淮南子》才主张多数人用"常"即可。即便是"权"，最终指向也不能偏离"常"。以弦高之事为例，他以谎言来保住郑国，此为"权"，然而《淮南子》在肯定他的同时，也表明"弦高诞而存郑，诞不可以为常"③（《说山》），这种状况不能成为常态，而且借弦高之口说："诞而得赏，则郑国之信废矣。为国而无信，是俗败也，赏一人而败国俗，仁者弗为也。以不信得厚赏，义者弗为也。"④（《人间》）权宜之计虽有一时实用之效，但就长远而言，还是坚守道德原则的功用更大，要让"信"等道德原则成为国家的风气习俗。如果因为赏一人一时之权变，而破坏了全国长久的道德风气，不是仁义之人所为。故而，在如何用世上，《淮南子》既主张要"论世而为之事，权事而为之谋"⑤（《泛论》），又要求坚持基本的道德精神、原则不能动摇。

（二）"道"与"事"的结合

《淮南子》相信依"道"而行是最为理想的状态与行动之方，然而面临世俗中种种复杂而迫切的状况，理想方法有时无法立刻取得效果，故要进

---

① 刘文典：《淮南鸿烈集解》，中华书局，1989，第444页。
② 刘文典：《淮南鸿烈集解》，中华书局，1989，第444页。
③ 刘文典：《淮南鸿烈集解》，中华书局，1989，第531页。
④ 刘文典：《淮南鸿烈集解》，中华书局，1989，第607~608页。
⑤ 刘文典：《淮南鸿烈集解》，中华书局，1989，第446页。

行权变，采用更现实实用的办法，也就使得《淮南子》要吸收不同思想，以求及时解决问题。《淮南子》以道德为主轴，对其他概念进行包容与改造，依道而行依旧是最重要的原则与最终解决办法，故而书中注重"道""事"两者相结合。《淮南子》对"道"与"事"的结合，贯穿于其对"事""理""制"的论述中。

1. 《淮南子》中之"事"

《淮南子》中强调"道""事"结合，这里所说的"事"泛指现实中的状况。虽然二者应结合，但《淮南子》首先强调人要"省事"，提出"功不厌约，事不厌省"①（《泰族》）。人要省事特别是省无谓之事，有许多事生于人妄动成心、欲念，因此才造就世事纷繁，统治者更要避免生事、多事，否则既会给臣下和民众带来不必要的负担，也会增加自身治理的难度。"上多事则下多态"②（《主术》）、"位高者事不可以烦"③（《泰族》），说的都是这样的道理。事的出现应当是"事犹自然，莫出于己"④（《主术》），是自然而然产生。"通洞条达，恬漠无事"⑤（《俶真》）当然最为理想，但现实中往往有不少不自然之事，这也就有了强调"道""事"结合的必要。

"道"和"事"在《淮南子》中被认为应当要结合，而两者是何种关系呢？"圣人所由曰道，所为曰事。道犹金石，一调不更；事犹琴瑟，每弦改调。"⑥（《泛论》）"道"是人所由，即行动的源头、依据；而事则是行动的目标指向。"道"是无法更改的，而事则是时常变化的。从事的根源上看，"百事之根，皆出一门"⑦（《原道》），这个一门所指的无疑就是"道"。虽然"事"的根源均是"道"，但与不变的"道"不同，"事"是会变化的，"世已变矣，而守其故，譬犹越人之射也"⑧（《说山》），不能用一成不变的方法来应对它。事自然要顺应"道"，不过"举事而顺于道者，

① 刘文典：《淮南鸿烈集解》，中华书局，1989，第677页。
② 刘文典：《淮南鸿烈集解》，中华书局，1989，第272页。
③ 刘文典：《淮南鸿烈集解》，中华书局，1989，第677页。
④ 刘文典：《淮南鸿烈集解》，中华书局，1989，第270页。
⑤ 刘文典：《淮南鸿烈集解》，中华书局，1989，第71页。
⑥ 刘文典：《淮南鸿烈集解》，中华书局，1989，第429页。
⑦ 刘文典：《淮南鸿烈集解》，中华书局，1989，第30页。
⑧ 刘文典：《淮南鸿烈集解》，中华书局，1989，第525页。

非道之所为也，道之所施也"① （《俶真》），"道"并不会直接对"事"做什么，而是给人以指引、影响，让人们用"道"的精神来面对复杂之"事"。"事或欲以利之，适足以害之；或欲害之，乃反以利之"② （《人间》）、"事或为之，适足以败之；或备之，适足以致之"③ （《人间》），事变化无常，也许利害互换，也许成败相易，所以需要"道"做引导。如何以"一"之"道"来应对"众"之"事"，《淮南子》提出向上要"循理而举事"，向下则要"权事而立制"，"理"和制度在"事"的处理中至关重要。

2.《淮南子》中之"理"

《淮南子》中"理"出现数十次，作为名词的"理"有天理、物理、地理、人理、事理等。对"理"虽没有直接定义，但其和"道"紧密相连，仅"道理"一词就出现9次。在先秦典籍中，将"道""理"相连的主要有《黄帝四经》及《韩非子》。《黄帝四经》中说："物各［合于道者］，谓之理。理之所在，谓之［顺］。物有不合于道者，谓之失理。"④ 物事与"道"保持一致，才是理。而《韩非子》云："理者，成物之文也。"⑤ "万物各异理。"⑥ "道者，万物之所然也，万理之所稽也。"⑦《淮南子》中继承了这些思想，"理"可以说是"道"与"人"间的中介，是事物所得于"道"，使万事万物之所以为此事此物的属性、理则，就好像每块玉石均有其独特的可供琢磨的纹理一样。

正因万事万物均有着各自之"理"，故而在处事中就要循"理"。"圣人举事也，岂能拂道理之数，诡自然之性，以曲为直，以屈为伸哉？"⑧ （《主术》） 事的应对处理，是不能违背理之定数的，否则便是对事物本性的戕害。"圣人之从事也，殊体而合于理"⑨ （《修务》），像圣人那样，虽然各种事件的状况和处理方式不同，但在合于"理"的这点上却是一致的。"功

① 刘文典：《淮南鸿烈集解》，中华书局，1989，第 55 页。
② 刘文典：《淮南鸿烈集解》，中华书局，1989，第 591 页。
③ 刘文典：《淮南鸿烈集解》，中华书局，1989，第 617 页。
④ 陈鼓应注译《黄帝四经今注今译——马王堆汉墓出土帛书》，商务印书馆，2007，第 422 页。
⑤ 《韩非子·解老》，陈奇猷：《韩非子新校注》，上海古籍出版社，2000，第 411 页。
⑥ 《韩非子·解老》，陈奇猷：《韩非子新校注》，上海古籍出版社，2000，第 411 页。
⑦ 《韩非子·解老》，陈奇猷：《韩非子新校注》，上海古籍出版社，2000，第 411 页。
⑧ 刘文典：《淮南鸿烈集解》，中华书局，1989，第 285 页。
⑨ 刘文典：《淮南鸿烈集解》，中华书局，1989，第 635 页。

名遂成，天也；循理受顺，人也。"① （《缪称》） 功名能否成就，有时不免要看上天是否有这样的机遇，但对人来说，所能做到的就是循理行事。"国有亡主，而世无废道；人有困穷，而理无不通。"② （《主术》） 人的能力总有穷困之时，总想以自身的意念才能出发去应对世事，终究不免走入困境，而能把握事情之理，在处理事件时则无不通畅。"国之所以存者，道德也；家之所以亡者，理塞也。"③ （《泛论》） "理"塞则家亡，所以 "动静循理" 非常关键。"理" 既有具体面对事件事物之理；也有一些作为普遍原则规律之理，比如 "不为始，不专己，循天之理"④ （《诠言》），这里所循的是天的运行之理。同时人在群类、社会中，也有着人之理，在事务处理，特别是在治理中要能 "当于世事，得于人理"⑤ （《泛论》），所以 《淮南子》 说此书 "上考之天，下揆之地，中通诸理"⑥ （《要略》），帮助人通晓各种 "理"，如此方能 "百事之变无不应"。然而不论何种 "理"，都要合乎 "道"。"人莫得自恣，则道胜；道胜而理达矣，故反于无为。"⑦ （《主术》） "道" 占据主导地位，事理才能通达，而要 "道胜"，人就不可任意，而应当无为。此处将循理和无为相连接，正表明循理所体现和追求的是道家之精神。

3. 《淮南子》之 "制"

"理" 是事物的自有本质和规律，是其天生就具有的规则，"事" 的处置需循 "理" 而行。然而 "理" 毕竟还是处于抽象层面，对于社会中的常人而言不易把握，前文所述许多循理之事只有圣人方能做到，故而 《淮南子》 强调 "通古今之事，权事而立制"⑧ （《要略》），贯通古今之事，找寻其中的规律，根据规律和对世界的权衡考量订立制度规则，再依据相应制度规则来治理具体的社会事务。所以说 "清净恬愉，人之性也；仪表规矩，事之制也。知人之性，其自养不勃；知事之制，其举错不惑"⑨ （《人

---

① 刘文典：《淮南鸿烈集解》，中华书局，1989，第330页。
② 刘文典：《淮南鸿烈集解》，中华书局，1989，第277页。
③ 刘文典：《淮南鸿烈集解》，中华书局，1989，第439页。
④ 刘文典：《淮南鸿烈集解》，中华书局，1989，第470页。
⑤ 刘文典：《淮南鸿烈集解》，中华书局，1989，第429页。
⑥ 刘文典：《淮南鸿烈集解》，中华书局，1989，第700页。
⑦ 刘文典：《淮南鸿烈集解》，中华书局，1989，第295页。
⑧ 刘文典：《淮南鸿烈集解》，中华书局，1989，第711页。
⑨ 刘文典：《淮南鸿烈集解》，中华书局，1989，第586页。

间》）。人性的自养是自身的道德修养，而对事之制度的把握，则是人在社会中行动合宜合度的保证，制度给人们的行动提供了客观的依据和标准。《淮南子》中也说："所谓人事者，庆赏信而刑罚必，动静时，举错疾。"①（《兵略》）依据制度，赏罚分明，言必信、令必行，这样才可保证动静合时宜，举措快速有效。伦理规范、刑法规章都是制的体现。"凡人之举事，莫不先以其知规虑揣度，而后敢以定谋，其或利或害，此愚智之所以异也。"②（《人间》）人们在做事之时，明智的人便会揣摩事的规矩尺度，然后根据其中的利害关系来确定自身的想法行为，有了明白的"制"才能使人们对行为决策有较清晰的依据，让相应行为不偏离正当轨道而前行。

从道家的角度来看，制度的订立有可能会成为对人的限制，所以"事"之"制"的订立，不是从订立者自身出发的，而是"事来而制，物至而应"③（《诠言》），依据在客体而不在主体。而且制度的视野不能囿于人的视角。"制度阴阳，大制有六度：天为绳，地为准，春为规，夏为衡，秋为矩，冬为权"，天地阴阳四时为制度提供了参考和依据，而"绳者，所以绳万物也。准者，所以准万物也。规者，所以员万物也。衡者，所以平万物也。矩者，所以方万物也。权者，所以权万物也"④（《时则》）。《淮南子》中主张的制度规则是以万物为对象，秉持着万物视野的，要尊重因循万物本性。"清净恬愉，人之性也；仪表规矩，事之制也。知人之性，其自养不勃；知事之制，其举措不惑。"⑤（《人间》）将人之性和事之制并列，也是强调制度和人性应当相协调。"矩不正，不可以为方；规不正，不可以为员；身者，事之规矩也。"⑥（《诠言》）自身本性是事件天然的规矩所在。制度作为人行动的指引和约束，要尊重各人的本性，依个人能力，规定角色和相应的责任，使"有一形者处一位，有一能者服一事。力胜其任，则举之者不重也；能称其事，则为之者不难也"⑦（《主术》）。有了合理的制度，事情的处理就不会只是依靠某个人或某一些人，而能让众人在适宜位

① 刘文典：《淮南鸿烈集解》，中华书局，1989，第510页。
② 刘文典：《淮南鸿烈集解》，中华书局，1989，第587页。
③ 刘文典：《淮南鸿烈集解》，中华书局，1989，第478页。
④ 刘文典：《淮南鸿烈集解》，中华书局，1989，第188页。
⑤ 刘文典：《淮南鸿烈集解》，中华书局，1989，第586页。
⑥ 刘文典：《淮南鸿烈集解》，中华书局，1989，第466页。
⑦ 刘文典：《淮南鸿烈集解》，中华书局，1989，第285~286页。

置上发挥功用，故曰："任一人之力者，则乌获不足恃；乘众人之制者，则天下不足有也。"①（《主术》）

综上所述，《淮南子》虽以"道"为本，但同时也重视"理"在世事中的实用性，言"道"以立宗，言"事"以成用。在事件的应对上，既强调要循理，又以制度规定来加以保障。这既是《淮南子》努力与创见之所在，也是其思想中被认为存在矛盾的原因。

二 身、世、国结合的系统性

《淮南子》是一部包容广大的著作，"夫道论至深，故多为之辞以抒其情；万物至众，故博为之说以通其意"②（《要略》），正因"道"的理论极其深奥，所以要多加论述；同时也是因为事物数量极多，所以才要以广泛的论说来会通其间的意蕴，这就不难明白为何《淮南子》将"天地之理""人间之事""帝王之道"都包纳其中，意图给人一个全方位的行动指引。其伦理思想中同样凸显这一特点，《淮南子》建构了一个涉及身、世（社会）、国的立体系统，在以道家思想为主轴，以道家理想人格、理想社会为终极目标的前提下，又基于"务于治"的需求，将儒、法道德思想因子吸纳进社会交往、国家治理中，故而我们看到《淮南子》在社会人伦关系上求"义"，在国家治理上将"法"作为普遍客观的标准规范。如果说道德历史变迁的论述是在时间上为各家思想提供存在依据的话，系统性则是在空间上给各种思想发挥作用的天地③。

---

① 刘文典：《淮南鸿烈集解》，中华书局，1989，第 284 页。
② 刘文典：《淮南鸿烈集解》，中华书局，1989，第 707 页。
③ 《淮南子》是包容广大，力求统摄各方面的著作，台湾学者李增从论述道、儒、法三家思想如何融合角度出发，认为《淮南子》中将道家思想定位于个人品德修养，儒家思想用于社会伦理之上，法家思想则用在政府治理上。（参见李增《淮南子》，东大图书公司，1992，第 159～163 页。）韩国学者金容燮也赞同这一观点。（金容燮：《〈淮南子〉思想的基本逻辑》，《经济与社会发展》2005 年第 2 期。）应该说，《淮南子》对身、世、国三方面的包容，给了各家思想施展的空间，在伦理思想中也是如此，李增先生的观点无疑富于见地，对本书也有启示。但三家思想又不能和三方面简单相对应，作为三个不同领域中的遵守标准，那这样《淮南子》中道家就只有三分之一的内容，主轴地位没有体现出来。实际上，《淮南子》在人际交往中强调对个人本性的尊重包容、在国家治理中强调无为，无论仁义还是法都要在因循人性人情基础上运行，表明道家精神是渗透在各个领域中，起统摄作用，在各领域中吸收其他诸家思想进行施用。

（一）"身者，国之本也"——治身与治国之关系

> 楚庄王问詹何曰："治国奈何？"对曰："何明于治身，而不明于治国？"楚王曰："寡人得立宗庙社稷，愿学所以守之。"詹何对曰："臣未尝闻身治而国乱者也，未尝闻身乱而国治者也。故本在于身，不敢对以末。"楚王曰："善。"故老子曰："修之身，其德乃真也。"①（《道应》）

在庄王和詹何的对话中，已经说明了治身与治国的统一性：君主自身道德修养好，也就自然能够使得整个国家安定有序。身国一体，以自身修养作为整个国家安定有序的基础，所以说："故心者，身之本也；身者，国之本也。"②（《泰族》）前文在讨论《淮南子》的德法观时已论述统治者之德在治理中起到的重要作用。"能成霸王者，必得胜者也；能胜敌者，必强者也；能强者，必用人力者也；能用人力者，必得人心也；能得人心者，必自得者也；能自得者，必柔弱也。"③（《诠言》）这一论述也表明，统治者自身柔弱之德的养成，最终可达"霸王之业"。除此之外，《淮南子》还列出了四种能使治国之道通畅的治身方式：

> 原天命，治心术，理好憎，适情性，则治道通矣。原天命则不惑祸福，治心术则不妄喜怒，理好憎则不贪无用，适情性则欲不过节。不惑祸福则动静循理，不妄喜怒则赏罚不阿，不贪无用则不以欲害性，欲不过节则养性知足。凡此四者，弗求于外，弗假于人，反己而得矣。④（《诠言》）

原天命—不惑祸福—动静循理，治心术—不妄喜怒—赏罚不阿，理好憎—不贪无用—不以欲害性，适情性—欲不过节—养性知足，这样的进程反映

---

① 刘文典：《淮南鸿烈集解》，中华书局，1989，第390~391页。参照王念孙注释改定。
② 刘文典：《淮南鸿烈集解》，中华书局，1989，第686页。
③ 刘文典：《淮南鸿烈集解》，中华书局，1989，第467页。
④ 刘文典：《淮南鸿烈集解》，中华书局，1989，第466页。参照王念孙注释改定。

出修身是如何一步步和治国连接，并影响治国的。所以《淮南子》才会说："君人之道，处静以修身，俭约以率下。"① （《主术》）治身修身的完成，确实能够有效地保障国家治理行进在正确轨道之上。但《淮南子》中和治国相联系的治身的主体，都是统治者，而且是圣明的统治者，比如"故能以众不胜成大胜者，唯圣人能之"② （《诠言》），只有他们的治身才能在治国中发挥如此大的功效，这种高境界唯有圣人能及，前文在讨论德法观时已经论述了《淮南子》中对贤王、贤臣在治理中作用的重视。如果仅是如此，《淮南子》不过是延续了圣王史观、贤人政治的观点而已，然而《淮南子》中对个人道德境界、个人能力并没有过度拔高，而是看到一人之德之力存在局限。"天下不可以智为也，不可以慧识也，不可以事治也，不可以仁附也，不可以强胜也。五者，皆人才也，德不盛，不能成一焉。德立则五无殆，五见则德无位矣。故得道则愚者有余，失道则智者不足。"③ （《诠言》）这里的"德"所指并非个人道德，而是作为"道"之体现之"德"，"道"才是根本，治身与治国相通不假，却不可将一己道德作用过度拔高，所以《淮南子》才提出"治在道，不在圣"，体现出它的敏锐性及与老子思想的一脉相承。

统治者及辅助他的管理者的良好道德品质，对国家治理是很有帮助的，"身弗能治，奈天下何！故自养得其节，则养民得其心矣"④ （《泰族》），所说即这一道理。然而，要身国同治，又非要有大能耐的圣贤不可，"夫欲治之主不世出，而可与治之臣不万一，以不万一求不世出，此所以千岁不一会也"⑤ （《泰族》）。圣君不是每个时代都能出现的，贤臣也是万中无一，而圣君要加上贤臣，更是千年难得一遇。所以身国同治是对统治者的要求、制约、指引，但不一定易于实现。实际上，身与国毕竟是不同对象，治身面对的是一，而治国面临的是多，且这多之中还是各种不同道德水准与要求之人混杂在一起；个人道德修养之法即便再高，在国家道德秩序维护上，也需借助其他之术。

① 刘文典：《淮南鸿烈集解》，中华书局，1989，第 289 页。
② 刘文典：《淮南鸿烈集解》，中华书局，1989，第 467 页。
③ 刘文典：《淮南鸿烈集解》，中华书局，1989，第 466 页。
④ 刘文典：《淮南鸿烈集解》，中华书局，1989，第 686 页。
⑤ 刘文典：《淮南鸿烈集解》，中华书局，1989，第 679~680 页。参照俞樾、王念孙注释改定。

> 治身，太上养神，其次养形；治国，太上养化，其次正法。神清
> 志平，百节皆宁，养性之本也；肥肌肤，充肠腹，供嗜欲，养生之末
> 也。民交让争处卑，委利争受寡，力事争就劳，日化上迁善而不知其
> 所以然，此治之本也。利赏而劝善，畏刑而不为非，法令正于上而百
> 姓服于下，此治之末也。上世养本而下世事末，此太平之所以不起
> 也。① （《泰族》）

这段话中论述了治理的本末问题，养化是民自然向善，是治理的根本，也
是最好方法，法则不足。但值得注意的是，前文所引"夫欲治之主不世出"
一段正是紧接此段之后。实际上，治身的太上之境靠一己努力也许可至，
但治国的太上境界显然要复杂与困难得多。"正法"是治国中的次要境界，
是治理之方中的末等，但终究还可为治，能劝人善，能让人不为非，让百
姓服从上令，保障社会中基本的道德要求的践履和道德秩序的维护，无法
马上到太平盛世却也不会堕入邪世。法治之能成功也需人民主动而积极地
守法，认为法是合于义，而守法也是合于义，不义是可耻，因而不守法也
是可耻者，建立人民的道德人格，主动守法即是合乎道德②。这就可以理解
在国家这一维度上，《淮南子》伦理思想为何引入法与道德结合，使之成为
道德的客观标准，由于法是"以道统之"的，所以也是"治在道"的体现。
当然，统治者自身的道德模范作用依旧不能抹杀，故而《淮南子》中说：
"孔子曰：'其身正，不令而行；其身不正，虽令不从。'故禁胜于身，则令
行于民矣。"③ （《主术》）将自身道德修养和适宜之术、之制结合，道家、
法家相结合，这是《淮南子》实用精神的体现。

（二）"风俗可美"——良好社会风俗的营造

在治身和治国的联系中，《淮南子》更多关注的似乎还是统治者，但对
民众其实也并非没有道德要求。"民无廉耻，不可治也；非修礼义，廉耻不
立。民不知礼义，法弗能正也"④ （《泰族》），即便是以法来维持道德秩

---

① 刘文典：《淮南鸿烈集解》，中华书局，1989，第 679 页。参照王念孙注释改定。
② 李增：《淮南子》，东大图书公司，1992，第 155 页。
③ 刘文典：《淮南鸿烈集解》，中华书局，1989，第 297 页。
④ 刘文典：《淮南鸿烈集解》，中华书局，1989，第 681 页。

序，同样也要人有廉耻之心。廉耻需要修礼。和上层人士自小系统学习礼，过着养尊处优的生活不同，民众过着世俗的社会生活，礼及其他的道德往往是在其中养成的，尤其是经历过沉淀的风俗，影响尤甚。"人之性无邪，久湛于俗则易"①（《齐俗》），人性会受俗之影响，这就像白布久在染缸中必然会染上颜色一样，所以要营造出良好的社会风俗，才能为人的道德生长创造良好的氛围。就《淮南子》所处时代而言，统一的王朝统治下，包含着不同地域、不同族群的风俗，"别尊卑，异贵贱"，意在作人共同仪式规范之"礼"与俗之间关系应如何，无疑是难题。同时，"中国人提倡礼治，正是要政府无能，而多把责任寄放在社会。因此想把风俗来代替了法律，把教育来代替了治权，把师长来代替了官吏，把情感来代替了权益"②。礼俗和国家治理也息息相关。作为处于身与国间的世俗社会，其道德状况成就、道德氛围形成，有赖于礼与俗之间的合理互动。

1. "夫礼者，所以别尊卑，异贵贱"的礼论

《淮南子》中说："所谓礼义者，五帝三王之法籍风俗，一世之迹也。"③（《齐俗》）礼可以说就是五帝三王时的风俗，各适其所处时代。可以说礼与俗之间是相通的，礼是总结提炼后，变为仪式与规范之俗。"礼者，体情制文者也"④（《齐俗》）、"夫礼者，所以别尊卑，异贵贱"⑤（《齐俗》），礼一方面是体察人内在情感而制定出的仪式，另一方面又是用以划定社会之中的尊卑贵贱等级秩序的。对礼而言，以下几点尤为重要：

首先，礼要因时、依环境而变。古之礼制虽好，却已是一世之陈迹，不可食古不化。"夫殷变夏，周变殷，春秋变周，三代之礼不同，何古之从！"⑥（《泛论》）三代的礼各不相同，然而都是适宜当时状况，是值得认可的，《泛论》中就列举出三代在丧葬、祭祀、礼乐上的种种不同，证明礼不应当僵化凝固，仅以一时一代的条文为准则，而要随时代进化演变，所以说："五帝异道而德覆天下，三王殊事而名施后世。此皆因时变而制礼乐

① 刘文典：《淮南鸿烈集解》，中华书局，1989，第 352 页。
② 钱穆：《湖上闲思录》，生活·读书·新知三联书店，2000，第 50 页。
③ 刘文典：《淮南鸿烈集解》，中华书局，1989，第 359 页。
④ 刘文典：《淮南鸿烈集解》，中华书局，1989，第 357 页。
⑤ 刘文典：《淮南鸿烈集解》，中华书局，1989，第 343 页。
⑥ 刘文典：《淮南鸿烈集解》，中华书局，1989，第 431 页。

者。"①（《泛论》）异道、殊事背后，是德覆盖天下、名流传后世的结果，表明因循时代变化而定制礼乐多么重要。同时礼还要将原则性与灵活性相结合。"舜不告而娶，非礼也。立子以长，文王舍伯邑考而用武王，非制也。礼三十而娶，文王十五而生武王，非法也。"②（《泛论》）舜与文王的故事人们耳熟能详，如果从礼的条文来衡量的话，都是不合礼法的，然而这是根据当时境遇所做的合理变通，同样无损他们圣王贤君之名。"明主制礼义而为衣，分节行而为带。衣足以覆形，从典坟，虚循挠，便身体，适行步，不务于奇丽之容，隅眦之削。带足以结纽收衿，束牢连固，不亟于为文句疏矩之鞵。故制礼义，行至德，而不拘于儒墨。"③（《齐俗》）制礼义、分节行就好像为人制作衣服、衣带一样，重要的是适应人的生活需求、方便人们使用，关键是要能发挥应当有的功能，至于外在形式的绮丽与否，是否严格合乎某些条文语句，不应当过于拘泥。

其次，礼还应当适度。"礼者，实之文也。"④（《齐俗》）礼的根源是人的真情实感，文饰及表现形式都应建立在此之上，而"礼不过实，仁不溢恩也，治世之道也。夫三年之丧，是强人所不及也，而以伪辅情也。三月之服。是绝哀而迫切之性也。夫儒、墨不原人情之终始，而务以行相反之制，五缞之服。悲哀抱于情，葬薶称于养，不强人之所不能为，不绝人之所能已，度量不失于适，诽誉无所由生"⑤（《齐俗》）。像儒家主张的三年之丧时间虽长，却与人的自然之情相背离，强迫人做不能之事，那礼节形式背后只能是虚伪的情感。儒、墨之礼的毛病在于不注意以人的感情活动变化为度，而制定违背人情的制度。礼仪的制定要适宜、恰如其分，不强迫人做无法完成的事，也不打断人难以停止的事。

最后，礼要出自人之真情。无论是礼要因时因环境而变还是礼要适度，所强调的都是礼的形式不能脱离礼之本，礼之本是什么，就是人之真情。"故古之为金石管弦者，所以宣乐也；兵革斧钺者，所以饰怒也；觞酌俎

①　刘文典：《淮南鸿烈集解》，中华书局，1989，第 425 页。
②　刘文典：《淮南鸿烈集解》，中华书局，1989，第 424 页。
③　刘文典：《淮南鸿烈集解》，中华书局，1989，第 358 页。参照洪颐煊、孙诒让注释改定。
④　刘文典：《淮南鸿烈集解》，中华书局，1989，第 356 页。
⑤　刘文典：《淮南鸿烈集解》，中华书局，1989，第 356 页。

豆，酬酢之礼，所以效喜也；衰绖菅屦，辟踊哭泣，所以谕哀也。"①（《主术》）礼所要表达的正是人之内心情感，人是礼之根本，而非礼是人之根本。《淮南子》中批判儒墨思想正是搞错根本，不是礼去顺应人，而要求人去服从礼。礼出自情，才能让它充分发挥调节人情、避免逾越应有限度的作用。"礼者所以救淫也"②（《本经》），也就是保证阴阳之情在正当轨道上运行。

概言之，《淮南子》认为礼的最重要原则即是要适宜，即便是"先王之制，不宜则废之"③（《泛论》），这里的宜不是君王之宜，而是天下众人的人情、人性之宜，是合乎人世境况之宜。故而"圣人制礼乐，而不制于礼乐"④（《泛论》），这正是对礼应有的态度。

2."时移则俗易"的俗论

在《淮南子》看来，俗是外在于人的，不同时代、不同地域均有着不同的风俗：

> 原人之性，芜秽而不得清明者，物或堁之也。羌、氐、僰、翟，婴儿生皆同声，及其长也，虽重象狄騠，不能通其言，教俗殊也。今三月婴儿，生而徙国，则不能知其故俗。由此观之，衣服礼俗者，非人之性也，所受于外也。⑤（《齐俗》）

从这段中可以看出：一者，俗是后天产生的，非人性中所带有，所以婴儿出生时声音都相同，至于成人后语言不同，则是后天之俗的教育不同的结果。同时，由于人自出生后就在各种风俗中生活，所以人在何种俗中成长对其日后有直接影响。二者，从俗的内容来看，既有服饰、语言这种生活上的风俗，也有礼俗这种关涉到人际关系、道德风气之俗。

如果从俗对人产生作用的时间来看，俗是后天的；而从俗的绵延时间来看，人自出生起，必然要浸淫在一贯绵延而下的俗中，俗对人而言又是先

---

① 刘文典：《淮南鸿烈集解》，中华书局，1989，第 306~307 页。参照王念孙注释改定。
② 刘文典：《淮南鸿烈集解》，中华书局，1989，第 250 页。
③ 刘文典：《淮南鸿烈集解》，中华书局，1989，第 426 页。
④ 刘文典：《淮南鸿烈集解》，中华书局，1989，第 426 页。
⑤ 刘文典：《淮南鸿烈集解》，中华书局，1989，第 352 页。

天的。俗包含的内容众多，带有道德因子、关涉伦理秩序之俗，和礼有着密切联系，礼与俗的区别在于人工所制定或自然形成，"只有按照这些教化的观念、意识，用'礼'的形式去规范某种风俗时，方才成为'礼俗'"①。

对于俗，《淮南子》提出的原则已经很清楚体现在第十一章的标题——《齐俗》上。所谓"齐"者，"各用之于其所适，施之于其所宜，即万物一齐"②（《齐俗》），"齐"所要求的是各有所适、各有所宜，可以说是不齐之齐。"故胡人弹骨，越人契臂，中国歃血也。所由各异，其于信，一也。三苗髽首，羌人括领，中国冠笄，越人劗鬋，其于服，一也。帝颛顼之法，妇人不辟男子于路者，拂之于四达之衢。今之国都，男女切倚，肩摩于道，其于俗，一也。故四夷之礼不同，皆尊其主而爱其亲，敬其兄；獫狁之俗相反，皆慈其子而严其上。"③（《齐俗》）所谓"不齐"，在于俗的表现形式并不是千篇一律的，比如为了表示诚信，胡人、越人、中原人在形式上所用的是各自适宜的方式；而所谓"齐"或者说"一"，在于不同的形式背后的指向是相同齐一的，是对尊主、爱亲，敬兄、慈子、严上这些伦理关系的维护，从其根源来看，都是所处之地的人之情，是人之性分及位分，最终而言都是"为一道"，都是"道"的体现。

在"齐"的精神下，《淮南子》的主张为："入其国者从其俗，入其家者避其讳，不犯禁而入，不忤逆而进，虽之夷狄徒倮之国，结轨乎远方之外，而无所困矣。"④（《齐俗》）在礼仪习惯上应当要存异从俗，即便是大禹这样的圣王，到裸之国，同样也是"解衣而入，衣带而出"，因顺当地之俗。不仅风俗如此，礼俗也应当这样："故鲁国服儒者之礼，行孔子之术。地削名卑，不能亲近来远。越王勾践劗发文身，无皮弁搢笏之服，拘罢拒折之容，然而胜夫差于五湖，南面而霸天下，泗上十二诸侯皆率九夷以朝。胡、貉、匈奴之国，纵体拖发，箕倨反言，而国不亡者，未必无礼也。楚庄王裾衣博袍，令行乎天下，遂霸诸侯。晋文君大布之衣，牂羊之裘，韦以带剑，威立于海内。岂必邹、鲁之礼之谓礼乎！"⑤（《齐俗》）不是只有

---

① 王贵民：《中国礼俗史》，文津出版社，1993，第5页。
② 刘文典：《淮南鸿烈集解》，中华书局，1989，第348页。
③ 刘文典：《淮南鸿烈集解》，中华书局，1989，第355页。
④ 刘文典：《淮南鸿烈集解》，中华书局，1989，第356页。
⑤ 刘文典：《淮南鸿烈集解》，中华书局，1989，第355~356页。

鲁国之礼才是正宗，勾践、楚庄王、晋文公的着装也许不合作为正统的邹、鲁之礼的规定，然而却能成就王霸之业。他们并非无礼，而是将礼与所处之地的俗相结合。这些例子也就表明，求同存异是面对俗时应有的态度，所谓齐一不是要有固定规格与标准，而是各种俗都能在适宜位置上发挥作用。

3. "礼与俗化"与"移风易俗"——礼和俗的相互作用与融合

梁漱溟先生说："伦理秩序初非一朝而诞生。它是一种礼俗，它是一种脱离宗教与封建，而自然形成于社会的礼俗。"① 《淮南子》认为，上层人士可以直接依照礼或各种知识来教化向善；而对于社会中占绝大多数的一般民众而言，不是仅靠统治者制定出各种礼仪，然后强制性推广就能取得效果的。"治民之道，非圣人在上，立一标准与规范，强使者（着）百姓遵循依从之。而是要因其民俗。"② 所谓"行齐于俗，可随也；事周于能，易为也"③（《齐俗》），社会秩序的营造不能背离世之俗。前文已具，社会中大多数人需要道德教化来提升道德水准，礼的引导对于伦理秩序的形成是必要的，但"凡有待于人之自勉者，都只能以风教礼俗出之。……礼俗却正是期望人以道德；道德而通俗化，亦即成了礼俗"④。一定要注意礼和俗相融合，所谓"礼俗"，可以说是礼的普及化和社会化的表现。礼要因民性民情而定，同时要注意因时而变，而俗的变化恰好是民心民情及时代变化最自然最灵敏的体现之一，所以礼俗融合具有必然性，而"'礼俗'以'风俗'为基础，却有异于并反作用于'风俗'，'礼俗'使'风俗'条理化、统一化，也带来了凝固性和保守性"⑤。因而，礼随俗而变化就显得尤为重要，"故圣人法与时变，礼与俗化……法度制令各因其宜"⑥（《泛论》）、"今世之法籍与时变，礼义与俗易"⑦（《泛论》）。在礼俗中要以俗为基础，因俗而制礼，礼不可僵化，"礼乐相诡，服制相反，然而皆不失亲疏之恩，

---

① 梁漱溟：《中国文化要义》，上海人民出版社，2011，第114页。
② 龚鹏程：《汉代思潮》，商务印书馆，2005，第51页。
③ 刘文典：《淮南鸿烈集解》，中华书局，1989，第347页。
④ 梁漱溟：《中国文化要义》，上海人民出版社，2011，第116页。
⑤ 王贵民：《中国礼俗史》，文津出版社，1993，第6页。
⑥ 刘文典：《淮南鸿烈集解》，中华书局，1989，第427页。
⑦ 刘文典：《淮南鸿烈集解》，中华书局，1989，第432页。

上下之伦"①（《齐俗》），把握住了维护伦理秩序这样一个中心精神之后，在具体形式上完全可以依据不同时不同地的风俗来进行灵活变化。

俗虽是民间自发形成的，但这种"自"并不意味着所有俗都是自然淳朴的。随着世道人心变动，同样会有恶俗出现，而恶俗又会使浸染在其中的人进一步堕落。在这时，礼就不可制于俗，而要对俗发挥导向功能，即要移风易俗，以礼来净化社会风气，以提高个体修养和整个社会的道德水准。礼的世俗化正是要让礼渗透到人们生活中，让全社会在潜移默化中接受，从而推动社会淳朴民风的教化进程。

为了保证移风易俗不会成为礼法条文对人的禁锢，《淮南子》以"体道反性"为原则，以合乎本真自然为价值取向："其性非异也，通之与不通也。风俗犹此也。诚决其善志，防其邪心，启其善道，塞其奸路，与同出一道，则民性可善，风俗可美也。所以贵扁鹊者，非贵其随病而调药，贵其撅息脉血，知病之所从生也。所以贵圣人者，非贵随罪而鉴刑也，贵其知乱之所由起也。若不修其风俗，而纵之淫辟，乃随之以刑，绳之以法，法虽残贼天下，弗能禁也。禹以夏王，桀以夏亡；汤以殷王，纣以殷亡。非法度不存也，纪纲不张，风俗坏也。"②（《泰族》）移风易俗不是要扭曲改变人性，而是要去除歪路，让人的自然发展之路畅通。民性善与风俗美是相辅相成的，美化风俗、创造良好的社会道德氛围，可以从源头上扭转人性异化，而非等到人性破坏后再以法度刑罚来做事后治理，这正是营造良好社会道德风俗最重要的功能。同时在美俗中还要注重可行性，不可将标准拔得过高，"行不可逮者，不可以为国俗"③（《齐俗》）。礼与俗结合的本意即为了在社会中营造出适宜的伦理秩序，维持稳定的伦理关系。所以能否在与俗化和移风俗的互动中，定出合乎道、合乎事、合乎人性的礼俗标准，不仅是是否尊重民众意愿的表现，也是衡量治理者、教化者水准的关键。"夫圣人之举事也，可以移风易俗，而教顺可施后世，非独以适身之行也。"④（《道应》）圣人之所以为圣人，就在于他的言行不是只想到自身，而是顾及社会中的移风易俗，考虑到对后世的影响。

① 刘文典：《淮南鸿烈集解》，中华书局，1989，第358页。
② 刘文典：《淮南鸿烈集解》，中华书局，1989，第680~681页。参照王念孙注释改定。
③ 刘文典：《淮南鸿烈集解》，中华书局，1989，第369页。
④ 刘文典：《淮南鸿烈集解》，中华书局，1989，第388页。参照王念孙注释改定。

从前面论述可看出，《淮南子》继承了身国同治、内圣外王的思想传统，但它同时也认为圣的作用范围及出现频率是受限制的，不主张将圣的作用绝对化，而主张要有国家的制度、法规加以辅助。同时还要特别注重社会中良好道德风俗的营造，这需要依靠礼与俗的互动来实现，尤为强调对俗的尊重及包容，这是《淮南子》伦理思想中的闪光之处。

（三） 系统性的范例——德福矛盾的处理

德福关系是道德哲学中的永恒话题，中国思想史上的各家学说对这一问题都有自己的观点和见解。《淮南子》对德福问题特别是如何克服德福矛盾问题的思考融汇诸家，从不同层级、角度上做出回应，力图建立能较为完善地解决德福矛盾的思想系统。

1. 德福关系的理想与现实

在第四章第五节对祸福观的论述中，已经表明《淮南子》认为乐或福更多应是精神性的。"乐亡乎富贵，而在于德和。"[1]（《原道》）真正的幸福快乐在于得"和"。"和"以何得来？"圣人无忧，和以德也。"[2]（《要略》）"和"的获得是由于"德"，德与福因此联系起来，表明在《淮南子》思想中，福的获得离不开德。

在德福相联系基础上，《淮南子》认为德福间的理想状况是有德者应且必有福，如"君子致其道而福禄归焉。夫有阴德者必有阳报，有阴行者必有昭名"[3]（《人间》），君子修道行德必能得到福禄，暗中积德、行善的人必能得到好报偿、好名声。这有许多事例可证明，像禹、契、后稷治理水患、教化民众、教民农事，是大善行，所以不仅他们是君王，后代也皆为王。《淮南子》有很强的崇古思想，故而不断举出古人例子，表明德福一致不仅是信念，而且在历史上曾实现过。最终得出的结论是"树黍者不获稷，树怨者无报德"[4]（《人间》），种黍的人不会收获稷，行恶的人必定得不到好还报，德福是相一致、相对应的。同时，《淮南子》指出："圣人为

① 刘文典：《淮南鸿烈集解》，中华书局，1989，第 33 页。
② 刘文典：《淮南鸿烈集解》，中华书局，1989，第 706 页。
③ 刘文典：《淮南鸿烈集解》，中华书局，1989，第 596 页。
④ 刘文典：《淮南鸿烈集解》，中华书局，1989，第 597 页。

善，非以求名而名从之，名不与利期而利归之。"①（《缪称》）福是行德之后自然而来的，德才是首位的。"使舜趋天下之利，而忘修己之道，身犹弗能保，何尺地之有！"②（《诠言》），"汤之地方七十里而王者，修德也"③（《兵略》），舜、汤之所以为王，正在于他们修养道德，如果无德自身都难保，更不用说得福。

虽然德福一致是人们普遍存有的理念，也是曾实现过的理想状况，但理想和现实却存在矛盾。现实中"君子为善不能使福必来，不为非而不能使祸无至"④（《诠言》），品德高尚的人坚持行善，却不一定能得福，不为非作歹却不一定能免祸，幸福和道德不对应，德福并不和谐。"终身为善，非天不行；终身为不善，非天不亡。故善否，我也；祸福，非我也。"⑤（《缪称》）为善与否取决于人自身，但是得福还是祸则是无法把握的，只能指望恩赐而得福，所以《淮南子》感叹："君子能为善，而不能必其得福；不忍为非，而未能必免其祸。"⑥（《缪称》）

为何德福一致会变为德福矛盾，前文对祸福观的讨论中已经提过，在于"天"和"命"，以及作为它们的突出体现的"时"与"世"。德福能否对应和社会境况息息相关，乱世之时，并非没有德高之人，但就算品德高尚，也无力对抗世道。从"天"和"命"的角度看，似乎德福间的矛盾靠人力无法克服，但"天"和"命"的体现是人遭逢乱世，而不是乱世本身。乱世的出现并非不可避免，它产生的原因是人"嗜欲连于物，聪明诱于外，而性命失其得"⑦（《俶真》），人们沉溺于物欲中，迷失本性，放弃了道德，使自身和整个社会发生异化。社会的堕落是人祸，同样也有靠人力避免、扭转的机会。"汤、武之累行积善，可及也；其遭桀、纣之世，天授也。"⑧（《齐俗》）汤、武能为王，恰好是桀、纣之世提供了机会，这与比干的事例形成对比，表明"天"和"命"中仍有着人可利用、改变的因素，

① 刘文典：《淮南鸿烈集解》，中华书局，1989，第326页。
② 刘文典：《淮南鸿烈集解》，中华书局，1989，第469页。
③ 刘文典：《淮南鸿烈集解》，中华书局，1989，第500页。
④ 刘文典：《淮南鸿烈集解》，中华书局，1989，第487页。
⑤ 刘文典：《淮南鸿烈集解》，中华书局，1989，第333页。
⑥ 刘文典：《淮南鸿烈集解》，中华书局，1989，第333页。
⑦ 刘文典：《淮南鸿烈集解》，中华书局，1989，第65页。
⑧ 刘文典：《淮南鸿烈集解》，中华书局，1989，第371页。

从而为德福不一致矛盾的化解创造了可能的空间。

2.《淮南子》化解德福矛盾的思想系统

德福一致及德福矛盾中的福，代表的更多是人的现实境遇，德福关系要解决的是道德和现实间的关系，如果德与福二分，意味着道德无法在现实中实现自身，只停留在自我世界中，那它的作用也就消失了，故而德福关系是必须面对的问题。德福不一致的状况若长期存在，就很难让大众保持对道德的信心，践行道德的要求，所以需要对德福关系做出解读，对德福矛盾提出解决方案。《淮南子》德福思想最大特点在于融汇道儒法诸家精华，针对人们不同的道德水准和追求，从不同层面提出观点及方法，既有基本准则，也有崇高境界，形成一个系统整体，其中最主要的是三个层次或说三个阶段：行德为福、有德即福、修德忘福。

（1）行德为福

德福矛盾的重要原因在于"时""世"的影响，要化解矛盾就要预防或扭转混乱的世道，在传统礼乐作用不再的情况下，法无疑是有效的手段，《淮南子》中的法不是严刑峻法，而是"将先秦之法改良后加以道德化，法与道德结合作为整个社会全体人员共同遵守的客观标准规范"①。法之所以能施行，就在于"夫民之好善乐正，不待禁诛而自中法度者，万无一也"，所以该"下必行之令，从之者利，逆之者凶，日阴未移，而海内莫不被绳矣"②（《主术》）。《淮南子》吸收了法家观点，认为人多趋利避凶，多数民众很难仅出于对道德的爱好敬重而主动行德，行德与否取决于是否能得福，这里的福主要指得利免害。依照这一观点，圣明的君主面对德福不和谐状况，应以法令规定行善有福、为恶被惩，人为地将德福相联系，靠法来保障有德的人能有福，这样民众便会为了得福而遵规行德。所要达到的理想结果是"民知诛赏之来，皆在于身也"③（《主术》），人们知道福（赏）祸（诛）的获得，在于自身是否遵守道德规范，只要合乎规范要求，就能获得相应赏赐，这样就依靠法的力量在其作用范围内实现了德福对应。这也是人们在处理德福关系时的基本准则及要求，可以保证人们行动不逾矩。

① 李增：《淮南子》，东大图书公司，1992，第139页。
② 刘文典：《淮南鸿烈集解》，中华书局，1989，第304页。
③ 刘文典：《淮南鸿烈集解》，中华书局，1989，第282页。

靠法来保证行德有福，其立足点在于人们行德是为福的，意图通过外在手段来克服德福矛盾、导人向善，合理有效的法制规范是改变世道、实现社会至善所不可少的。但同时，以法规定也可能会变为强制或利诱，使人们修德行德并非真正出于内心，其自觉性、持续性成疑。道德行为应出自真情真心，只将道德作为求福工具，可能会使人做出伪善举动，到头来导致祸患。况且法再详细总有疏漏，如果行善只是为了得到赏赐，就可能会出现没有规定能得到奖赏的道德行为就没人去做的状况，德福一致只存在于法度规定范围中，仍可能是偶然的、片面的，所以《淮南子》才认为"利赏而劝善，畏刑而不为非"只是"治之末"。

（2）有德即福

依靠法规保障能创造较好的道德氛围，但以利导人行善，则可能导致道德的基础性地位被颠覆，因而德福矛盾的克服更需人们在社会生活中秉持道德责任感，不断努力。既然道德和物质幸福间的和谐一时不能达致，那化解矛盾的方法就是改变对福的体认，将福的概念逐渐精神化，认为精神幸福比物质幸福更值得拥有，将道德和精神幸福相联系，"这种转化固然有其深刻社会分裂背景，但却是人类道德生活中的一大飞跃，它以特殊的方式揭示了道德生活的实质：灵魂的升华，思想的净化"①。"攸好德"是五福之一，有良好品德也是福，顺着这一思路，《淮南子》认为人只要持之以恒修养道德，就拥有幸福，物质境遇不会影响这种幸福，德福间的不和谐也就被克服了。这一理念源于儒家，强调道德的纯粹性，提倡在道德世界中自强不息，以有德为最大幸福。"君子时则进，得之以义，何幸之有！不时则退，让之以义，何不幸之有！"②（《缪称》）德与得是统一的。人们的道德觉悟提升到一定境界时，能认识到幸福不仅在于物质条件如何，坚持修德行德，即使物质境遇不佳，也能有很强的幸福感，其内容在于"超越感性的欲求，以'谋道不谋食'（《论语·卫灵公》）为原则，不断追求理想的境界，在理性的升华中，达到精神的满足和愉悦"③。这种幸福是道德幸福，其在层次性、持久性上高于物质幸福，所以说有德即福。

① 高兆明：《存在与自由：伦理学引论》，南京师范大学出版社，2004，第274页。
② 刘文典：《淮南鸿烈集解》，中华书局，1989，第334页。
③ 杨国荣：《伦理与存在——道德哲学研究》，华东师范大学出版社，2009，第274页。

正因有了这样的观念，所以"知己者不怨人，知命者不怨天"① （《缪称》）。有德之人面对现实生活中的不如意，不怨天尤人，坚守道德，由于德即福，所以福祸取决于自身。《淮南子》甚至认为："天下，大利也，比之身则小；身之重也，比之义则轻；义，所全也。《诗》曰：'恺悌君子，求福不回。'言以信义为准绳也。"② （《泰族》） 在君子眼中，唯有义和道德才是最大的利、最大的幸福，其重要性超过了生活境遇，超过了得天下，也超过了自然生命，信义才是衡量利、福的标准。"如果人们做符合德性之事，便可获得社会舆论的赞赏和自我良心的肯定，从而使人有理直气壮感，有神圣的气象，这实际上就是德性给人带来的精神性的幸福。从这个意义上看，德就是福，当然也就意味着德与福是一致的。"③ 有德即福观念注重的是道德努力，是对道德的责任，以行德的精神满足作为幸福，又以这种愉悦和满足感推动人继续践履道德，行德不断，有福不止。

（3）修德忘福

"有德即福"通过对道德幸福的强调，将德福统一起来，但生活境遇里的德福矛盾毕竟不能无视，刚性的道德努力不一定能立马解决这种矛盾，人还需柔性的人生智慧来安身立命。在《淮南子》中，最高的德并非仁义。《淮南子》认为"道者，物之所导也；德者，性之所扶也"，即"人能依道之所导而行……得其人性之全者是为德"④。人通过修德体悟大道，保持本真，能站在更高境界看待道德和幸福，达到心中和谐安宁。

"德者，得也。"⑤ 修德方能自得，"自得，则天下亦得我矣。吾与天下相得，则常相有，己又焉有不得容其间者乎！"通过自我修德与"道"冥合，保有本真，和天下融洽无间，就没有什么是不可包容的，所以能够"无所喜而无所怒，无所乐而无所苦"⑥ （《原道》）。面对现实中的德福不和谐，超脱其上，如此方能"乐道而忘贱，安德而忘贫"⑦ （《精神》），以得道为乐，安于修德求道之路，"忘"生活中的贱与贫。"忘"不是简单

---

① 刘文典：《淮南鸿烈集解》，中华书局，1989，第341页。
② 刘文典：《淮南鸿烈集解》，中华书局，1989，第685页。
③ 高恒天：《道德与人的幸福》，中国社会科学出版社，2004，第202页。
④ 李增：《淮南子》，东大图书公司，1992，第72页。
⑤ 王弼注，楼宇烈校释《老子道德经注校释》，中华书局，2008，第93页。
⑥ 刘文典：《淮南鸿烈集解》，中华书局，1989，第36页。
⑦ 刘文典：《淮南鸿烈集解》，中华书局，1989，第240页。

抛却，而是在有更高境界后的超然态度，入乎其中而不受其累。不仅是祸，福同样要忘，福、祸都是在对道、德的追求中须自然经历的阶段，不应让外在祸福内伤其身，面对何种境遇都淡然处之，"不以贵贱贫富劳逸失其志德"①（《原道》）。到了这一境界，人顺应本性行事，福不系于心，就没有了福和非福、乐与不乐的区别，无乐可言。而"能至于无乐者，则无不乐；无不乐，则至极乐矣"②（《原道》），人有了这样的达观心境，就没有什么不乐的，在内心中消解了德福矛盾，反能达到最大的乐。

忘福的原因还在于祸福是可转化的。行善修德，眼前虽可能会遭受不幸，却可能带来后面的幸福。修德是个长期持续的过程，眼前福祸不过是过程中的片段，不必拘于其中，将一时福祸放在心上。修德这一过程还没有结束，也就不能因一时的不幸就得出德福不一致的结论，要以长远的眼光来看待问题，坚定修德的信念。"达道之人，不苟得，不让福；其有弗弃，非其有弗索"③（《泛论》），对待福应既不渴求也不放弃，秉持自然态度，相信修德能有公正回报。

"德福之所以是一致的，还在于德性在一定的条件下是人类战胜痛苦与不幸的法宝。"④ 要克服德福矛盾、实现德福和谐，行动上最基本的考虑便是怎样以德来克服异化，以避人祸。《淮南子》德福思想以不同层次、阶段的理念建构了化解德福矛盾的系统道路，所以我们看到书中引导人们以自身虚静无为持养本性，以修行仁义带来和睦的人伦关系、良好的社会风气，以权威法度保障赏罚公正，从身、世、国三方面着手应对德福一致遭到冲击的状况，为人们提供化解德福矛盾的道路。

三　"因其自然而推之"的实践方法

自老子始，因循就是道家最重视的行动方法，《太史公自序》就说道家"其术以虚无为本，以因循为用"⑤。《淮南子》伦理思想中，因循同样得到

---

① 刘文典：《淮南鸿烈集解》，中华书局，1989，第 39 页。
② 刘文典：《淮南鸿烈集解》，中华书局，1989，第 34 页。
③ 刘文典：《淮南鸿烈集解》，中华书局，1989，第 457 页。
④ 高恒天：《道德与人的幸福》，中国社会科学出版社，2004，第 202 页。
⑤ 《史记》，中华书局，1959，第 3292 页。"因循"思想的首创者是老子，此观点参见许建良《"辅"——因循哲学的始发轮》，《云南大学学报》（社会科学版）2008 年第 3 期。

推重,成为贯穿各家思想,以体现道家精神的重要实践原则。然而《淮南子》推崇的因循中更重要的是其中体现出的自然要素,这是《淮南子》中因循的独特之处。

(一) 因循的行为对象

《淮南子》中,因循的对象囊括天、地、人三才,且彼此间有相通关系:

> 上因天时,下尽地力,据度行当,合诸人则,形十二节,以为法式,终而复始,转于无极。① (《要略》)

人需上顺应天时,下充分利用地利,依据自然法则使行为适当,并与人体生命规律相结合,如天有十二月,人有十二节就是很好的例子。由于《淮南子》认为天人同构、天人相感,所以因循天道就是在行最好的人道,行动中可"因循仿依",即效仿天道时令运行,"以知祸福,操舍开塞,各有龙忌,发号施令,以时教慜,使君人者知所以从事"② (《要略》),从而能够知晓祸福规律,把握取舍原则,明白禁忌;君主也可以此知道自身行事依据,做好施令、教化等工作。

在因循行为之中,据"度"十分重要。所谓"度",意指自然法则,如"据度行当",同时《淮南子》又曰:"适情辞余,以己为度。"③ (《精神》)《淮南子》中通过天人间同构、相感关系的建立,使得人之小宇宙与自然大宇宙相连相通,是大宇宙在人身中的体现,故而人就有着依自身之自然为自己作法则的权利和能力。这种法则和自然法则是相通的,这是人人都有的能力,不会为外物所影响而变动,是天人交融的体现。故而因循的对象除天时、地利外,还有人则代表的人自身的规律、限度,这是人们所要共同因循的。

天时、地利与人则相通相连的一个重要体现,是风俗的形成:"九疑之

---

① 刘文典:《淮南鸿烈集解》,中华书局,1989,第702页。
② 刘文典:《淮南鸿烈集解》,中华书局,1989,第702页。参照俞樾注释改定。
③ 刘文典:《淮南鸿烈集解》,中华书局,1989,第243页。

南，陆事寡而水事众，于是民人劗发文身，以像鳞虫，短绻不绔，以便涉游，短袂攘卷，以便剌舟，因之也。"① （《原道》） 九疑之南这样的地方，因为自然环境影响，人们在水上活动时间远大于陆地，所以就习惯剪发纹身，好短打扮，以便于游水行舟。这些风俗习惯就是因天地自然而形成的人则的体现。"禹之裸国，解衣而入，衣带而出，因之也。"② （《原道》） 风俗这些人则同样也是应因循的。除此之外，因循的重要对象当然还有"性"，即人的自然性情。如果说天地的运行规律及人类社会发展的规律是人所需统一因循的对象，那因各地状况不同而形成的习俗，便已经是统一性和多样性的集合，至于性情，则是每个人都有着自身独特性。故因循的对象有共同性、统一性的同时又包容着多样性，在共同原则下，要尊重各人的性分自足，允许各人有着适宜自身的生存方式。

（二）因循的出发点——"宜"

《黄帝四经》曰："动静不时，种树失地之宜，［则天］地之道逆矣。"③ 行动要合宜，才不会违逆天地之道，同样，"在法家道德哲学的实践系统里，在重视因循问题时，其关注的起始点就是'宜'"④。在《淮南子》的道德哲学中，因循思想承袭了先秦思想，注重将出发点置于"宜"上。和《黄帝四经》相类，《淮南子》也以自然物为例来引出宜：

> 白水宜玉，黑水宜砥，青水宜碧，赤水宜丹，黄水宜金，清水宜龟；汾水濛浊而宜麻，泲水通和而宜麦，河水中调而宜菽，雒水轻利而宜禾，渭水多力而宜黍，汉水重安而宜竹箭，江水肥仁而宜稻。平土之人，慧而宜五谷。⑤ （《墬形》）

不同的地形适宜不同的物种，反之，物种的不同本性也决定其要在适宜的空间里才能使自己的生命本能得到最大限度的发挥。故而种植作物就要懂

---

① 刘文典：《淮南鸿烈集解》，中华书局，1989，第 19 页。参照王引之注释改定。
② 刘文典：《淮南鸿烈集解》，中华书局，1989，第 20 页。
③ 陈鼓应注译《黄帝四经今注今译——马王堆汉墓出土帛书》，商务印书馆，2007，第 422 页。
④ 许建良：《先秦法家的道德世界》，人民出版社，2012，第 500 页。
⑤ 刘文典：《淮南鸿烈集解》，中华书局，1989，第 144~145 页。参照王念孙注释改定。

得 "以时种树，务修田畴滋植桑麻，肥硗高下，各因其宜"① （《主术》），让作物都能种植生长在适宜的环境里。这里体现的是地理之 "宜" 的重要性。而 "宜" 不仅体现在环境或者自然物上，"地宜其事，事宜其械，械宜其用，用宜其人"② （《齐俗》），地形各有适宜之事，事各有适宜之器械，器械各有适宜之用处，不同用处各有适宜使用的人，"宜" 在方方面面，而人无疑最关键。《淮南子》在论述 "宜" 时，常与 "各" 相连，表明宜所要追求的不是一人一事一物之宜，而要让不同的人、事、物都能得到各自之宜，即 "毋小大修短，各得其宜，则天下一齐，无以相过也"③ （《齐俗》），齐或者说齐一不是片面指同一的意思，而是各人在得到自身适宜之上，形成的和谐统一。

"宜" 是人因循实践的目标，同时也是人行动的原则。要达到各得其宜，外在环境方面，人要懂得因时因地来制宜。空间上的因地制宜，前文已提及；在时间上，如 "器械者，因时变而制宜适也"④ （《泛论》），人对器的使用要因循时势的变化。要之，对外在状况即应 "权事而立制，度形而施宜"⑤ （《要略》），揣度外在时空所营造出的形势环境，从而用适宜的应对之方。当然，"宜" 更重要的还是内在方面，尤其是人之性，"各有所宜，而人性齐矣"⑥ （《齐俗》），得 "宜" 的关键还是要懂得如何让人性能在合适的范围内和轨道上存在及运行，要能让人依自身的本性、才能处在恰当位置上，就是要 "各生所急以备燥湿，各因所处以御寒暑，并得其宜，物便其所"⑦ （《原道》），"各以小大之材，处其位，得其宜"⑧ （《泰族》）。

人要能处在本性所适宜的位所上，则离不开内在修养与外在制度，而 "节" 是贯穿内外的一种原则。一方面，人 "外不滑内，则性得其宜"⑨

---

① 刘文典：《淮南鸿烈集解》，中华书局，1989，第 308 页。
② 刘文典：《淮南鸿烈集解》，中华书局，1989，第 351 页。
③ 刘文典：《淮南鸿烈集解》，中华书局，1989，第 286 页。
④ 刘文典：《淮南鸿烈集解》，中华书局，1989，第 431 页。
⑤ 刘文典：《淮南鸿烈集解》，中华书局，1989，第 711 页。
⑥ 刘文典：《淮南鸿烈集解》，中华书局，1989，第 369 页。
⑦ 刘文典：《淮南鸿烈集解》，中华书局，1989，第 19 页。
⑧ 刘文典：《淮南鸿烈集解》，中华书局，1989，第 682 页。
⑨ 刘文典：《淮南鸿烈集解》，中华书局，1989，第 73 页。

（《俶真》），人心志坚定，因顺自身内在自然本性，而不因外在的名利等诱惑来破坏自身，才能让人性在适宜轨道上运行。要让外在东西不破内，人就要懂得节，有物质享受上的节——"慎身无躁，节声色"①（《时则》），节欲才能反性；还有情绪心力上之节——"和喜怒之节"②（《泛论》），要"不以康为乐，不以慊为悲，不以贵为安，不以贱为危"，方能"形神气志，各居其宜，以随天地之所为"③（《原道》）。让自身的形、神、气诸元素处在适宜之位，因循天地运行，而不会因思虑过多破坏内在和谐。节并非禁绝，体现的是简的精神，"约其所守，寡其所求，去其诱慕，除其嗜欲，捐其思虑"④（《原道》），去除过度的欲望及情绪，将其简化到合乎人的本性。同时，简不仅有利于内在"宜"的保持，也有利于外在群体生活之"宜"。"非易不可以治大，非简不可以合众。"⑤（《诠言》）人不仅是自然人，还是社会人，所以"宜"所求的处在适当位所，也离不开个人在社会国家中所处的地位。比之依靠个人修养的"不以外滑内"，人际位分的"宜"，涉及的不仅是己，还有群，人们要达致彼此位置、关系适宜，不免要在尊重对方自然本性的前提下做一定的协调，"曲得其宜"，从而都能在协调后得到自身所宜。"万物之间关系的和谐一致，实际上是在物际之间适宜度的互相对接中动态实现的，和谐的形成，并不意味着个物自身之适宜度的丧失，而是自身本有的适宜度在新的和谐的境遇得到重新确认而形成的共鸣序曲。"⑥圣人之所以为圣人，也在于其在行动中可以"曲得其宜而不折伤"⑦（《齐俗》）。圣人之所以能如此，在于其"一度循轨，不变其宜，不易其常，放准循绳，曲因其当"⑧（《原道》），能够借助准、绳这样的客观标准规范为辅助。群体之中，人们各自道德觉悟、水准不同，有时难以以自觉的相互协调使各自都能得宜，这时就要靠礼、法这些规范的帮

---

①　刘文典：《淮南鸿烈集解》，中华书局，1989，第 170 页。

②　刘文典：《淮南鸿烈集解》，中华书局，1989，第 457 页。

③　刘文典：《淮南鸿烈集解》，中华书局，1989，第 39 页。

④　刘文典：《淮南鸿烈集解》，中华书局，1989，第 30 页。参照王念孙注释改定。

⑤　刘文典：《淮南鸿烈集解》，中华书局，1989，第 484 页。

⑥　许建良：《先秦法家的道德世界》，人民出版社，2012，第 501 页。

⑦　刘文典：《淮南鸿烈集解》，中华书局，1989，第 358 页。

⑧　刘文典：《淮南鸿烈集解》，中华书局，1989，第 31 页。

助。"礼因人情而为之节文"①（《齐俗》），"先王之制法也，因民之所好，而为之节文者也"②（《泰族》），礼、法都是在因循人的性情及喜好的基础上，来加以节制修饰的。社会生活中要尊重每个人的性情，但社会国家中时空、资源有限，因任每个人性情运作、发展，有时会造成摩擦，所以要靠礼、法来对人进行合理节制，乃至规定好各自在社会、国家中的位分，在相互协调中让成员达到各自之宜。故而《淮南子》也强调"法度制令，各因其宜"③（《泛论》）。借用礼、法是在因顺事物本性之上的一种主动性的行动，这种主动性的加入，正是《淮南子》因循思想在沿袭道家道德哲学传统之上所做的推进。

（三）"因其自然而推之"——因循的推进

《淮南子》中的"宜"不仅有人之宜，也有天地万物之宜，与之相应，因循的对象范围广大：

> 是故禹之决渎也，因水以为师；神农之播谷也，因苗以为教。④（《原道》）
>
> 三代之所道者，因也。故禹决江河，因水也；后稷播种树谷，因地也；汤、武平暴乱，因时也。⑤（《诠言》）
>
> 以时种树，务修田畴滋植桑麻，肥墝高下，各因其宜，丘陵阪险不生五谷者，以树竹木。春伐枯槁，夏取果蓏，秋畜疏食，冬伐薪蒸，以为民资。⑥（《主术》）

因循的对象有水、土地、农作物、时令，包含自然界中的存在物、自然现象等。"因苗以为教"，高诱注曰："因苗之生而长育之。"⑦神农的伟大不仅在于会因循禾苗生长规律，而且能在此之上长育之，有主动性。对于人

---

① 刘文典：《淮南鸿烈集解》，中华书局，1989，第356页。
② 刘文典：《淮南鸿烈集解》，中华书局，1989，第670页。
③ 刘文典：《淮南鸿烈集解》，中华书局，1989，第427页。
④ 刘文典：《淮南鸿烈集解》，中华书局，1989，第16页。
⑤ 刘文典：《淮南鸿烈集解》，中华书局，1989，第477页。
⑥ 刘文典：《淮南鸿烈集解》，中华书局，1989，第308页。
⑦ 刘文典：《淮南鸿烈集解》，中华书局，1989，第17页。

类社会而言，因的对象更加丰富，如：

> 人主覆之以德，不行其智，而因万人之所利。① （《主术》）
> 因民之所喜而劝善。② （《泛论》）

人们的利益、喜好、性格都是因的对象。而这些，包括前文所说的天时、地利、人则，归结起来，"因"最为核心的指向还是自然，是行动中客体的自然，所以说"因天地之自然，则六合不足均也"③ （《原道》），天地间所有现象、所有事物的自然，包括自然本性、状态、规律都可作为"因"的对象。对人来说，本性最为关键，所以说："故因其性，则天下听从。"④ （《泰族》） 同时，在"因"人性人情基础上还有劝、节等积极主动的行为，这与先秦道家有所不同。先秦道家"在总体上没有关注个体有为的方面，即使其'不为'没有否定合本性规律的作为"⑤；而发展到汉代道家的代表《淮南子》，由于汉初重实用的思想风气，以及《淮南子》对儒法思想因子的吸收，故而《淮南子》之"因"在顺应自然基础上，主动性增强，不只是被动顺应，而是多向性意义上的被动行为，在被动中体现着行为主体的积极性，或是说，在被动的前提下，施行着一定程度上带有主动性的积极行为⑥，例如：

> 是故天下之事，不可为也，因其自然而推之。⑦ （《原道》）
> 循理而举事，因资而立功，推自然之势。⑧ （《修务》）

在原有的"因"之上，加上了"推"这一动作，当然，"推"不是随意而

---

① 刘文典：《淮南鸿烈集解》，中华书局，1989，第283页。
② 刘文典：《淮南鸿烈集解》，中华书局，1989，第454~455页。
③ 刘文典：《淮南鸿烈集解》，中华书局，1989，第16页。
④ 刘文典：《淮南鸿烈集解》，中华书局，1989，第671页。
⑤ 许建良：《先秦法家的道德世界》，人民出版社，2012，第504页。
⑥ 许建良：《为"因循"翻案》，中国社会科学院哲学研究所编《新世纪的哲学与中国——中国哲学大会（2004）文集》上卷，中国社会科学出版社，2005，第584页。
⑦ 刘文典：《淮南鸿烈集解》，中华书局，1989，第10页。
⑧ 刘文典：《淮南鸿烈集解》，中华书局，1989，第634页。参照王念孙注释改定。

为的，而是推"自然之势"，是要在自然的轨道之上顺势而推，即所谓"乘时因势"。所谓自然之势，《淮南子》中已经举出例子，"两木相摩而然，金火相守而流，员者常转，窾者主浮，自然之势也"①（《原道》），"疾雷破石，阴阳相薄，自然之势"②（《说林》），"夫舟浮于水，车转于陆，此势之自然也"③（《主术》）。"势"是法家的重要概念，《淮南子》在论述国家治理时，借鉴法家思想，多次提及君势、众势的重要性，而这里的自然之势，所用的例子都是自然或者生活现象，表明与人为之势即政治权力的差异④，"指事物属性的发挥所必须依赖的形势或由事物属性所导致的不依赖于人的意志的必然趋势"⑤。推势的依据依然在行为客体、在自然之上。《淮南子》强调万物自然本性的重要性，强调"性"在自然轨道上发展，也就不能忽视"势"，就像船与水、车与陆的比喻一样，"性"的显现、运动是有赖于"势"的，两者紧密相连。"性"同时也潜在地选择和决定了能与之相配的"势"，碰到这样的"势"之时，可以以"推"这一动作加以辅助，为事物发展增加内在或者外在推动力。正是在因循之中加入了"推"这样的动作，其中的"有为"因子才得以增强：

> 故能因则无敌于天下矣。夫物有以自然，而后人事有治也。故良匠不能斫金，巧冶不能铄木，金之势不可斫，而木之性不可铄也。延埴而为器，窬木而为舟，铄铁而为刃，铸金而为钟，因其可也。驾马服牛，令鸡司夜，令狗守门，因其然也。⑥（《泰族》）

这里是以人对自然物的利用为例子，在物之自然基础之上，强调人的"治"，当然，这种"治"是在物自然之性和势基础上进行的。和陶土做成器皿、穿木为舟、熔铁作刀、铸金做钟，这些对自然物的使用，都是在各物本性能力所允许范围内进行的，是在尊重物自然之性上，在其某种可能

① 刘文典：《淮南鸿烈集解》，中华书局，1989，第17页。
② 刘文典：《淮南鸿烈集解》，中华书局，1989，第578页。参照王念孙注释改定。
③ 刘文典：《淮南鸿烈集解》，中华书局，1989，第277页。
④ 自然之势和人为之势的分别，可参考李增《淮南子》，东大图书公司，1992，第261页。
⑤ 王巧慧：《淮南子的自然哲学思想》，科学出版社，2009，第39页。
⑥ 刘文典：《淮南鸿烈集解》，中华书局，1989，第670页。

性上"推"，故而也是因循。同样，让牛马拉车载人，让鸡报晓，让狗守门，也是在因循它们既有本性及能力上的使用。不只是对物质及生物如此，对人也是这样，"因循而任下，责成而不劳"①（《主术》），不仅要"因其宜"，而且要"用之"，根据人的本性能力用人，这点在第四章第四节论述德法观时已有详述。在道德上的"因民之所喜而劝善，因民之所恶而禁奸"，禁和劝其实也是在因顺民性基础上的"推"。

在对"因"的论述上，值得注意的是，"因资而立功"出现了三次，即"随时而动静，因资而立功"②（《泛论》）、"随时而举事，因资而立功"③（《说林》）、"循理而举事，因资而立功"④（《修务》），此外还有"因其资而用之也"⑤（《主术》），都是强调人在因顺的基础之上，还要能主动立功，已经有鲜明的有为味道在其中。但这种为又不是妄为、乱为，"是故立功之人，简于行而谨于时"⑥（《齐俗》）。《淮南子》提及功之立、功之成，往往与时相联系，而时无疑是自然之势中的重要元素，与时相连，也可看作因资中要注意性与势。"谨于时"是对天时地利的注重，而"简于行"则强调行动需要简约适度。"功不厌约，事不厌省"⑦（《泰族》），要立功须使简约精神在人行动中得到落实。要落实简约精神，"节"是重要手段。首先是"节声色"，即物质享受上的节制："夫声色五味，远国珍怪，瑰异奇物，足以变心易志，摇荡精神，感动血气者，不可胜计也。夫天地之生财也，本不过五。圣人节五行，则治不荒。"⑧（《本经》）人追求声色犬马，则必然要大量开发"五行"资源，无节制的物欲会让大量资源被吞噬，造成浪费，所以《淮南子》主张过俭约生活，用资源满足合理而非过度的物欲需求。除物质生活外，人的精神上也同样需简，《淮南子》提出人需"和喜怒之节"⑨（《泛论》），"不以康为乐，不以嗛为悲，不以贵为安，

①　刘文典：《淮南鸿烈集解》，中华书局，1989，第269页。
②　刘文典：《淮南鸿烈集解》，中华书局，1989，第446页。
③　刘文典：《淮南鸿烈集解》，中华书局，1989，第583页。
④　刘文典：《淮南鸿烈集解》，中华书局，1989，第634页。参照王念孙注释改定。
⑤　刘文典：《淮南鸿烈集解》，中华书局，1989，第285页。
⑥　刘文典：《淮南鸿烈集解》，中华书局，1989，第372页。
⑦　刘文典：《淮南鸿烈集解》，中华书局，1989，第677页。
⑧　刘文典：《淮南鸿烈集解》，中华书局，1989，第265页。
⑨　刘文典：《淮南鸿烈集解》，中华书局，1989，第457页。

不以贱为危",如此方能"形神气志,各居其宜,以随天地之所为"①(《原道》),让形、神、气各处其位。如若不然,人的心机妄念会让人恣意妄为,特别是容易好争胜,盲目要求发展中的大与快,造成对资源的过分攫取。故《淮南子》主张人秉持处后、收敛的姿态。而"所谓后者,非谓其底滞而不发,凝竭而不流,贵其周于数而合于时也"②(《原道》),处后并不是停滞不前,而是要人冷静反思自身的发展路径,去除浮躁的东西,将自己的心智、行动简化到合乎规律、时则的轨道上。这种发展之路一时看来似乎放慢了速度、缩小了规模,但却是和自然相协调、富有效率的。这种发展路径提高了发展质量,使发展建立在坚实基础上,更具有持久性,所以《淮南子》曰:"先唱者,穷之路也;后动者,达之原也。"③(《原道》)处后反能胜过争先。通过"约其所守,寡其所求,去其诱慕,除其嗜欲,捐其思虑"④(《原道》)的简约之道,让人建立虚静无妄为的精神生态,才能保证我们在实现功业时行动的简洁、高效、和谐。

"简于行而谨于时"表明"因"基础上之"推"和"立功",主要还是在于顺应了事物的自然存在情状和发展态势,而不在于要有多少行动;反之,行为主体自身行动如果不简约,反倒会适得其反。行为主体虽有"推"这样一个动作,却应当不凸显自己、不居功,以"不知为之者谁,而功自成"⑤(《主术》)为理想状态。故而,《淮南子》中说"物莫不因其所有,而用其所无"⑥(《说山》),行动中所因所本是自身固有的东西,而发挥作用的还是"无"。"为者,不能无为也;不能无为者,不能有为也"⑦(《说山》),"推"这种有为,要依靠"无为",所谓"无为"是行为主体不妄为,让行为客体能发挥自为机制。所以"因其自然而推之"中,"推"为辅,"自然"还是为主,所体现的这种所谓的有为依旧是道家式的,所要达到的境界就是无为无不为:"所谓无为者,不先物为也;所谓无不为者,

① 刘文典:《淮南鸿烈集解》,中华书局,1989,第 39 页。
② 刘文典:《淮南鸿烈集解》,中华书局,1989,第 26 页。参照王念孙注释改定。
③ 刘文典:《淮南鸿烈集解》,中华书局,1989,第 25 页。
④ 刘文典:《淮南鸿烈集解》,中华书局,1989,第 30 页。参照王念孙注释改定。
⑤ 刘文典:《淮南鸿烈集解》,中华书局,1989,第 273 页。
⑥ 刘文典:《淮南鸿烈集解》,中华书局,1989,第 523 页。
⑦ 刘文典:《淮南鸿烈集解》,中华书局,1989,第 523 页。参照王念孙注释改定。

因物之所为。"①（《原道》）

综上，因循是中国道德哲学中的重要因子，《淮南子》继承因循传统，注重的是对物自然本性的尊重和因顺，并在此基础上用带有积极性的推动行为，让对象更好发挥自为机能，从而使主客体在实践活动中都能处在适宜的地位。

四 居安思危的预见与反思

《淮南子》产生的时代，是汉王朝的上升期，但在社会安定、国力渐强的背后，也隐藏着不少冲突，特别是君主日益增强的有为气质，更增添了不稳定因素。刘安敏锐觉察到这一点，结合道家善反思传统，在《淮南子》中保留着歌舞升平中难得的冷静与反思。同时，刘安身世与所处境况，也使他及宾客深感祸福无常，忧虑祸患之来，这些在第四章第五节对祸福观的讨论中已有论述；但忧虑还是人内心的活动，带有被动性，这在其对"无忧""不忧"的论述中体现得很清楚。避祸最重要的是人要有"无患之患"的观念，但世人却往往难以做到。而对于这位名为"安"的诸侯王来说，面临中央政府的削弱乃至铲除的"危"却是时刻笼罩的，其他侯王的命运就是前车之鉴。危机意识②及行动，是"以人的生命、生活为依归，由对人的生命、生活造成威胁以及由此带来的紧张气氛而产生"③。所以《淮南子》中的危机思想占据十分重要的地位，不仅是心中被动担忧，更是要反思自身及面临的境遇，预见可能风险，且有保护自己、防范危险的主动努力，这可说是忧患思想的延续与主动应对。

（一）危的内涵与诱因

"危"在《淮南子》中出现 69 次，多数是名词用法，表达危机、危险等困境及其根源，书中结合具体的历史事例，对危的含义及导致危的因素

---

① 刘文典：《淮南鸿烈集解》，中华书局，1989，第 24 页。
② 许建良教授在《先秦儒家的道德世界》中对危机意识与忧患意识的异同做了详细辨析，认为危机意识能激发人的责任因子而忧患意识不能，且忧患意识只能在心中担忧而危机意识带来的是人为保卫自己而做的实际努力。见许建良《先秦儒家的道德世界》，中国社会科学出版社，2008，第 366~373 页。本书此方面内容是对许教授思想的吸收和呼应。
③ 许建良：《先秦儒家的道德世界》，中国社会科学出版社，2008，第 366 页。

做了揭示。

1. 危之内涵

在《淮南子》看来，天下有三大危险事：一是德行少却受恩宠多，二是才能低下却位高权重，三是自身无大功却受丰厚俸禄。恩宠多、地位高、俸禄厚对人而言本是好事，但如果没有与之相配的德、才、功，那反而会变成大危险，因而"物或损之而益，或益之而损"①（《人间》）。有时去减损事物，却让它得益；有时去增益事物，却让它受损。为说明这一道理，《淮南子》还举出了两个历史事例：孙叔敖让自己的儿子向楚王请求贫瘠之地为封地，似乎是利益受损害，但后来其他功臣的封地都被收回，唯有此块贫瘠封地得以保存，反是得益。与之相对，晋厉公军队纵横天下，打下大片土地，这是人人都想得的利益，但厉公却因此骄横、荒淫、倒行逆施，结果落得身死国灭。这两个例子都深刻说明了损益之间的关系。这些事例也表明，不只是眼前的才算危机，更重要的是要预见到未来的危险。在处安之时是否懂反思，是否有长远眼光，决定着人的命运。

从两个故事的结局来看，《淮南子》中所说的"危"，一方面是人身之危，生命安全是人行动的根本，"身安则恩及邻国，志为之灭；身危则忘其亲戚，而人不能解也"②（《齐俗》）。自身安全时恩情能够施及邻国，自私心态也会逐渐消失；自身处在危险中时，就算是亲戚都顾不上了，更何况去帮助他人。人自身安危会影响相应行动，这是很自然及现实之事，如果自身之危都无法解除，也就很难谈得上去做帮助他人这样的道德行为。另一方面，《淮南子》关注国家之危，多次强调对危国的拯救。三大危险之事直接危及的是得宠、位、禄的当事人；同时，宠、位、禄都是统治者给予的，如果统治者做出这种不合理的行为，那危机将不仅是个人的，也会是整个国家社会的，晋厉公的事例就很好地说明了这个道理。

因而，《淮南子》总结说："众人皆知利利而病病也，唯圣人知病之为利，知利之为病也。夫再实之木根必伤，掘藏之家必有殃。以言大利而反为害也。张武教智伯夺韩、魏之地而擒于晋阳，申叔时教庄王封陈氏之后

---

① 刘文典：《淮南鸿烈集解》，中华书局，1989，第588页。
② 刘文典：《淮南鸿烈集解》，中华书局，1989，第377页。

而霸天下。"①（《人间》）众人都知道以利为利，以病为病，而只有圣人知道利可以变为弊，而弊也可以变为利。比如去盗他人之墓的人一定会引来祸患，这就是求大利反而导致危害。智伯夺韩、魏土地而被擒，土地为三家所分，也是由于缺乏危机意识，只顾一时之利，没有预见得利后会给国带来的大弊。"所以为安者，乃所以为危也"②（《齐俗》），对一些人与物而言是安全的东西，对于另外的人与物，或者在其他境况下，会变成危险的东西，安与危是一体两面，可相互转化的。所以即便处在安全的境况下，也应有忧惧危机来临的心理及避免、应对危机的能力。

2. 危机的诱因

在《淮南子》看来，危与安的状况是处在不断变化中的，需要人时时保持警觉，虽不是人人都能像圣人那样见微知著，但可通过反省，找出有隐患的地方。《淮南子》为人们提炼出了易诱发危机的三个因素。

（1）纵欲与任智

欲望是人性大敌，在《淮南子》看来，放纵自己的欲望，会危害自身本性及相应的行动，用来治国、治军则会造成更大范围的危害，故曰："有以欲多而亡者，未有以无欲而危者也。"③（《诠言》）欲望过多可能会给人带来死亡的威胁；相反，如果能做到无欲，就不会有危险。欲望过度给人的身体及心理都会带来伤害，自然是危的主要成因；许多人危机意识之所以未能开掘，或者不足，也在于被欲望蒙蔽了眼睛。

除欲望之外，才智也被认为是导致危机的因素。"释道而任智者必危，弃数而用才者必困"④（《诠言》），放弃"道"而依赖一己之智是危险的，同样，放弃数术而用自身才能的，不免会陷于困境。值得注意的是，这里并不是一味反对智和才，而是在"释道""弃数"这些条件下，放任自己的所谓智慧和才能。由于缺乏"道""数"这样的外在标准而以自己为中心，会造成人的刚愎自用；同时个人的才智再高也难以算无遗策，面对多样的状况难免手忙脚乱，不免会带来危机，而不像把握"道"这一根本后能应对诸种情况。

---

① 刘文典：《淮南鸿烈集解》，中华书局，1989，第 591 页。
② 刘文典：《淮南鸿烈集解》，中华书局，1989，第 347 页。
③ 刘文典：《淮南鸿烈集解》，中华书局，1989，第 468 页。
④ 刘文典：《淮南鸿烈集解》，中华书局，1989，第 468 页。

（2）有为多事

好纵欲与好用智，对每个人都是大敌，而对统治者来说，危害的不仅是一己之身，还会波及民众及整个国家。因为人主如果只是从自身欲求出发，或者是迷信一己之才智，"用己而背自然"①（《修务》），所带来的是治理上的有为多事。"治未固于不乱，而事为治者，必危。"②（《诠言》）当天下还处在不稳固、较混乱的境地时，而人为多事去治理，只会乱上加乱，必然导致危机，故曰："有以欲治而乱者，未有以守常而失者也。"③（《诠言》）有以一己之欲治国而让国家纷乱的，却没有因为守常道而失天下的。不懂以道治国，变无为为有为，会将天下带入混乱的危机之中。"动之为物，不损则益，不成则毁，不利则病，皆险也，道之者危。"④（《诠言》）许慎注曰："动，有为也。"⑤"有为"往往带来的不是损就是益，不是功成就是毁坏，不是有利就是有害，无论何种情况，对于天下的治理都是十分危险的，损、毁、病自不待说，即便是益、成、利也不过是一时的，未来会受到反噬。有为之人不免处于危险境地中，"人无为则治，有为则伤"⑥（《说山》），"有为"所带来的只能是"伤"这样的下场。

作为一国统治者的君主，其多事有为，经常夸耀、表现自我，所带来的一个后果是自身行动会为民众效仿，君主自身会导致危机的行为方式被推广开来，那可能使一人的危机变成一国人的危机。"好勇，则轻敌而简备，自负而辞助。一人之力以御强敌，不杖众多而专用身才，必不堪也。故好勇，危术也。"⑦（《诠言》）好逞勇气，则容易轻敌自负，不做好准备也不靠他人帮助，以一己之力对抗强敌，往往会有不堪设想的后果，故而，"好勇"被称为"危术"。而"越王好勇，而民皆处危争死"⑧（《主术》），越王自身行"好勇"这种"危术"，民众上行下效，也喜欢好勇斗狠，很可能会将自己置于危险的死地。

① 刘文典：《淮南鸿烈集解》，中华书局，1989，第 635 页。
② 刘文典：《淮南鸿烈集解》，中华书局，1989，第 469 页。
③ 刘文典：《淮南鸿烈集解》，中华书局，1989，第 468 页。
④ 刘文典：《淮南鸿烈集解》，中华书局，1989，第 469 页。
⑤ 刘文典：《淮南鸿烈集解》，中华书局，1989，第 469 页。
⑥ 刘文典：《淮南鸿烈集解》，中华书局，1989，第 522 页。
⑦ 刘文典：《淮南鸿烈集解》，中华书局，1989，第 474 页。
⑧ 刘文典：《淮南鸿烈集解》，中华书局，1989，第 287 页。

（3）用人不当

《淮南子》反对"有为"，原因之一就在于其认为"有为则谗生，有好则谀起"①（《主术》），有为容易让奸谗产生，容易让阿谀逢迎之人出现在君子身边。例如齐桓公好美食，易牙烹调自己的长子献给桓公以得到宠信，结果桓公最终被奸佞饿死在宫墙内。所以说："所任者得其人，则国家治，上下和，群臣亲，百姓附。所任非其人，则国家危，上下乖，群臣怨，百姓乱。"②（《主术》）用对了人，国家大治，上下和睦，群臣亲近，百姓依附；而一旦用错了人，则上下相背离，群臣怨恨，百姓纷乱，给国家带来的自然是危机。

为何会有用人不当的情况出现呢？一方面，是君主自身欠缺道德修养。"人主诚正，则直士任事，而奸人伏匿矣。人主不正，则邪人得志，忠者隐蔽矣。"③（《主术》）君主如果自身道德修养好，一身正气，那么就能任用正直的人来处理政事，奸人也便只好藏匿起来。但如果君主自身都不正，那就会让奸邪小人得志，而让忠厚正直的人才被隐蔽。另一方面，用人不当还可能是君主自身权势的运用不到位。"权势者，人主之车舆也；大臣者，人主之驷马也。体离车舆之安，而手失驷马之心，而能不危者，古今未有也。"④（《主术》）权势就好比君主乘坐的车辆，而大臣就好比拉车的骏马，身子没有在车上坐安稳，手上也就难以操纵马匹，在这样的状况下就很难避免车毁人亡的危机。君主如何用手上的权势来驾驭大臣是门高深的学问，二者若协调不好，或是君臣之间对立摩擦，或是大臣力量无法充分发挥，就好像车与马之间如果达不到协调，即便人驾术再高也不敢上路。君臣不合的话，即便是尧舜再生也无法使天下大治。这些原因会使得国家各位置上所任非人，或是所用之人没有发挥空间。比如有的人志在弘扬正道遏制邪气、化解繁杂困难的问题，才能上足以平定九州、兼并域内外，但却让他们去管理宫内家庭的琐碎小事。相反那些无才能、只会阿谀的人却被用来处理国家大事。大材小用、庸才重用，不但没有办法解决危机，而且会危害国家的整体治理。

---

① 刘文典：《淮南鸿烈集解》，中华书局，1989，第300页。
② 刘文典：《淮南鸿烈集解》，中华书局，1989，第286页。
③ 刘文典：《淮南鸿烈集解》，中华书局，1989，第286页。
④ 刘文典：《淮南鸿烈集解》，中华书局，1989，第297页。

概言之，《淮南子》认为人会招致危机的根本原因在于"人章道息"："道理通而人伪灭也。名与道不两明，人爱名则道不用，道胜人则名息矣。道与人竞长。章人者，息道者也。人章道息，则危不远矣。"①（《诠言》）大道与人伪是此消彼长的，人如果贪慕名声，为彰显自身而忽视了道，不依道而行而是一切以自我为中心，那么欲求无度、有为强作、任下不当种种状况都会产生，危险也就离自身、离国家不远了。

（二）避危之方

《淮南子》中浓厚的危机意识，以及对引发危机原因的深入剖析，使如何避免危机成为书中不得不探讨的问题。祸福的到来是主客观因素共同决定的，并非人能完全主宰，所以人们才要保持危机意识，反思自身乃至社会、国家，着眼于长远，以自身的道德修养、处世智慧来减少危机产生的可能。

1. 基本指针："心""术""道"结合

危机意识的作用在于使人居安思危，即便身处福也不忘祸患，是与祸福尤其是祸紧密相连的。《淮南子》在《人间》一章开篇就提出，避免祸事需要"心""术""道"三者结合："发一端，散无竟，周八极，总一管，谓之心。见本而知末，观指而睹归，执一而应万，握要而治详，谓之术。居知所为，行知所之，事知所秉，动知所由，谓之道。"②（《人间》）从一端出发，散落无穷，周游八方，最后又能回到一个中枢之中，叫作"心"；见到事物的本原就可预知它的未来，看到事物的指向就能预见它的未来，掌握住关键来应对各种状况，把握住要点来治理繁杂，叫作"术"；静居时知道做什么，行动时知道该去哪，做事时知道秉持的原则，动作时知道缘由，这叫作"道"。人要避免危险，首先要注意"心"的修养，"心"可以四方驰骋，但不能离开中枢、主轴，所谓"原心返性"，人的自然本性就是人性不能脱离的主轴。"是故使人高贤称誉己者，心之力也；使人卑下诽谤己者，心之罪也。"③（《人间》）他人对自己是誉是毁，就在于心性修养得

---

① 刘文典：《淮南鸿烈集解》，中华书局，1989，第470~471页。参照王念孙注释改定。
② 刘文典：《淮南鸿烈集解》，中华书局，1989，第586页。参照王念孙注释改定。
③ 刘文典：《淮南鸿烈集解》，中华书局，1989，第586页。

如何。除"心"外，人们还要有"术"，即应对各种状况的手段，包括预判、抓根本等策略、技巧。最后，要明白自己选择、行动的根本依据、规律是什么，按照"道"的要求办事。概言之，《淮南子》认为人内要注意"心"的修养，外要注意应对事物的智谋、方法，同时还要注意把握"道"的规律、要求，三者结合才能有效避免危险。从危机的产生原因上看，人不注意"心"的修养，使自身本性发生异化，人无法"得其得"，才会无福有祸，故而内在的心性修养至关重要。但社会中的状况千变万化，要在这之中保全自己，还要懂得各种人生智慧技巧。这些修养、技巧的依据就是"道"；把握了"道"的要求，才能保证"心"与"术"的适宜。三者是紧密连接的，"心术""道术"的表述就是很好的例证。

2. 虚静不盈之心

"心"所围绕的主轴是人的自然本性，《淮南子》主张人性本静，所以人内心的理想状态也是要保持虚静。"清静者，德之至也。"① （《原道》）静是至高德行，其作用体现在："静漠恬澹，所以养性也；和愉虚无，所以养德也。……若然者，血脉无郁滞，五藏无蔚气，祸福弗能挠滑，非誉弗能尘垢，故能致其极。"② （《俶真》）游心于虚，安身以静，才能体道修德养性；去除情欲纠结及名利诱惑，避免纵欲乱为而引发祸端，不因一时祸福、非誉妄动心念，以保身终年。同时，唯有虚静才能守神不失，"精神驰骋于外而不守，则祸福之至，虽如丘山，无由识之矣"③ （《精神》），若无法守住精神，多欲念杂心，即使祸大如山，人也一无所知。相反，"精神内守形骸而不外越，则望于往世之前，而视于来事之后，犹未足为也，岂直祸福之间哉！"④ （《精神》），虚静守神则能让自己保持冷静的头脑及敏锐的目光，预见可能的危险，早做思虑、准备，以预防伤害。

除却虚静，内心通晓不盈的道理也是十分重要的。《道应》中记载，孔子在鲁桓公之庙参观时见到宥卮之器，让弟子取水灌入其中，灌得适中时，宥卮就平正，一旦注入水太多，器具就会倾倒。孔子从中申发持盈的道理，所谓持盈之理，就是"挹而损之"，即盈满了就要减损。事物兴盛了就会转

---

① 刘文典：《淮南鸿烈集解》，中华书局，1989，第 29 页。
② 刘文典：《淮南鸿烈集解》，中华书局，1989，第 73 页。
③ 刘文典：《淮南鸿烈集解》，中华书局，1989，第 222 页。
④ 刘文典：《淮南鸿烈集解》，中华书局，1989，第 223 页。

向衰败，快乐到了极点则会转向悲。这种道理正如老子曾经揭示过的"反者，道之动"，物极必反，无论是自然界还是人类社会均是如此。孔子接着举出了先王从这一道理中总结出的持守天下的五方面法宝，认为如违背这五者，就没有不危险的，这五方面是："聪明睿智，守之以愚；多闻博辩，守之以俭；武力毅勇，守之以畏；富贵广大，守之以陋；德施天下，守之以让。"①（《道应》）也就是聪明有智慧，靠愚钝来持守；见识广博口才好，靠孤陋寡闻来持守；勇武刚强，靠畏惧来持守；富贵宽裕，靠朴素节俭来持守；德泽及天下，靠退让谦逊来持守。《淮南子》认为这些正体现了《老子》中所说的遵循道的人不欲求盈满的道理，只有不盈满，才能去故更新。

违背了先王的五方面法宝会导致人陷入危险境地，换言之，这五者也是使人避免危机的有效方法。这五者涉及智力、体力、物质、精神各方面，但其核心精神是要注意把握展现自身的分寸，不可满溢。"天地之道，极则反，盈则损。"②（《泰族》）盈满了就会减损是天地间的不变之道，对人而言，盈满不知停止，显露锋芒，是难以长久的。自持聪明、多闻、勇力，一方面，会让人自我膨胀，无法吸收新东西使自我进步；另一方面，会让人骄纵，与他人夸耀、争斗，这些都可能导致危险。先王法宝的精髓是让人懂得收敛节制，收敛夸耀之心，有"让"的精神，心志安宁，处下而不争胜。"土处下，不争高，故安而不危。"③（《原道》）处下不争是人远离危机的重要途径，可使人突破以自我为中心的狭隘思维。当然，这并不是要让人安于愚、俭不懂进步，道家所提倡的处下不夸耀，是在对整个事物有全面把握的前提下做出的智慧选择。虽聪明智慧、见识广博、勇武富贵甚至恩泽天下，但是不被此局限，而是认为己无、己弱；有而不有才不会滞于有，保持自身处在不盈的状态，才能一直在通往盈的道路上不断进步，方可避免自身陷入危险境地，而能守天下不失。不盈才是有长远目光，才能保证人长生久视的心态。

3. 圆通谨慎之智术

前文已具，"智"被认为是会导致危机的因素，《淮南子》中对"智"

---

① 刘文典：《淮南鸿烈集解》，中华书局，1989，第418页。参照王念孙注释改定。
② 刘文典：《淮南鸿烈集解》，中华书局，1989，第674页。
③ 刘文典：《淮南鸿烈集解》，中华书局，1989，第22~23页。

常保持警惕甚至是批判的态度，然而，《淮南子》又认为"智"是克服危机的重要方式，如"夫存危治乱，非智不能"①（《泛论》）。这是否存在矛盾呢？并非如此。引发危机的是"释道任智"，是背离了道的智，这种智无论多高超、多巧妙，都不过是小智慧或者说是智巧，会沦为巧诈，最终是无益于人及社会的。"得道则愚者有余，失道则智者不足。"②（《诠言》），"智"是益还是害，在于其是否与"道"相合，合乎"道"之精神的智才是真正的智慧，它能让人以"术"来应对诸种状况，帮助人在危乱中保存自身。

合乎"道"的"智"有哪些表现呢？圆通灵活是最为重要的。"智欲员者，环复转运，终始无端，旁流四达，渊泉而不竭，万物并兴，莫不响应也。"③（《主术》）智慧要如同圆环那样反复运转，无始无终；像江河肆意奔流，四通八达；像深渊泉水那样永不枯竭，让万物兴盛，没有不响应听从的。道无处不在，无始无终，遍及万物，合乎道的大智慧自然也是如此，所以说"智员者无不知也"。有如此包覆广大的智慧，自然就不惧危机，《淮南子》认为周文王就是很好的例子，文王仔细观察思考之前君王治国的得与失，广泛了解治理中的是与非，将其都记录在册，然后集思广益，是以能应对天下各种事件④。从纵的方向看，前事不忘后事之师，吸取历史经验；从横的方向看，吸收各方意见、知识，这样才能保障智的深厚度及预见能力，不局限于一时一事，而有着长久的眼光，从而能广泛应对各种状况。此外，一人的智力是有限的，文王之所以能成功，也是吸收众多人的智慧的结果。"积力之所举，则无不胜也；众智之所为，则无不成也。"⑤（《主术》）集中众人力量则无往而不胜，集中众人的智慧则没有不可完成的事。善用集体智慧，团结众人，正是种高超的克服危机之术。

"智"的深厚度及敏锐度，会让人更加明白行动谨慎的重要，"智"也是一种重要的"术"。所谓"圣人敬小慎微，动不失时，百射重戒，祸乃不

---

① 刘文典：《淮南鸿烈集解》，中华书局，1989，第432页。
② 刘文典：《淮南鸿烈集解》，中华书局，1989，第466页。
③ 刘文典：《淮南鸿烈集解》，中华书局，1989，第310页。
④ 参见刘文典《淮南鸿烈集解》，中华书局，1989，第312页。
⑤ 刘文典：《淮南鸿烈集解》，中华书局，1989，第279页。

滋"①（《人间》），圣人谨小慎微，行动合时宜，对社会中纷杂状况做好百般预备、重重戒备，才能让祸事不滋生，就像墙的倒塌往往在于本身有缝隙，剑的折断在于本身有所缺损，圣人因为预见得早，所以没有东西可伤害他，这正是"观指而睹归"之术。故而智可以让人未雨绸缪，做好充分准备，"物之可备者，智者尽备之；可权者，尽权之；此智者所以寡患也"②（《主术》）。预见到可能会来的问题，能准备好的东西都预先备好，能权衡思考的情况都先权衡好，有良好的准备，自然祸患也就少了。等到不好的事情发生后再来殚精竭虑补救并不是有智慧的行为，圣人智术高超的地方就在于在事情未成形时就处理，这才让他们能避开为祸所伤的危险。

4. 无为中和之道

《淮南子》曰："无为而宁者，失其所以宁则危；无事而治者，失其所以治则乱。"③（《诠言》）无为才能使天下安宁，若失去无为，不再无事，状况就会变得危险。无为是"道"对人的要求，是保证整个国家安宁不危的重要方法。无为强调"因物之所为"，即顺民众本性治理，这要求君主对民众有惧的意识：

> 成王问政于尹佚曰："吾何德之行，而民亲其上？"对曰："使之以时，而敬顺之。"王曰："其度安在？"曰："如临深渊，如履薄冰。"王曰："惧哉，王人乎！"尹佚曰："天地之间，四海之内，善之则吾畜也，不善则吾仇也。昔夏、商之臣反仇桀、纣而臣汤、武，宿沙之民皆自攻其君而归神农，此世之所明知也。如何其无惧也？"④（《道应》）

成王向尹佚询问自身要有何种德行，才能让民众亲近。尹佚说用民需要和时节，而且恭敬地对待并顺应民众。成王又问如何才能做到敬顺。尹佚说要好像站在深渊之前，如同站在薄冰之上一样。显然尹佚强调的是种危机感。成王感叹说做君王居然要如此畏惧。尹佚回答道："天地之间、四海之

---

① 刘文典：《淮南鸿烈集解》，中华书局，1989，第612页。
② 刘文典：《淮南鸿烈集解》，中华书局，1989，第315页。
③ 刘文典：《淮南鸿烈集解》，中华书局，1989，第464页。
④ 刘文典：《淮南鸿烈集解》，中华书局，1989，第402页。参照王念孙注释改定。

内，君主若热爱善待百姓，百姓就会顺从他；如若对百姓不善，百姓便会成为君主的仇人。过去夏、商臣民自觉臣服于汤、武而来反抗桀、纣，宿沙民众归附神农去攻打自己国君，这是大家都知道的史实，所以怎么能不畏惧呢？"所以君王要时时保持畏惧，警醒自己要尊重顺应民众，对自身行动要不断反思，不可倒行逆施失去人心。当然，这里对民众的惧，并不是民众有多恐怖，而是告诉君主要尊重民众的力量，畏惧违背民心的严重后果，这样才能推动无为的实现。"无为者，道之宗。故得道之宗，应物无穷。"① （《本经》）作为道的宗本的无为一旦实现，就自然能应对各种变化。

《淮南子》曰："洞然无为而天下自和。"② （《本经》）无为能让天下自然达到和的状态。"乐亡乎富贵，而在于德和。"③ （《原道》）幸福快乐来自得"和"，而无为能让天下和，所以说福是由无为产生的。除无为外，"和以德也"④ （《要略》），表明"德"也是实现"和"的关键。"德"要达致"和"，上要体"道"，下要保持本性，无疑需要虚静之心。此外，在人世间布德也很重要，"三代种德而王，齐桓继绝而霸。故树黍者不获稷，树怨者无报德"⑤ （《人间》），好德行能积"阴德"，给自己以及子孙福宁；反之，不行德则会有危险。

《淮南子》有综合道儒的特点，其在论述"道"时也没有忘记处理人际关系的"仁义之道"。《淮南子》中主张"爱其类""合于众适"，着眼点在于解决人如何"群"的问题，营造个人与整体的和谐关系，可以说都是"伦理上的造诣"。这些爱人敬人的"造诣"同样能让人们"得和"："爱人则无虐刑矣……上无烦乱之治，下无怨望之心，则百残除而中和作矣，此三代之所以昌。"⑥ （《泰族》）修行仁义可带来人伦关系的和睦，人人相亲相爱，社会风气良好，上下安定，实现社会的和谐。

---

① 刘文典：《淮南鸿烈集解》，中华书局，1989，第 278 页。
② 刘文典：《淮南鸿烈集解》，中华书局，1989，第 252 页。
③ 刘文典：《淮南鸿烈集解》，中华书局，1989，第 33 页。
④ 刘文典：《淮南鸿烈集解》，中华书局，1989，第 706 页。
⑤ 刘文典：《淮南鸿烈集解》，中华书局，1989，第 597 页。
⑥ 刘文典：《淮南鸿烈集解》，中华书局，1989，第 698 页。参照王念孙注释改定。

（三）预见与反思

对于身处安宁中的人，有对危机的防范意识并非易事，因为人们往往会沉浸在风平浪静的安逸中而忘记威胁。同时，"危之安，存之亡也，非圣人，孰能观之！"① （《泛论》），不是圣人的话，很难有预见危机的能力。因为这往往需要从小细节中窥见大的走势。"福祸之始萌微，故民嫚之，唯圣人见其始而知其终。"② （《缪称》） 祸事和福事在萌发之初总是特别细微，常人往往会忽略掉，只有圣人才能从万事开始的细微之处预见到未来的结局。《淮南子》所以再三警示人们要居安思危，正体现出这种意识在现实中的缺失，以及这种预见能力的可贵。

《淮南子》曰："观其所积，以知祸福之乡。"③ （《原道》） 对祸福、安危的预知，靠对人们积累的观察，"小不善积而为大不善"④ （《缪称》），大的不善是由小的不善一点点积聚起来的，大不善又必然会给人和集体带来危机，这是不言而喻的。所以在微小的问题出现的时候，就该有长远目光，能预见到任其发展的危害。"圣人之见终始微矣！故糟丘生乎象箸，炮烙始乎热斗。"⑤ （《齐俗》） 圣人从开始的细微之行就能预见到将来的结局，比如箕子看到纣王用象牙筷就感到恐惧，因为从中可预见到纣王未来会过穷奢极欲的生活，而后给国家带来灾难。所以《淮南子》认为人要"心小"，"心欲小者，虑患未生，备祸未发，戒过慎微"⑥ （《主术》）。"心小"就是心思细密的意思，人们面对一些小过错或者危机的苗头，要谨慎对待，不可掉以轻心，在祸患没有产生时就要考虑如何防范和做好应对准备。《淮南子》伦理思想引导人们经过不断的修养、锻炼，向理想人格迈进，也是希望人们能有这种居安能思危、预见危的能力。

这种对未来危险的预见能力并非凭空而生，它需要建立在人的反思之上，前文所述导致危的那些原因，就是《淮南子》作者对历史及现实状况

---

① 刘文典：《淮南鸿烈集解》，中华书局，1989，第 462 页。
② 刘文典：《淮南鸿烈集解》，中华书局，1989，第 334~335 页。
③ 刘文典：《淮南鸿烈集解》，中华书局，1989，第 24 页。
④ 刘文典：《淮南鸿烈集解》，中华书局，1989，第 340 页。
⑤ 刘文典：《淮南鸿烈集解》，中华书局，1989，第 346 页。参照孙诒让、陶方琦注释改定。
⑥ 刘文典：《淮南鸿烈集解》，中华书局，1989，第 309 页。

进行反思所总结得出的。常人一时难变成圣人，但可以通过"闲居静思"来"筹策得失，以观祸福"①（《修务》），无论是对自身行为选择还是对社会现象，都要深思熟虑。《淮南子》中不仅反思了情感、欲望这类容易引发事端的元素，而且对仁义、法度、知识、先贤话语等较被世人认可的事物也做了批判。当世早非之前一切自然合乎"大道"的理性时代，"天下是非无所定"②（《齐俗》），世上的东西都是值得认真思量的，而最终评判标准还是要看是否合乎"道"。故而人们才要保持反思精神，反思自身行为、社会现象是否与"道"相合，"亡在失道"③（《泛论》），不合"道"的终究会灭亡。有了反思，才能判断、预见行为是否会带来危险；有了反思，也才能明白如何使"心""术"在"道"的指引下有针对性地做好防范、解决问题。

总之，居安思危意识的作用在于能让人注意反思，"使自己能够始终处在熟虑的境遇里，明得事理，而不至于产生骄心，行为走向邪僻，远离事理的轨道而奔向失败之门"④，从而让人能在富于预见性、前瞻性的视角下，以切实的努力行动来避免祸患而趋向幸福。因而，《淮南子》的危机思想，尤其是"心""术""道"结合的避危方法无疑是十分有价值的。

第二节 《淮南子》伦理思想的现代启示

《淮南子》伦理思想吸收各家所长，立足于现实需求，从不同角度提出见解、措施，建构出系统的、融合众家之长的伦理思想体系，这些特点使其有较强实用性。《淮南子》中关注的一些基本道德问题，如义利、情法、祸福等在现代社会中也依旧存在，使《淮南子》的伦理思想具有持久的生命力和超越时空的价值，对现代社会有很大的启示借鉴意义，或许能为疏解当代面临的道德危机提供思路。

---

① 刘文典：《淮南鸿烈集解》，中华书局，1989，第 647 页。
② 刘文典：《淮南鸿烈集解》，中华书局，1989，第 365 页。
③ 刘文典：《淮南鸿烈集解》，中华书局，1989，第 441 页。
④ 许建良：《先秦法家的道德世界》，人民出版社，2012，第 376 页。

一 重视道德的践行

道德问题的解决、道德目标的实现，自然需要良好的道德愿望和道德理论，但仅有这些还远远不够，更为重要的是在现实中的实践，只有切实的行动才能真正推动道德建设。《淮南子》中强调道与事之结合，就是希望能打通应当与是，打通理想与现实间的路径，让道德理论、道德知识在现实之中得以落实、施用，使"善言归乎可行"①（《泰族》）。道德理论无论如何高明，在现实中若不践行、难践行，也往往沦为呓语，仅有道德之知却无道德之行也难称得上有德之人。《淮南子》伦理思想强调用、行，在此基础之上，重原则的同时也允许有"权"。常有人批判《淮南子》中的思想不够纯正，实则未能理解《淮南子》为了道德的践行根据"世""时"所做的调整及融合。如果一味求所谓"纯"而忽视实用，那么道德不过是祭祀所用的神主牌罢了。

现代社会中道德面临的一大问题是知行无法统一，人们不乏道德知识，却少道德行动。比如人们往往知道、期待德福应一致，好人有好报，但对生活中的不和谐现象和不道德行为或是无动于衷，或只是在口头上抱怨。如果只是抱怨，却不以自身实践去改变，那德福和谐或其他道德目标永远只是空话，看似义愤填膺的批评的背后是软弱和冷漠。仅有言是不够的，还要有行，知行合一，行为是关键。要做到知行统一，除了提升责任意识和加强勇气，还要使道德行为有合理回报。《淮南子》中子赣赎人的故事，已经鲜明地体现出合理的回报及物质鼓励对人的道德行为有促进作用。"子路受而劝德，子赣让而止善"②（《齐俗》），行德不求报、无私奉献固然值得敬佩，然而如果行德造成的只是人的损失，甚至难以保障行德者的基本生活，就很难对多数人的道德行为起到鼓舞作用。在现实之中，在坚持"道理"的基础上，应当通过"制"的规定给予行德者合理奖励，并且惩治利用、讹诈他人善行的行为，恢复人们对于行德的信心。理想并非一日所能实现，片面强调理想的道德境界，也会造成人们行动上的无能为力；一

---

① 刘文典：《淮南鸿烈集解》，中华书局，1989，第 684 页。
② 刘文典：《淮南鸿烈集解》，中华书局，1989，第 347 页。

味想拔高人的道德境界，往往使人敬而远之，"高不可及者，不可以为人量"①（《齐俗》）。只有结合理想和现实，一步步扎实地积累道德行为，才能慢慢地将道德向理想境界推进。

二　构建道德行为系统

当今社会，面临各种道德冲突与伦理风险，急需寻求解决之方。社会道德水平的提升是个复杂的工程，应从《淮南子》伦理思想中汲取智慧，建立由不同层级、方面的观念和方法组成的实现系统，取其精华，结合使用。社会中人们的道德境界及追求不可能是齐一的，应采取包容态度。单一的过高的道德要求并不现实，即便强制推行也是作用有限，在主流意识形态指引下，应给各种道德思想以发展空间。"知其不可而为之"固然悲壮，却可能碰得头破血流，乃至慢慢磨蚀掉人们对道德的信心，不如包容不同观念、做法，随顺自然，"各得其宜，则天下一齐"②（《主术》），既尊重个人选择，又提倡人们向更高道德境界提升。

同时，整体的道德水平提升，仅靠个人单打独斗显然不够，应当在系统的伦理思想价值体系的指引下，吸收《淮南子》所提倡的身、世、国相结合的行为体系，各方面通力合作、展开行动。"人类必须对环境和自身同时进行优化，必须'两手都要抓，两手都要硬'，使制度文明之花与德性文明之花双放齐香、交映生辉。"③ 人自身的道德修养及提升是内在功夫，是基础，但个人的道德能力不能过度夸大，无论以何种思想修养，终究还只是个人；群体的和谐，需要制度规范的维系，社会中良好礼俗的形成及国家公平合理的制度建设都是不可少的。制度是对人的制约，但是是必要的。自由不意味着随心所欲，懂得做出一定放弃、自觉接受合理制约才是真正的自由。即便是道家所提倡的"自然"，也不是没有一丝制约，"自然"是人最大的自由的同时也是对人最大的约束。对道德行动系统的构建，能团结各方面、各层级力量，推动整个社会道德水准的提升和风气的净化。

同时，《淮南子》针对人们的道德觉悟各不相同的状况，不做硬性统一

---

① 刘文典：《淮南鸿烈集解》，中华书局，1989，第369页。
② 刘文典：《淮南鸿烈集解》，中华书局，1989，第286页。
③ 高恒天：《道德与人的幸福》，中国社会科学出版社，2004，第250页。

要求，而是区分不同层次的观念和准则，以满足不同需求。正因有了系统性和层次性，使人们在各层次、各方面都能找到行动指针，有很强的可行性。这些特点使《淮南子》思想具有超越时空的价值。比如德福矛盾是个严峻的问题，"好人没好报"这类报道屡屡见诸媒体，表明人们对道德的崇敬和信任在慢慢减弱，道德信仰面临危险。要克服困境，需我们共同努力，重树德福一致信念并努力将之转化为现实。要达到这一目标，《淮南子》克服德福矛盾的系统性思想无疑可以为当今社会提供很好的启示和借鉴，包括两个方面。

一方面，坚定对道德的信心。《淮南子》中将德作为福的基础，即便《淮南子》认为行德为福，但德还是前提。社会中，人人希望得到幸福，但对福的追求离不开道德。道德是获得幸福的必要条件，或如康德所说是配享受幸福的条件①，如果没有道德指引，人对幸福的理解及追寻就可能发生偏差，道德保证追求幸福方式的正当性和幸福的持久性，"只有德性带来的幸福才是真实的幸福"②。想要达到德福和谐，保障有德之人的物质生活自然是基础，同时更应鼓励以道德获得精神幸福，"内心的宁静与充实这种幸福感，既不能为物欲所代替，也惟有德性者才会拥有"。人们面对一时的德福矛盾时，应坚定对道德的信心，相信"君子修美，虽未有利，福将在后至"③（《泰族》），修德行德之人，总会拥有幸福。同时，既以行德所得的精神幸福弥补物质的一时欠缺，又以精神幸福激励自身为实现道德和幸福相统一而努力，推动个人精神境界的提升及社会风气的进步。

另一方面，构建德福一致的实现系统。在当今社会，德福一致观念要被普遍接受并变为现实，需要复杂的工程。"行德为福""有德即福""修德忘福"思想在今日仍存在且有不同表现形态，应采取包容态度，将它们作为面对德福关系时不同层次的准则，既尊重各人选择，又提倡向更高境界提升。在这些思想的指引下，在各方面展开行动：就个人而言，应顺应自然，以恬淡的姿态对待暂时的德福困境，保持修德行德的信念，但人生活

---

① "单是幸福对于我们的理性来说还远远不是完整的善。这种幸福，如果不是与配得上幸福、即与道德的善行结合起来，理性是不赞同它的（不管爱好是多么希望得到它）。"康德：《纯粹理性批判》，邓晓芒译，人民出版社，2004，第617页。

② 高兆明：《存在与自由：伦理学引论》，南京师范大学出版社，2004，第276页。

③ 刘文典：《淮南鸿烈集解》，中华书局，1989，第662页。

在社会中，对生活里德福的不和谐又需严肃地以道德行为加以克服，将为公理正义而努力作为幸福；同时，国家应建设公平合理的法律制度，保障有德之人的正当权利。实现系统的构建，能团结各方面各层级力量，推动德福一致变为现实。

三　在因循基础之上关爱、利用万物

《淮南子》中以气来解释万物的生成，同时从构成质料上，赋予了自然物和人平等的地位。而人与外在物的气类相感，风土之气对人的影响，无不体现出人与自然间密不可分的关系。基于此，《淮南子》谴责以人为中心，无节制地攫取自然资源、破坏生态环境的行为。如《本经》中的"凡乱之所由生者，皆在流遁"一段，便借用金木水火土五种元素来说明滥用资源的危害，像"焚林而猎，烧燎大木，鼓橐吹埵，以销铜铁，靡流坚锻，无厌足目，山无峻干，林无柘蘖，燎木以为炭，燔草而为灰，野莽白素，不得其时，上掩天光，下殄地财"①（《本经》），就十分生动与典型地描述了人的贪得无厌，造成环境恶化（上掩天光），资源匮乏（下殄地财）的恶果。后果还不单在于此，人的生活离不开资源，资源匮乏必然引起人们的互相争夺，社会出现不安定因素。《淮南子》曰："分山川溪谷使有壤界，计人多少众寡使有分数，筑城掘池，设机械险阻以为备，饰职事，制服等，异贵贱，差贤不，经诽誉，行赏罚，则兵革兴而分争生，民之灭抑夭隐，虐杀不辜而刑诛无罪，于是生矣"②（《本经》），这段话详细描述了动乱产生的过程。因为资源匮乏引发的争夺，有了人际、国家间的纷争，才有严苛刑罚及无辜受害者，甚至会引起战争。战争中生灵涂炭，大自然又受重创。《淮南子》清楚地认识到自然的破坏和资源的过度消耗对人类社会的巨大影响，并给人以警示。而现在许多社会问题、国际争端，都是围绕土地、能源等资源所展开，如果我国在经济发展中对资源、能源消耗过度，也会影响后续发展。这些都印证了《淮南子》论述的前瞻性。环境伦理在当前时常被提起，而环境伦理的自觉，植基于"人的理智对大自然环境的客观

---

① 刘文典：《淮南鸿烈集解》，中华书局，1989，第 261、264 页。参照孙诒让注释改定。
② 刘文典：《淮南鸿烈集解》，中华书局，1989，第 249 页。参照王念孙注释改定。

理解及尊敬自然，以虚静无妄为的心态与自然和谐共存的哲学人生观"①，这些因子在《淮南子》伦理思想中都有所包含。故而在如何与自然和谐共处问题上，《淮南子》能提供不少借鉴。

第一，将人与自然看作有机和谐整体。加拿大学者白光华（Charles Le Blanc）认为"感应"是淮南子的中心概念，是宇宙万物间一种客观的、自然的联系。②《淮南子》中列举了大量的例子，证明人与物之间、人与自然现象间都有相互感应的关系。从现代人角度来看，《淮南子》中所举的现象有时不免牵强，但如果将感应理解为相互联系，就会发现这一思想蕴含万物普遍联系，在相互关联中构成有机整体、和谐生态的丰富思想。所谓"天地宇宙，一人之身也；六合之内，一人之制也"③（《本经》），人的小宇宙、人这一物种的命运和整个大宇宙是密不可分的，人的选择、人的活动和大自然的脉动是血脉相连、休戚相关的。有了这样的整体意识，人们才不会有自身是世界中心、万物均是为我存在的盲目自信，深刻体会到万物与人在生命上的融通，思想、行动上都能自动关爱万物、保护环境。

第二，尊重顺应万物本性。万物既然和人互相平等、相互关联和相互作用，也就意味着自然界的生物及物质不是为人而生的，人在使用它们的时候不可仅从自身出发，而应将价值坐标放在客体之上，要以因循为应对自然的践行之道。《淮南子》中主张"因其自然"，人首先要因顺的便是对象物的自然性状，把握对象物的限度，尤其是其发展变化规律，这样才能使行动有节制、合规律，"如果说人有优胜于自然之处，那就是他能够懂得其所做的有关自然的最好行为应是顺应自然而为，……不仅没有破坏自然，而且维护了自然的完整性和可持续发展性"④。同时，万物存在于自然环境中，对整个自然环境及规律的顺应也不可少。如《时则》中就要求人们的行动与时令和谐，生产活动要结合人的需求和气候规律。而且要有可持续发展意识，如不毁坏鸟巢，不捕杀怀胎的母兽，不捕捉小麇鹿和产卵的动

① 曾春海：《〈淮南子〉人与环境关系说及其当代意义》，《辅仁学志·人文艺术之部》2005 年第 32 期。
② 参见白光华《我对〈淮南子〉的一些看法》，陈鼓应主编《道家文化研究》第 6 辑，上海古籍出版社，1995，第 199 页。
③ 刘文典：《淮南鸿烈集解》，中华书局，1989，第 249 页。
④ 朱晓鹏：《道家哲学精神及其价值境域》，中国社会科学出版社，2007，第 255 页。

物,不要排干河流里的水,不焚烧山林等等①,不少知识和经验如今在民间仍有流传。

第三,在万物本性基础上合理利用。因顺万物本性,不代表不能利用万物,那样也无法推动文明进步,而应在合乎万物本性轨道之上加以利用。即像《淮南子》中所说的那样在"因其自然"之上"推"之、用之。比如《淮南子》中多次提到的大禹治水,就是在顺应江河自然水势基础上,通过合理的人工疏通、引导,让江河之水顺畅注入海中。而在对自然物的使用上,也该如此,如"埏埴而为器,窬木而为舟""令鸡司夜,令狗守门"②(《泰族》),尤其是要知道物各有其用,"因其所贵而贵之,物无不贵也;因其所贱而贱之,物无不贱也"③(《齐俗》)。万物都有其用处,要努力保障物"用之于其所适,施之于其所宜"④(《齐俗》)。这点对于面临着资源、能源不足的现代社会尤为重要,让每个物在最为合适的位置上发挥功效,物尽其用,才能让人对物的利用在合乎自然轨道上效益最大化。

四 保持清醒的危机意识

福祸是相生的,"利则为害始,福则为祸先"⑤(《诠言》),《淮南子》的告诫犹在耳边。在处事之时需小心谨慎,多思虑可能导致的后果,特别是要注意从微小的事做起,"人皆轻小害,易微事,以多悔"⑥(《人间》),轻视那些小的危害,是容易导致大的危险出现的。"患至而后忧之,是犹病者已倦而索良医也。虽有扁鹊、俞跗之巧,犹不能生也。"⑦(《人间》)等到大的危机真出现的时候,情况已经病入膏肓了,而且要耗费更多的人力、物力、财力去应对危机。"夫使患无生"的事先预防比事后的治理更为关键,更容易做到,成本也更低。

当然,《淮南子》还启示我们,预防不能仅停留在观念里,还要有实际的努力。"心""术""道"相结合的方式,在现代仍值得借鉴。就"心"

---

① 参见刘文典《淮南鸿烈集解》,中华书局,1989,第161、163页。
② 刘文典:《淮南鸿烈集解》,中华书局,1989,第670页。
③ 刘文典:《淮南鸿烈集解》,中华书局,1989,第349页。
④ 刘文典:《淮南鸿烈集解》,中华书局,1989,第348页。
⑤ 刘文典:《淮南鸿烈集解》,中华书局,1989,第479页。
⑥ 刘文典:《淮南鸿烈集解》,中华书局,1989,第587页。
⑦ 刘文典:《淮南鸿烈集解》,中华书局,1989,第587页。

而言，人们要常常自我反思与批判，明白自己所需要、所追求的是什么，弄清"得其得"是得怎样的东西，从而能找出自身存在的毛病，加以调整改正，以做到"不病"。同时，人们的行动要注重合"道"即合规律性，要做到这点，除了要注意把握自身状况、限度，还应尊重、了解行动对象的限度和发展变化规律。"凡有道者，应卒而不乏，遭难而能免，故天下贵之。今知所以自行也，而未知所以为人行也。"①（《人间》）有道者之所以面对突如其来的危机也不会手足无措，遭遇危难也能免于被害，正在于他们不仅知道自己的行事方法，还了解他人行事之方。此外，现今社会状况的复杂多变远胜之前，执一应万的"术"更显重要，要注重策略的灵活性及应对不同状况的技巧。《淮南子》记载了孔子评价自身的话："丘能仁且忍，辩且讷，勇且怯。"②（《人间》）连孔子那样的圣人都要注意依据状况、形势显现出的不同特性采用相应的手段，又何况常人。将这三方面相结合，既重内在修为又重外在规律，既有原则性又注意灵活性，才能有效地预防、应对危机的到来。

综上所述，《淮南子》伦理思想注重理论思考与现实应用相结合，既避免理论只局限在象牙塔中，又能让现实中种种复杂状况的处理有着坚实的思想基础，如此方能为人们在现实中的行动提供切实可用的指引。《淮南子》对人的指引不是单方面的，而是有系统的，意图从个体修养、国家治理及社会道德风气营造多方面共同着手，推动个人道德境界提升及社会、国家道德状况改善。在具体实践方法上，因循最为重要，《淮南子》强调在顺应自然的前提下，人可发挥自身主动性推动对象在自然轨道上前行，从而避免人们将因循与守旧、消极画上等号。居安思危的思想，让人们保持清醒谨慎，能够见微知著，注重自我反思与检视，为危机的消弭、人与国家的安宁做出切实努力。《淮南子》伦理思想的这些精髓，能为现代人提供丰富的养分，让人们兼收并蓄各种思想，构建起道德行为系统，并做出切实有效的行动，将自身视野扩充到万物之上，以应对发展中显现或隐含的危机，无疑有巨大的现实价值。

---

① 刘文典：《淮南鸿烈集解》，中华书局，1989，第616页。
② 刘文典：《淮南鸿烈集解》，中华书局，1989，第616页。

结　语

　　高诱在《叙目》中曾评价《淮南子》："言其大也，则焘天载地，说其细也，则沦于无垠，及古今治乱存亡祸福，世间诡异瑰奇之事。"① 确实，这部鸿篇巨制，包容广大，上至天文，下及地理，中含人间百事、帝王治道。其伦理思想以百川归海的姿态及开放性，融合吸收先秦各派思想于以道家思想为基本立场的体系中，体现出汉初学术杂而多方之趋向与面貌。然此间所谓"多方"，绝非胡适所说的"垃圾马车"②，而是从先秦专于一家，到以一家为主轴贯通诸家。这一方面是大一统朝代中学术走向的必然；另一方面在于《淮南子》并非纯为学而作，而是应时代需求而生，立足的是当时存在的社会问题，是急需解决的焦点问题和矛盾，并要给出建议或解决方案。伦理道德作为与人生活紧密相连的领域，这种重现实施用的指向尤为明显。《淮南子》伦理思想以道家为主轴，对其他诸家思想做有机改造和吸收，对道德的根据为何、道德如何产生、基本道德问题的处理原则、人应当如何践履道德等一系列道德哲学中的关键问题做出了解答。

　　在道德的形上依据问题上，《淮南子》以"道"为本原，在本体论、宇宙论两方面进行哲学思考，刻画出由"道"到"德"的进路。感应思想既让天地万物构成了休戚相关的整体，也为道德依据如何在现实中发生作用提供了较为具象化的路径。而对"德"的历史演变的追溯，在体现出《淮南子》思想重"史"特点的同时，也表明道德问题的解决，仅靠单一某家思想难以做到，综合成为必然选择。在人从自身走向社会群体再走向国家这一进程中，各领域都有着亟待解决的道德问题。人性是人行动的出发点，这一问题上，《淮南子》的道家色彩明显，"反性"成为《淮南子》伦理思

---

① 　高诱：《叙目》，刘文典：《淮南鸿烈集解》，中华书局，1989，第 2 页。
② 　胡适：《淮南王书》，新月书店，1931，第 135 页。

想中一贯之追求。而当人走入群体生活中，面临人与人之间的关系时，仁义成为人能够"群"的关键。《淮南子》减少了仁义中的血缘本位因子，强调对群类的整体意识和适宜的人际关系，并通过对仁义产生历史背景的追溯，肯定了它的救败功效。群体中人众财少的客观状况必然产生义利矛盾，而超越义利、不偏于任何一方是《淮南子》认为的最好解决方式。人是生活在国家中的人，国家治理中用法还是用德，与人密切相关。本着治理的合理有效性，《淮南子》在以"道"统摄之下，将德与法两种治理方式结合，以弥补各自不足。在对祸福问题的认识上，《淮南子》伦理思想的辩证性得到很好体现。而在对具体实践方式的论述上，从在交往中被动地接受外在教化，到主动进行道德修养，再到晋入至人、真人等理想人格境界，是逐层递进、不断提升的过程。《淮南子》中对道德教育秉持较为积极的态度，并且从人的素质差异入手论证教化之必要，强调教化非灌输，而是因性加以引导。在对修养及理想人格的论述上，《淮南子》的道家精神得到集中凸显，其思想内容是对先秦道家的继承及综合。

无论是在范畴还是在践行中，如何在坚持基本思想立场上，道事结合，求得在现实中的适用，是《淮南子》不断加以努力的方向。即便书中不免出现一些观点前后矛盾之处，但这多是出于力图将理想性和现实性结合，有时也反映出《淮南子》在选择上的困惑。《淮南子》之所以强调实用指向，离不开其浓重的危机感，《淮南子》希望能通过各方面努力的结合来尽可能避免祸患来临。因而其伦理思想力图"中通诸理"，包括道与人之通、万物之通、个人社会国家之通、诸家思想之通，乃至深层次的理想与现实之通、自由与规范之通，这些"通"使《淮南子》伦理思想具有了系统性。因循则是贯通全书的最重要的行动方法。不过，也因为野心太大、包容太多，使《淮南子》伦理思想有时在严密性及突破性上显示出不足，这是可惜的地方。

刘安坎坷的命运似乎也造就了《淮南子》一书的坎坷，叛王之书、长期被束之高阁加上杂家之名，使其所受的评价及产生的影响与其作为秦汉道家集大成之作的地位不符。本书写作的初衷正在于摆脱既往研究对《淮南子》的偏见及主观臆断，展现其伦理思想的本来面貌。通过对文本的仔细分析、解读，从形上依据、现实范畴及践行之道三方面，对《淮南子》伦理思想做出较为系统的论述。如何理解《淮南子》伦理思想之杂是本书写作的难点，笔者通过分析推演，认为所谓的"杂"，背后是《淮南子》本于实用目的，在以道家为思想主轴的基础上对各家思想的综合。若从思想的纯粹、对道家传统的坚守来看，《淮南子》逃脱不了"杂"的指摘。但伦理思想并非只是形上层面的构建，还需要能在现实中发挥切实的功用，而世事的复杂也就决定了并没有一种思想能完美地适用于各领域。从这方面来看，《淮南子》在综合各家思想上的努力，乃至在融合各家思想时表露出的矛盾、困惑都是具有价值的。本书正是致力于展现《淮南子》这种综合努力及取得的成果。

当然，本书还存有遗憾和力有未逮之处。如《淮南子》中有大量传说、寓言故事、历史掌故，其中包含丰富的人生智慧及处事之道，书中对这方面内容尚少系统的总结提炼。在思想评析上，由于本书着力于揭示《淮南子》伦理思想长期为人们所忽略的价值，对其伦理思想存在的理论困境、不足的分析就显得单薄。此外，《淮南子》作为承上启下的著作，如能将其伦理思想中的一些重要问题置于历史长河中进行对比分析，会对这些问题有更深层次的理解，可惜这方面的努力还嫌不够。对于这些未能解决好的问题，笔者将在今后的研究中，结合更多的材料，不断深入和丰富对其的理解。

附　录

国内《淮南子》伦理思想研究的历史与现状

《淮南子》成书至今已经超过两千年，对它的研究早在汉代就已开始，在长期的研究过程中，取得了丰硕成果。目前，《淮南子》研究仍受到不少关注且在持续升温，通过梳理研究的历史及现状，能从中找到许多值得学习、借鉴之处，发现研究可拓展的空间。

一　1949 年前研究状况

《淮南子》成书于西汉，在汉时即有马融、延笃、许慎、高诱四家注解，马融、延笃之注已佚，许慎注由于战乱仅存八篇，混于高诱注之中。高诱注虽是四家中保存最为完整的，但也难窥全貌。自汉以后，很长时间内对《淮南子》有所研究的著作仅零星出现，如魏徵所编《群书治要·淮南子》、马总《淮南子要语》、苏颂《校淮南子题序》等，另有部分评论散见于各类典籍之中，如刘知幾《史通·自叙》称《淮南子》"牢笼天地，博及古今"。至明代，《淮南子》研究方重焕生机。明清两代是《淮南子》研究的繁盛时期，茅一桂、王念孙、庄逵吉、洪颐煊、陶方琦、孙诒让等知名学者均参与研究，出现了一批研究著作，以及一些经过校勘的善本，研究视野也有很大拓展，取得了丰硕成果，如茅一桂刻本《淮南鸿烈解》、王念孙《读淮南杂志》、王绍兰《淮南鸿烈解札记》、洪颐煊《淮南鸿烈解丛录》、庄逵吉刻本《淮南鸿烈解》等都是其中的代表成果。除了文字训诂考证方面的著作，一些著作就《淮南子》的内容做了专门研究，如俞樾《淮南内篇评议》，但数量较少。总体而言，明清时期的研究虽然对《淮南子》的义理有所涉及与关注，《淮南子》中的丰富思想也逐渐受到学界重视，但受之前研究传统及当时研究风气的影响，研究重心仍放在传统的文字训诂、版本校勘方面。

概言之，中国古代的《淮南子》研究中，学者们主要关注的是释义、辨音、典故出处探赜等小学方面内容，所取得的成果集中在校注、考据方面；而对《淮南子》的思想内容、篇章结构的论述则不多见，且成果往往夹杂在校注中，如庄逵吉的注释，对《淮南子》思想内涵做系统性解释及探究的很少。可以说，古人用严谨的治学态度和方法结出了丰硕的成果，为当代的研究特别是文本解读方面提供了充实的资源，奠定了良好的基础。

民国时期，学者对《淮南子》的研究除沿袭前代训诂考据工作外，研究路径也开始从考据向阐释义理、解析思想方面转变。在取得的成果中，文本校注、考据方面成就依然突出，如刘文典《淮南鸿烈集解》、吴承仕《淮南旧注校理》、杨树达《淮南子证闻》等。思想研究方面，胡适的《淮南王书》是近代第一部专门就《淮南子》思想进行研究的著作，书中这样评价《淮南子》："道家集古代思想的大成，而淮南王书又集道家的大成。"[①] 胡适着力于发掘《淮南子》中所蕴含的哲学思想，在六章内容中，对"道"思想、"无为"思想、出世思想、阴阳感应思想进行了分析论述，但书中对《淮南子》的"垃圾马车"[②] 论断显然失之偏颇，对"道"等问题的理解也过多地带上了西方哲学的色彩。此外，许地山《道教史》、冯友兰《中国哲学史》、姚舜钦《秦汉哲学史》、陈炳琨《〈淮南子〉教育学说》、郭宜霖《淮南鸿烈论道与治术》等著作及论文对《淮南子》中阴阳五行、宇宙论、教育、治理等方面的思想研究也有所涉及。[③] 伦理思想研究方面，未有专著面世，唯蔡元培《中国伦理学史》中辟出一章专门讨论《淮南子》伦理思想，认为《淮南子》伦理思想以"性"为中心，发达其"性"，可以达到绝对界，以此来调和南北思想传统。同时，蔡先生认为《淮南子》以"道"为宇宙代表，"道"是虚静的，故人之性也是如此，只是因为"知"的扰乱使人迷失本性，所以人要保持其本性不失，使"性"

①　胡适：《淮南王书》，新月书店，1931，第 13 页。
②　胡适：《淮南王书》，新月书店，1931，第 135 页。
③　民国时期《淮南子》研究的详尽状况，主要参考王雪《〈淮南子〉哲学思想研究》，博士学位论文，西北大学，2005；马庆洲《六十年来〈淮南子〉研究的回顾与反思》，《文学遗产》2010 年第 6 期。

与"道"和；在修养中最重要的是节欲，存自然之欲去不自然之欲，以无
为为至善，最后要达到的理想世界是个自然无为、民众各得其所的社会①。
书中论述涉及范畴虽不广，却围绕"性"勾勒出《淮南子》伦理思想的逻
辑进路，惜篇幅所限未有充分展开，其中部分观点如《淮南子》主张性善
论也值得商榷。

除专门对《淮南子》内容进行研究考辨的著述外，近代著名思想家如
梁启超、康有为等人对《淮南子》的学派、思想内容也有所论述，魏义霞
教授有详细精到的论述②，本书不再赘言。

二　1949 年后研究状况

（一）概况

从 1949 年至 20 世纪 80 年代，《淮南子》研究较为沉寂，对《淮南子》
思想的论述分散在哲学史、思想史著作中。侯外庐在《中国思想通史》中
对《淮南子》的诸子发生学及书中道家和阴阳家思想做了简要介绍③。冯友
兰在《中国哲学史新编》中对《淮南子》的"气"论、辩证法、政治思想
等做了论述④。任继愈主编的《中国哲学史》对《淮南子》的宇宙论、形
神论、认识论、社会历史观及无为思想进行了分析，对其中的积极合理成
分作了肯定⑤。论文也仅有周辅成《论〈淮南子书〉的思想》⑥、于首奎
《试论〈淮南子〉的宇宙观》⑦ 等少量成果。台湾地区学者对《淮南子》研
究有所关注，王叔岷、于大成是其中代表人物，研究成果多为训诂方面，
如于大成的《淮南子校注》。

80 年代后，学界对《淮南子》的研究日益增多，大体上呈现出由版本、
文字的考据向思想阐释转变的趋向。主要体现在以下几个方面。首先，相
关著作不断问世。一方面，新的集释本及今注今译本出现，传统的考据研

---

①　蔡元培：《中国伦理学史》，商务印书馆，1999，第 51~55 页。
②　魏义霞：《近代哲学视界中的〈淮南子〉》，《哲学动态》2012 年第 7 期。
③　侯外庐等：《中国思想通史》第 2 卷，人民出版社，1957，第 71~83 页。
④　冯友兰：《中国哲学史新编》第 2 册，人民出版社，1964，第 143~176 页。
⑤　任继愈主编《中国哲学史》第 2 册，人民出版社，1963，第 48~63 页。
⑥　周辅成：《论〈淮南子书〉的思想》，《安徽史学》1960 年第 2 期。
⑦　于首奎：《试论〈淮南子〉的宇宙观》，《文史哲》1979 年第 5 期。

究继续发展。集释本如何宁《淮南子集释》、张双棣《淮南子校释》，现代
注译本如陈广忠《淮南子译注》、赵宗乙《淮南子译注》、陈一平《淮南子
校注译》、刘康德《淮南子直解》等，均展现了严谨的学术态度和一定的水
平，也推动了《淮南子》的普及。在版本考据上，于大成做了大量工作，
如《淮南王书考》《淮南鸿烈遗文考》①。另一方面，关于《淮南子》思想
研究的著作陆续涌现，如牟钟鉴《〈吕氏春秋〉与〈淮南子〉思想研究》、
杨有礼《新道鸿烈——〈淮南子〉与中国文化》、雷健坤《综合与重构：
〈淮南子〉与中国传统文化》、陈静《自由与秩序的困惑——〈淮南子〉研
究》、戴黍《〈淮南子〉治道思想研究》等。此外还有台湾地区学者李增的
《淮南子》《〈淮南子〉哲学思想研究》，陈丽桂的《秦汉时期的黄老思想》，
陈德和的《淮南子的哲学》，以及丁原植的《〈淮南子〉与〈文子〉考辨》、
刘德汉的《〈淮南子〉与老子参证》等从比较角度入手研究的作品。各类哲
学史、思想史著作中的相应章节也不容忽视，如任继愈主编《中国哲学发
展史》中的"《淮南子》——西汉道家思潮的理论结晶"、金春峰《汉代思
想史》中的"《淮南子》的思想特点及其政治上的消极倾向"、陈广忠和梁
宗华所著《道家与中国哲学（汉代卷）》中的"《淮南子》——黄老道学
的集大成"、熊铁基《秦汉新道家》中"《淮南子》集黄老道论之大成"
等。其次，研究《淮南子》的各种期刊论文日渐增多，根据中国知网搜索
结果，从 20 世纪 80 年代至今，《淮南子》研究相关论文近 800 篇，涉及的
学科领域十分广阔，从哲学、文学、艺术学到天文学，在数量、广度增加
的同时，研究深度也不断加强，呈现出百花齐放的局面。最后，以《淮南
子》作为研究对象的硕博士论文日益增多。目前能查知的硕博士论文就有
近 160 篇（博士论文 22 篇），主要涉及哲学、艺术学、文学、语言学等学
科，如邹丽燕《〈淮南子〉与黄老思潮》②、马庆洲《〈淮南子〉研究》③、漆
子扬《刘安与〈淮南子〉》④、赵欣《〈淮南子〉的宇宙论、生命论、艺术论

---

①　于大成：《淮南鸿烈论文集》，里仁书局，2005。
②　邹丽燕：《〈淮南子〉与黄老思潮》，博士学位论文，北京大学，1994。
③　马庆洲：《〈淮南子〉研究》，博士学位论文，北京大学，2001。
④　漆子扬：《刘安与〈淮南子〉》，博士学位论文，西北师范大学，2005。

研究》①、陈辉《〈淮南子〉社会思想研究》②、斯洪桥《〈淮南子〉天人观研究》③、李旻《〈淮南子〉政治哲学思想研究》④ 等，其中不少已以专著形式出版。

（二）《淮南子》伦理思想的研究状况

具体到《淮南子》伦理思想，据笔者所知所见，在目前已有的专门研究《淮南子》的著作里，基本没有专门对伦理思想研究的成果；在论文方面，未检索到对《淮南子》伦理思想进行专门研究的博士论文；期刊论文中涉及伦理思想的文章所占比例也不高，可见学界目前对《淮南子》伦理思想的研究还有不少可开拓的空间。下面主要分通论与分论两个方面对《淮南子》伦理思想研究已取得的成果做简要梳理。

通论方面，目前对《淮南子》伦理思想较系统的研究主要存在于各版本伦理学史、思想史的相应章节及部分学位论文中。陈瑛等所著的《中国伦理思想史》从道德本源论、道德发展观等五个方面对《淮南子》伦理思想进行了勾勒。该书认为《淮南子》将"道"作为世界主宰，"道"与"天"体现在人身上就是"性"，《淮南子》人性论中的矛盾是对先秦人性论进行调和的结果，是性三品说的萌芽。在道德发展观方面，该书认为《淮南子》描述的人类社会随文明进步而道德退化的景况，是受道家历史观影响，但又有其积极意义。此外，在义利观上，该书认为《淮南子》将道、儒、墨的主张糅合在一起，存有矛盾之处而且比起墨家义利观有所退步；同时《淮南子》主张在国家治理上也要重视道德，以仁义为本、法制为辅；在性命问题上，《淮南子》既有宿命论的倾向又注重个人努力，认为性命统一时才能效果最好。在道德评价标准上，该书认为《淮南子》一方面坚持"道"，另一方面又强调"仁""智"，存在矛盾之处；同时该书归纳了《淮南子》在道德评价上强调"常"与"权"的关系等三个独特观点。在道德修养和道德教育思想上，该书肯定了《淮南子》中的修养理论，同时指出由于儒道相杂，其中具有不少矛盾见解。总而言之，这本著作对《淮南子》

① 赵欣：《〈淮南子〉的宇宙论、生命论、艺术论研究》，博士学位论文，山东大学，2010。
② 陈辉：《〈淮南子〉社会思想研究》，博士学位论文，安徽大学，2013。
③ 斯洪桥：《〈淮南子〉天人观研究》，博士学位论文，南京大学，2014。
④ 李旻：《〈淮南子〉政治哲学思想研究》，博士学位论文，上海师范大学，2017。

伦理思想的论述较为全面，在一些问题上的分析也比较详尽，但书中意识
形态的痕迹较重，一些分析评断还无法脱离窠臼①。

　　陈少峰所著《中国伦理学史》在"《淮南子》与扬雄"一章中认为
《淮南子》有着一贯的主题："欲一言而寤，则尊天而保真；欲再言而通，
则贱物而贵身；欲参言而究，则外物而反情。"这也是《淮南子》生命观和
人生哲学的纲领。在《淮南子》中，尊天即尊道，尊道则要爱养精神、抚
静魂魄，同时守持真性，而不为外物、仁义所役执，将无为作为人修养高
下的标志。同时，作者指出，《淮南子》既表现出自为的人生态度，又体现
出道家与天地智慧相沟通的意向，实际上是既要体现人的淡薄情怀，又要
在众生中体现玄妙深远的韵味，故而《淮南子》伦理思想较明显地表现为
个人精神上的淡泊与处世上的无不为的社会关怀态度之间的矛盾。此书涉
及的问题虽不多却胜在深刻，特别是对矛盾的洞见是十分敏锐的②。

　　沈善洪、王凤贤的《中国伦理思想史》着重分析《淮南子》的人生观
和道德观。该书在人生观的论述中对《淮南子》的宇宙观、宿命论及生死
观、是非观做了分析，认为《淮南子》的人生观沿袭了庄子，是消极、悲
观、没落的。在人性论上，该书认为《淮南子》在人性本质问题上持"性
善论"，在达到"至善"的路径上采用老庄的"返朴归真"说，这种"真"
与"善"统一的人性论是伦理思想上的新见解。在对道德教育和道德修养
思想的分析中，认为虽然《淮南子》在道德教化上有积极态度，但"虚静"
的养德方法会使教化成为多余，修养和教化存在矛盾。在仁义道德观方面，
认为《淮南子》虽贬斥仁义，但又主张仁义如能适时适宜，对治国治民还
是必要的③。总体而言，该书对《淮南子》中重要的道德范畴和概念做了较
认真细致的分析，对其思想中存在矛盾的洞见也很敏锐。但由于其对庄子
思想有一定偏见，该书对《淮南子》的评价有时有失公允，对一些矛盾的
分析也显牵强。此外，徐复观对《淮南子》中的人性观、精神观进行了分
析，特别是对《淮南子》中道儒两家思想抗衡和融合的分析具有创见④。李
增在《淮南子》中"《淮南子》道德论"一章阐述了《淮南子》中的个人

①　陈瑛等：《中国伦理思想史》，贵州人民出版社，1985，第233~251页。

②　陈少峰：《中国伦理学史》上册，北京大学出版社，1996，第169~178页。

③　沈善洪、王凤贤：《中国伦理思想史》上，人民出版社，2005，第370~386页。

④　徐复观：《两汉思想史》第2卷，华东师范大学出版社，2001，第108~181页。

德性、社会伦理及法与道德的关系，认为《淮南子》的道德思想融合了道家的道德、儒家的仁义、法家的法术，并欲以道德贯穿之；在融合架构时借助社会历史进化论，将三家分别运用于不同领域，以消除矛盾①。

在硕博士论文中，高晓荣主要从《淮南子》伦理思想的背景、内容和影响方面进行论述：在内容部分，对《淮南子》的人性论、道德起源、道德标准及行为规范等做了论述；在影响部分，分析了《淮南子》道德思想不为统治者所采用的原因，并将之与《春秋繁露》做了对比，具有一定特色②。王雪的《〈淮南子〉哲学思想研究》中"人性与人生"一章从自然人性论、循性论及人性可教方面对《淮南子》的人性论做了分析，认为其在道家思想基础上，吸收了儒家的积极思想，从现实出发对道家思想进行了调和和发展；"德与道"一章则对《淮南子》道德哲学中重要论题——"道"与"德"的关系、仁义观、道德层次论等做了精到的论述分析，特别是提出《淮南子》注意到道德是有层次的，民众和求道者的道德目标不尽相同，所以《淮南子》既关注世俗道德规范又积极超越世俗③。

除综合概括性研究外，其他著作、论文中则多从某一两个方面或某个问题入手对《淮南子》伦理思想进行研究，主要涉及以下五个方面。

1. 人性论的判定

《淮南子》的人性论从文字上看兼有道儒特点，甚至前后论述有所矛盾，所以对于如何理解《淮南子》的人性思想，目前学界也有不同说法。牟钟鉴总结了《淮南子》人性论的六个基本观点：人性安静恬愉、人性与欲望不两立、人性易为善难为恶、人性可损益、礼乐法度后于人性而生、水土对人性有重大影响。牟氏认为这一人性论体现了道儒两大思潮的既融合又对立，其长处不在精而在博④。岑贤安等认为《淮南子》将"性"规定为体现道、受于天的自然本性，其基本特征是清静自然；并认为《淮南子》主张原心返性，全性保真，并依据清静自然本性治身治国⑤。雷健坤认为《淮南子》明确提出人性本静的观点，既是道家人性论发展的必然结果，

---

① 李增：《淮南子》，东大图书公司，1992。
② 高晓荣：《〈淮南子〉伦理思想研究》，硕士学位论文，曲阜师范大学，2008。
③ 王雪：《〈淮南子〉哲学思想研究》，博士学位论文，西北大学，2005。
④ 牟钟鉴：《〈吕氏春秋〉与〈淮南子〉思想研究》，齐鲁书社，1987，第221~228页。
⑤ 岑贤安等：《性》，中国人民大学出版社，1996，第68~74页。

又是主张"无为而治"的现实需要①。戴黍认为《淮南子》常以道家"恬愉清静"之辞说本然人性，又肯定人性善端，带有儒道相融的色彩，所持的是"人性不等"及"人性可塑"论②。陈静认为《淮南子》主张人性本淳真，只是由于知、欲、情、物、俗而由真变伪，所以《淮南子》强调"反朴归真"，但"反朴"在现实中的艰难，使《淮南子》由道家人性之真伪论转移到儒家人性之善恶论③。这种从理论逻辑上对《淮南子》人性思想转变的分析无疑是非常有创见的。刘爱敏认为《淮南子》的人性论是对先秦各派人性论的总结和融合，主调是以道家式的"恬淡虚静"说明"本然"的人性，同时又积极肯定人性之"善"，强调后天教化，而且重视人的基本生理要求，其目的在于治身与治国④。柴文华认为《淮南子》中有天性、人性之分，天性有纯朴清静和相戏相害两种属性，人性则是生理欲求的总合，《淮南子》对"性"的范畴没有一以统之的规范性界说，但"纯粹朴素""无事无欲"是其主要内涵，也构成道德主体选择和评价的标尺⑤。唐劭廉、李慈梅认为《淮南子》的人性论兼采儒墨阴阳之迹，而以"道"为归，在本体论的高度确立了"清净恬愉"的人性本质，又在生活世界中发现了"欲性相害"的人性异化，最后实现了存在论状态上的"遗物反己"——人性复归。《淮南子》的人性论的贡献正在于兼容并包、海纳百川⑥。

从研究现状看，对人性论的主要观点有：①《淮南子》继承道家思想，对人性最主要的界定是"清净恬愉"。②"清净恬愉"之外，《淮南子》中还有其他关于人性的论述和规定，如性善论，但不能简单认定《淮南子》人性论混乱复杂，多数研究者认为这是《淮南子》在立足道家思想基础上所做的兼容并包与思想融合，特别是儒道融合，但对这种努力及其成果的评价则不尽相同。③总结破坏本真人性的原因及持守本性的方法。可以说已经较完整地勾画出了《淮南子》的人性思想。但若要更进一步追问，《淮南子》为何要在道家人性论基础上融合他家学说，其融合途径为何，以及

① 雷健坤：《综合与重构——〈淮南子〉与中国传统文化》，开明出版社，2000。
② 戴黍：《〈淮南子〉治道思想研究》，中山大学出版社，2005。
③ 陈静：《自由与秩序的困惑——〈淮南子〉研究》，云南大学出版社，2004。
④ 刘爱敏：《〈淮南子〉道论研究》，山东人民出版社，2013。
⑤ 柴文华：《〈淮南子〉的伦理主题述略》，《江汉论坛》1988年第6期。
⑥ 唐劭廉、李慈梅：《"性合于道"：〈淮南子〉人性论探析》，《茂名学院学报》2003年第2期。

如何理解融合中产生的矛盾，这些问题还未有圆融的阐释和深入的剖析。

2. 仁义思想的定位

《淮南子》中对仁义道德既有批评也有认可，乃至将其放在很高的地位，如何理解与定位《淮南子》中的仁义思想也引发了不少的关注和研究。陈广忠指出，《淮南子》是在"道—德—仁义"这样的伦理道德演变史中定位仁义的，其注意到了仁义产生的历史背景，主张道德高于仁义，包含仁义①。那薇认为《淮南子》之反对仁义，是出于反对朝廷以仁义来压制诸侯王的政治立场；同时，《淮南子》仁义思想的主要内容是爱人，其论述爱人的目的是推动皇帝与诸侯王相互谅解②。冯克诚等主编的《中华道德五千年》中认为《淮南子》一方面坚持以自然道德为最高的道德本原，另一方面又适应现实社会的需要，吸收了儒家仁义济世的观念，认为仁义具有其存在的必要性。道德与仁义是对立统一的关系，二者有主次之分、本末之别③。熊铁基指出《淮南子》一方面坚持"大道废，有仁义"思想，保持"道"的最高地位；另一方面将仁义纳入"道论"范围，从现实出发肯定仁义的作用④。刘爱敏指出，《淮南子》一方面认为仁义会破坏人性，另一方面主张仁义应出于人性，能使人性完善和规范化，承认礼法制度的前提是以道为本⑤。赵欣认为《淮南子》将仁义礼乐作为"道""德"衰败后的产物，主张过分地强调它们会使人丧失本性，但《淮南子》在将"道""德"作为最为理想的状态加以阐释的同时，并没有摒弃仁义礼乐，而是肯定了它的作用，因为仁义礼乐是客观存在的，同时也是治国治民所不可缺少的⑥。柴文华指出：《淮南子》从发生学的角度，确认仁义产生在道德之迁的衰世，从而提出本道德末仁义的观念；但其并非否定仁义礼乐，而是认为仁义诸伦理规范是在性与道沦丧后自然发生的，这样就把儒家的仁义观建立在道家自然论的基础上⑦。陈延斌、孟凡拼对《淮南子》中关于正义的论述进行了分析，认为正义有合乎时宜、合理恰当之意；施行正义是为了

① 陈广忠：《刘安评传——集道家之大成》，广西教育出版社，1996。
② 那薇：《汉代道家的政治思想和直觉体悟》，齐鲁书社，1992。
③ 冯克诚、蒋卫杰、宋武主编《中华道德五千年》，中国文史出版社，1998。
④ 熊铁基：《秦汉新道家》，上海人民出版社，2001。
⑤ 刘爱敏：《〈淮南子〉道论研究》，山东人民出版社，2013。
⑥ 赵欣：《〈淮南子〉的宇宙论、生命论、艺术论研究》，博士学位论文，山东大学，2010。
⑦ 柴文华：《〈淮南子〉的伦理主题述略》，《江汉论坛》1988 年第 6 期。

调节五伦关系，制止本性丧失；要实现正义需圣人、国君、臣属及民众四方面努力①。

目前对于《淮南子》仁义观的研究，基本都主张：一方面，《淮南子》对仁义礼乐抱批判态度，批评的原因在于仁义礼法僵化不变、破坏人的本性等；另一方面，《淮南子》又认为仁义可以救败，在衰世之时是必要的，认可它的必要性和作用，将仁义礼乐纳入"道"的统摄下，建立在顺应人本性的基础上。但在这种态度形成原因的分析上，往往只是简单地归结于当时现实需要或者政治原因，现实需要或政治背景是重要原因不假，但这只是历史原因，在学理逻辑上的分析论述同样非常重要，而目前研究中这一方面还比较欠缺。同时，《淮南子》之肯定仁义礼乐虽是对儒家思想的继承，但儒家在自身发展中对于仁义礼乐就有不同的定义和理解，《淮南子》中的仁义礼乐是否有新的内涵和发展，还需要细致分析。

3. 德治思想的讨论

治道思想在《淮南子》中有很重分量，故而关于道德在治国中所处的地位和作用，以及其与德与法的关系，也是得到较多关注的问题。陈丽桂对《淮南子》刑德思想中"由天道到治道""由尊君到本民""由静到刑名"的线索做了细致分析②。杨有礼指出，《淮南子》以虚静无为的精神为指导，吸收了儒家重道德修养的修身工夫，提出了君主修养学说，认为君主要清静无为、俭廉守节、处愚称德，同时从小事做起，积小善成大德；在政治体系构成上，《淮南子》以道为总统仁义和法的根本原则；在治世方法上，仁义为本而法为末③。戴黍指出：《淮南子》认为国家的存在与治理，有赖于君主之德的成就与施行，在君德之成就上，君主应注意内在修养，注意不断积累、渐进，同时需外在监督；在德之施行上，则有由上及下、推己及人、重本轻末的特点④。林中坚认为以《淮南子》为代表的新道家，所行的道家"德政"，结合了原始道家思想和先秦儒家思想，是以道论、道德为主，把仁、义、礼纳入"道"范围的"以德治国"理论；所用的是以

① 陈延斌、孟凡拼：《〈淮南子〉正义思想研究》，《淮南师范学院学报》2010年第1期。
② 陈丽桂：《秦汉时期的黄老思想》，文津出版社，1997。
③ 杨有礼：《新道鸿烈——〈淮南子〉与中国文化》，河南大学出版社，2001。
④ 戴黍：《〈淮南子〉治道思想研究》，中山大学出版社，2005，第125~127页。

道德为本、以礼乐教化为实践的方式①。论文中，龙国智从行政伦理原则、规范、道德修养、目标等方面对《淮南子》中的行政伦理做了分析阐释②。谭晓侠则从价值取向、伦理规范、行政道德养成、行政理想及实现途径等方面做了分析③。两论文在资料的选择及分析上颇下了一番功夫，力图将行政伦理思想串联成完整系统，并注重和现实结合。杨敏认为《淮南子》主张实行德刑并用、法辅仁义、德教为先的治国术，同时凸显了法正义与公平的本质，并十分注重统治者的道德修养④。张为民指出《淮南子》一方面认识到法制的强制性和公正性；另一方面，领悟到法制的消极性、被动性，由此形成了德法兼行、德主刑辅的社会控制思想。此外，《淮南子》也发现了德治教化的主动性和高效性⑤。韩娜认为《淮南子》的政治伦理体现在君主的治国方针是"无为而治"、君主要依靠群臣实现治国、实行德治、同时实行法治四个方面⑥。张立文认为：《淮南子》讲仁义之治，但与儒家仁政德治有异；书中提出了"时"的观念，以"时"的思想来完善仁义，以利国利民⑦。杨柳认为《淮南子》中法的制定要遵从人的本性，要合于"众适"，而在执行中要以仁义为本，培养人们的向善之心⑧。

综观目前对《淮南子》德治思想的研究，主要集中在：①对统治者品德即君德的论述，诚信、爱民、节俭、公平等德目及无为、爱民等原则反复被提及，君德养成之方也多有论述。②德、法在社会治理中的作用及相互关系的分析。德主刑辅、德法兼行是最常被提及的观点。研究中的不足之处在于：①德治中的"德"该如何加以定义，是道家的自然性道德还是儒家的仁义道德，或是两者的集合，两者何为治国之本，在这点上目前还缺乏细致精微的分析。②君主德行在治理中十分重要，但《淮南子》中同样提到"治在道，不在圣""无为而自治"，《淮南子》对圣王政治是持怎样的态度，这一问题目前研究中有所提及但未深入挖掘。③虽对刑德间的

① 林中坚：《中国传统礼治》，广东人民出版社，2007。
② 龙国智：《〈淮南子〉行政伦理研究》，硕士学位论文，中南大学，2003。
③ 谭晓侠：《〈淮南子〉行政伦理探析》，硕士学位论文，黑龙江大学，2011。
④ 杨敏：《论〈淮南子〉的德育思想》，硕士学位论文，华南师范大学，2005。
⑤ 张为民：《〈淮南子〉哲学与社会发展思想新论》，《东岳论丛》2001年第1期。
⑥ 韩娜：《〈淮南子〉伦理思想探析》，《淮南师范学院学报》2007年第6期。
⑦ 张立文：《冲突与医治：〈淮南子〉化解危机的哲学》，《江海学刊》2010年第1期。
⑧ 杨柳：《〈淮南子〉政治伦理思想研究》，硕士学位论文，河北大学，2017。

关系进行了揭示，但对《淮南子》为何如此判定德刑关系、德刑为何结合及怎样结合，以及其背后的逻辑推演还少深入分析。

4. 道德教化和道德修养思想的总结

道德理论要付诸实现，离不开外在的道德教化及内在的道德修养，《淮南子》伦理思想方面的研究也日益受到关注。道德教化方面，陈广忠指出：《淮南子》认为施行教化要按人的本性进行，将教与学作为德性教育的两方面，在"学"上主张要有正确目的、持之以恒、注意积累①。杨有礼认为《淮南子》持儒道结合的道德教育论，这种教育观是建立在"循性保真""率性而行"的道德本源论上的；而在德育评价标准上，《淮南子》一方面以"道"为最高标准，另一方面主张仁义，主张道德标准是多方面且可变的②。张瑞璠主编的《中国教育哲学史》中指出：《淮南子》中有刑赏法治型、仁义伦理型和道德无为型三种教化方式，这是与现实中人性的不同等级相适应的，是相互联系、逐级上升的不同层次的教化类型③。论文方面，杨敏指出对人的善性的认可是《淮南子》选择推行道德教化的根据；在道德教化范畴内，《淮南子》主张以礼义教化民众，因民性而治，推崇以"贵忠""重孝"为核心的道德规范；其德育方法可概括为"感而化之""学而明人伦"等四种④。赵欣认为《淮南子》对儒道两家的社会教化思想既有批判又有吸收，特别是对"学"的态度与"学"的方法进行了区分。《淮南子》的教化思想一方面试图超越道家对于"学"的摈弃态度，另一方面也试图避免儒家重知而轻人的弊端；同时，赵欣也指出这种努力中存有矛盾，《淮南子》的教化观点还是在儒道间游移⑤。吕锡琛围绕《淮南子》道德教育目标、"因性"的重要原则、美化风俗的作用、神化为贵的道德教育思想等进行论述，认为《淮南子》道德教育理论强调因性而教、身教重于言教、心理调节与道德教育互动、以真情动人、重视教育主客双方的心灵沟通，包含不少值得学习借鉴的因素⑥。

① 陈广忠：《刘安评传——集道家之大成》，广西教育出版社，1996，第73~79页。
② 杨有礼：《新道鸿烈——〈淮南子〉与中国文化》，河南大学出版社，2001，第162~165页。
③ 张瑞璠主编《中国教育哲学史》，山东教育出版社，2000。
④ 杨敏：《论〈淮南子〉的德育思想》，硕士学位论文，华南师范大学，2005。
⑤ 赵欣：《〈淮南子〉的宇宙论、生命论、艺术论研究》，博士学位论文，山东大学，2010。
⑥ 吕锡琛：《论〈淮南子〉的道德教育思想》，《道德与文明》2001年第1期。

在道德修养论上，陈德和对"真人""圣人"等理想人格做了细致分析，特别是对圣人做了"无为的圣人"和"无不为的圣人"的区分，又将后者分为"因资""因物""因势"之人①。雷健坤认为《淮南子》中的修养过程就是反性过程、体道过程，在修养中须外物反己，虚己反本②。那薇指出《淮南子》推崇养性，在养性方法上提倡以理智控制情感，特别是将节欲建立在对本性体认基础上而不是盲目节欲③。田野认为《淮南子》中的修养思想是建立在人性论基础上的，人性有自然性与社会性两方面，因此修养也由心性修养和道德修养两方面组成。在心性修养上，《淮南子》主张原心反性与适情知足；在道德修养上，则表现为对仁义的修养及遵礼循俗。这一修养论以道家心性修养论为主体，以儒家道德修养为补充④。赵欣指出《淮南子》道德修养思想是以道家思想为核心内容而夹杂有儒家观点的综合性产物，同时认为从个人修养的方法来看，《淮南子》强调"自养""遗忘""无所求"⑤。唐劭廉、吕锡琛指出，《淮南子》认为人若要修养精神、培育德性，应做到清心寡欲、抑情反性、以内乐外⑥。周贞余围绕"尊天而保真"这一主题分析了《淮南子》中的精神修养，认为《淮南子》主张人必须效法天地无为，达到"精神澹然无极，不与物散而天下自服"的境界⑦。

目前对《淮南子》道德教化思想的研究中，对其教化思想的基本观点和框架都已做梳理，对其中道儒结合的特点也做了揭示，对思想中的层次性也有所关注；不足的是基本只注意到对个人的教化或教化对个人的影响，而没有注意到像"移风易俗"这种社会道德风气的改变、营造。而在修养思想方面，心性修养得到的关注和论述最多，对其的挖掘也比较全面深入；对《淮南子》修养论中同时包含道儒两家修养思想的现象也有提及，但当前研究中对《淮南子》修养论中的儒家养分论述得较少，对两家修养思想

① 陈德和：《淮南子的哲学》，南华管理学院，1999。
② 雷健坤：《综合与重构——〈淮南子〉与中国传统文化》，开明出版社，2000，第111~116页。
③ 那薇：《汉代道家的政治思想和直觉体悟》，齐鲁书社，1992，第121~125页。
④ 田野：《〈淮南子〉修养论研究》，硕士学位论文，陕西师范大学，2011。
⑤ 赵欣：《〈淮南子〉的宇宙论、生命论、艺术论研究》，博士学位论文，山东大学，2010。
⑥ 唐劭廉、吕锡琛：《论〈淮南子〉生命观的深层意蕴》，《西南交通大学学报》（社会科学版）2004年第3期。
⑦ 周贞余：《"尊天而保真"——论〈淮南子〉的道论及其精神修养之义涵》，《应用伦理评论》2018年第64期。

的矛盾及调和的分析也比较粗略。

5. 生态伦理的研究

近十多年来，《淮南子》中蕴含的生态伦理、环境伦理思想受到了较多关注。潘存娟认为"物无贵贱"是《淮南子》生态伦理思想的价值观基础，基于此，《淮南子》提出"物物不物"的生态伦理思想，认为人类应与万物建立"相得（德）"、"相有（友）"、和睦友善的关系，并且提倡"德及万物"的生态道德观念。它还积极遵循"因""利""节"等原则，使其生态伦理主张得到落实①。庞昕指出，《淮南子》生态伦理思想的基本内容为"物无贵贱，我亦物也"的自然价值观、"德及万物，不以利害义"的生态道德观，在此之上《淮南子》将无为理论作为论述人与自然关系的基础，指导人们在日常的实践活动中要"敬畏自然"，遵循自然规律②。林飞飞、高旭指出《淮南子》继承了道家自然中心主义的传统，发展了中国古代生态伦理中人与自然和谐共生的思想，以"道"为基础建立了其整体主义生态观，并以此为基础提出了生态平等思想，且以"无为"作为人类各项活动的基本原则③。王文东认为《淮南子》综合了先秦道儒法诸子思想，以天人合一为纲领，强调以人法天、人道合于天道，在对自然规律认识的基础上使人的活动顺应自然，建立自然生态伦理模式。《淮南子》依据道生万物、物无贵贱的生态价值基础以及因顺自然、取法天道的生态价值原则，并以"因""利""节"三个关键概念为核心，阐释了系统的生态价值规范④。李杰总结了《淮南子》对君主、社会和个人提出的三个方面的生态道德，即君主应秉持"无为"的德性，社会应形成良好的风俗，个人应秉持清静无欲的本来情性。在生态实践观方面，《淮南子》主张人类在生产生活实践中，应遵循自然规律，顺应天地万物的发展变化，节约用度、适度消费⑤。

总体而言，在生态伦理的研究方面，学界观点较为统一，认为《淮南子》主要继承了道家的思想传统，以人与万物共生共存、相互影响的生态

① 潘存娟：《〈淮南子〉生态伦理思想的现代解读》，第 15 次中韩伦理学国际学术讨论会会议论文，西安，2017 年 4 月。
② 庞昕：《〈淮南子〉生态伦理思想新探》，硕士学位论文，河北大学，2010。
③ 林飞飞、高旭：《〈淮南子〉生态伦理思想探析》，《鄱阳湖学刊》2013 年第 3 期。
④ 王文东：《〈淮南子〉对道家生态伦理观的积极阐释》，《阴山学刊》2014 年第 1 期。
⑤ 李杰：《〈淮南子〉生态伦理观研究》，硕士学位论文，重庆师范大学，2016。

整体观为基础，推导出人与万物平等，不可仅以人为中心；因而"无为"应当成为人们的行为准则，具体举措包括因循自然规律、节制自身欲望等。但也存在对于《淮南子》生态伦理思想中的消极面反思不足，与当前生态保护实践套接较为生硬的问题。

除上述这些方面外，《淮南子》伦理思想研究中还有不少富有创见的成果，如吕锡琛、龙国智探讨了《淮南子》在使用人才上的道德主张，认为《淮南子》用人伦理的基本原则是公正无私、赏罚平等合理、注重实效，主张选拔人才上注重德才并举，使用人才上知人善用、兼容并蓄[1]。唐劭廉、吕锡琛以现代道德心理学的视野，从道德认知的双重建构、人性前提、反应模式和认知途径四方面探讨了《淮南子》建构其道德认知图式的内在理路[2]。张坤则是从新兴的财富伦理的视角来探究《淮南子》伦理思想[3]。李翔德、郑钦镛的《论〈淮南子〉的伦理美思想》则属于学科交叉研究，研究了《淮南子》伦理思想的美学意蕴[4]。这些多种多样的研究体现出《淮南子》伦理研究的多元化倾向。

综上所述，学界对《淮南子》伦理思想的学术价值已有较多关注，并产出了一些优秀的科研成果，但也存在须深化和拓展的地方。首先，有的成果由于篇幅限制，虽对《淮南子》伦理思想做了系统介绍，但没有细致入微地做出分析；有的仅对《淮南子》伦理思想中的某个范畴、某一个体或社会实践领域进行分析，缺乏对《淮南子》伦理思想系统、全面的把握。其次，研究中概括陈述的多、深入分析的少。如不少研究都关注到《淮南子》伦理思想多家融合与互相矛盾的特点，但往往只是指出或罗列现象，进行的分析也多是从历史背景、现实需要等外在因素入手，而较少对其背后的原因、动力、实质做深入思考。最后，因追求古为今用而较为生硬。不少研究都力图找出《淮南子》伦理思想与应用伦理相连接的部分，以期凸显现实意义，这一努力无可指摘，但有的研究忽略了《淮南子》自身文义，没有对相关思想进行细致、系统的分析和转化，因而扭曲了文义，也无法揭示《淮南子》真正的现实价值。

---

① 吕锡琛、龙国智：《〈淮南子〉用人伦理思想探微》，《湘潭大学社会科学学报》2003 年第 5 期。
② 唐劭廉、吕锡琛：《〈淮南子〉道德认知图式省察》，《道德与文明》2002 年第 2 期。
③ 张坤：《汉晋道教财富伦理思想研究》，博士学位论文，山东大学，2006。
④ 李翔德、郑钦镛：《论〈淮南子〉的伦理美思想》，《晋阳学刊》2003 年第 4 期。

参考文献

一　原典及注疏

班固：《汉书》，中华书局，1962。

陈鼓应注译《黄帝四经今注今译——马王堆汉墓出土帛书》，商务印书馆，2007。

陈广忠：《淮南子译注》，吉林文史出版社，1990。

陈奇猷：《吕氏春秋新校释》，上海古籍出版社，2002。

陈奇猷：《韩非子新校注》，上海古籍出版社，2000。

陈一平：《淮南子校注译》，广东人民出版社，1994。

高明：《帛书老子校注》，中华书局，1996。

郭庆藩：《庄子集释》，中华书局，2004。

何宁：《淮南子集释》，中华书局，1998。

黎翔凤：《管子校注》，中华书局，2004。

刘康德：《淮南子直解》，复旦大学出版社，2001。

刘文典：《淮南鸿烈集解》，中华书局，1989

刘熙：《释名》，中华书局，1985。

楼宇烈校释《王弼集校释》，中华书局，1980。

彭浩校编《郭店楚简〈老子〉校读》，湖北人民出版社，2001。

钱熙祚校《尹文子》，中华书局，1954

阮元校刻《十三经注疏》，中华书局，1980。

司马迁：《史记》，中华书局，1959。

苏舆：《春秋繁露义证》，中华书局，1992。

孙星衍：《尚书今古文注疏》，中华书局，1986。

王弼注，楼宇烈校释《老子道德经注校释》，中华书局，2008。

王夫之：《读通鉴论》，中华书局，1975。

王先谦：《荀子集解》，中华书局，1988。

徐元诰：《国语集解》，中华书局，2002。

许匡一：《淮南子全译》，贵州人民出版社，1993。

许慎撰，段玉裁注《说文解字注》，上海古籍出版社，1988。

杨伯峻译注《论语译注》，中华书局，1980。

杨树达：《淮南子证闻》，上海古籍出版社，2006。

张双棣：《淮南子校释》，北京大学出版社，1997。

周振甫译注《诗经译注》，中华书局，2002。

二　研究著作

安乐哲：《主术——中国古代政治艺术之研究》，滕复译，北京大学出版社，1995。

本杰明·史华兹：《古代中国的思想世界》，程钢译，江苏人民出版社，2004。

蔡元培：《中国伦理学史》，商务印书馆，1999。

曹峰：《文本与思想——出土文献所见黄老道家》，中国人民大学出版社，2018。

岑贤安等：《性》，中国人民大学出版社，1996。

陈德和：《淮南子的哲学》，南华管理学院，1999。

陈广忠：《刘安评传——集道家之大成》，广西教育出版社，1996。

陈广忠、梁宗华：《道家与中国哲学（汉代卷）》，人民出版社，2004。

陈静：《自由与秩序的困惑——〈淮南子〉研究》，云南大学出版社，2004。

陈丽桂：《战国时期的黄老思想》，联经出版事业公司，1991。

陈丽桂：《秦汉时期的黄老思想》，文津出版社，1997。

陈少峰：《中国伦理学史》，北京大学出版社，1996。

陈瑛等：《中国伦理思想史》，贵州人民出版社，1985。

池田知久：《道家思想的新研究——以〈庄子〉为中心》，王启发、曹峰译，中州古籍出版社，2009。

崔瑞德、鲁惟一编《剑桥中国秦汉史》，杨品泉等译，中国社会科学出版社，1992。

戴黍：《〈淮南子〉治道思想研究》，中山大学出版社，2005。

丁原明：《黄老学论纲》，山东大学出版社，1997。

樊浩：《中国伦理精神的历史建构》，江苏人民出版社，1992。

冯友兰：《中国哲学史》，重庆出版社，2009。

高恒天：《道德与人的幸福》，中国社会科学出版社，2004。

高旭：《道治天下——〈淮南子〉思想史论》，天津人民出版社，2018。

高旭：《大道鸿烈——〈淮南子〉汉代黄老新"道治"思想研究》，巴蜀书社，2020。

高兆明：《存在与自由：伦理学引论》，南京师范大学出版社，2004。

葛瑞汉：《论道者：中国古代哲学论辩》，张海晏译，中国社会科学出版社，2003。

葛兆光：《中国思想史》第1卷，复旦大学出版社，2001。

龚鹏程：《汉代思潮》，商务印书馆，2005。

胡适：《淮南王书》，新月书店，1931。

黄悦：《神话叙事与集体记忆——〈淮南子〉的文化阐释》，南方日报出版社，2010。

焦国成：《中国伦理学通论》上册，山西教育出版社，1997。

金春峰：《汉代思想史》，中国社会科学出版社，1987。

劳思光：《新编中国哲学史》，三民书局，1988。

雷健坤：《综合与重构——〈淮南子〉与中国传统文化》，开明出版社，2000。

李霞：《生死智慧——道家生命观研究》，人民出版社，2004。

李增：《淮南子》，东大图书公司，1992。

李增：《淮南子哲学思想研究》，洪叶文化事业有限公司，1997。

梁启超：《中国近三百年学术史》，东方出版社，1996。

梁漱溟：《中国文化要义》，上海人民出版社，2011。

刘爱敏：《〈淮南子〉道论研究》，山东人民出版社，2013。

马庆洲：《淮南子考论》，北京大学出版社，2009。

梅珍生：《道家政治哲学研究》，中国社会科学出版社，2010。

牟钟鉴：《〈吕氏春秋〉与〈淮南子〉思想研究》，齐鲁书社，1987。

彭富春：《哲学美学导论》，人民出版社，2005。

钱穆：《湖上闲思录》，生活·读书·新知三联书店，2000。

钱穆：《秦汉史》，生活·读书·新知三联书店，2005。

任继愈：《中国哲学发展史》，人民出版社，1985。

沈善洪、王凤贤：《中国伦理思想史》，人民出版社，2005。

孙纪文：《淮南子研究》，学苑出版社，2005。

唐少莲：《道家"道治"思想研究》，中国社会科学出版社，2011。

王贵民：《中国礼俗史》，文津出版社，1993。

王巧慧：《淮南子的自然哲学思想》，科学出版社，2009。

王云度：《刘安评传》，南京大学出版社，1997。

韦政通：《中国思想史》，水牛出版社，1980。

小野泽精一、福永光司、山井涌编《气的思想——中国自然观和人观念发展》，李庆译，上海人民出版社，2007。

熊铁基：《秦汉新道家》，上海人民出版社，2001。

徐复观：《两汉思想史》第1卷，华东师范大学出版社，2001。

徐复观：《两汉思想史》第2卷，华东师范大学出版社，2001。

许建良：《魏晋玄学伦理思想研究》，人民出版社，2003。

许建良：《先秦道家的道德世界》，中国社会科学出版社，2006。

许建良：《先秦儒家的道德世界》，中国社会科学出版社，2008。

许建良：《先秦法家的道德世界》，人民出版社，2012。

许倬云：《中国文化的发展过程》，贵州人民出版社，2009。

杨栋：《出土简帛与〈淮南子〉研究》，中国社会科学出版社，2018。

杨国荣：《伦理与存在——道德哲学研究》，华东师范大学出版社，2009。

杨国荣主编《思想与文化》第26辑，华东师范大学出版社，2021。

杨有礼：《新道鸿烈——〈淮南子〉与中国文化》，河南大学出版社，2001。

叶秀山：《叶秀山文集》，上海辞书出版社，2005。

于大成：《淮南鸿烈论文集》，里仁书局，2005。

曾春海：《两汉魏晋哲学史》，五南图书出版股份有限公司，2002。

张岱年：《中国哲学大纲》，中国社会科学出版社，1982。

张岱年：《中国伦理思想研究》，上海人民出版社，1989。

张立文：《中国哲学范畴发展史（人道篇）》，中国人民大学出版社，1995。

中国社会科学院哲学研究所编《新世纪的哲学与中国——中国哲学大会（2004）文集》上卷，中国社会科学出版社，2005。

朱晓鹏：《道家哲学精神及其价值境域》，中国社会科学出版社，2007。

三　学术论文

边田钢：《汉语史视角下的〈淮南子〉校释新证——立足于西汉前期字形、词义和字词关系》，《浙江大学学报》（人文社会科学版）2021年第3期。

柴文华：《〈淮南于〉的伦理主题述略》，《江汉论坛》1988年第6期。

陈少明：《论乐：对儒道两家幸福观的反思》，《哲学研究》2008年第9期。

戴黍：《〈淮南子〉人性与治道思想论析》，《华南师范大学学报》（社会科学版）2005年第6期。

戴黍：《〈淮南子〉中的"无为"及其思想史意义》，《哲学研究》2006年第3期。

董平：《〈淮南子〉形而上学探研》，《杭州大学学报》1989年第3期。

高汉声：《〈淮南子〉论人性与教育》，《南京大学学报》（哲学·人文·社会科学）1988年第1期。

高旭、孟庆波：《日本学界的〈淮南子〉研究述略》，《国际汉学》2019年第3期。

何善蒙：《"道"、"因"、"权"、"义"与〈淮南子〉政治哲学的结构》，《江汉论坛》2017年第1期。

金春峰：《从〈淮南子〉看中国哲学思想及其特点》，《淮南师范学院学报》2008年第4期。

金容燮：《〈淮南子〉思想的基本逻辑》，《经济与社会发展》2005年第2期。

来永红：《论道家治国治身治心思想体系——以〈老子〉、〈管子〉、〈吕氏春秋〉和〈淮南子〉为中心》，《兰州大学学报》（社会科学版）2013

年第 3 期。

黎振德：《试论〈淮南子〉的本体论思想》，《江西师范大学学报》（哲学社会科学版）1985 年第 3 期。

李翔德、郑钦镛：《论〈淮南子〉的伦理美思想》，《晋阳学刊》2003 年第 4 期。

刘乐贤：《〈性自命出〉与〈淮南子·缪称〉论"情"》，《中国哲学史》2000 年第 4 期。

刘笑敢：《"无为"思想的发展——从〈老子〉到〈淮南子〉》，陈静译，《中华文化论坛》1996 年第 2 期。

陆荣：《思想尚"无为"，平生欲"有为"——刘安与〈淮南子〉》，《学术界》2005 年第 3 期。

吕锡琛、龙国智：《〈淮南子〉用人伦理思想探微》，《湘潭大学社会科学学报》2003 年第 5 期。

吕锡琛：《论〈淮南子〉的道德教育思想》，《道德与文明》2001 年第 1 期。

马婷婷：《汉代情论研究——兼论汉代情与礼、法的关系》，博士学位论文，华中师范大学，2011。

蒙培元：《"道"的境界——老子哲学的深层意蕴》，《中国社会科学》1996 年第 1 期。

孟庆波、高旭：《西方汉学中的〈淮南子〉翻译与研究——基于英文书籍的文献史考察》，《国际汉学》2018 年第 3 期。

漆子扬：《刘安与〈淮南子〉》，博士学位论文，西北师范大学，2005。

斯洪桥：《〈淮南子〉天人观研究》，博士学位论文，南京大学，2014。

斯洪桥：《论〈淮南子〉对早期道教的影响》，《宗教学研究》2019 年第 1 期。

孙迎智：《理性与神话——〈淮南子〉宇宙生成论研究》，《自然辩证法研究》2022 年第 1 期。

唐劭廉、吕锡琛：《〈淮南子〉道德认知图式省察》，《道德与文明》2002 年第 2 期。

唐劭廉、吕锡琛：《论〈淮南子〉生命观的深层意蕴》，《西南交通大学学报》（社会科学版）2004 年第 3 期。

王国良：《从清静无为到奋发进取——〈淮南子〉思想研究》，《安徽史学》2006 年第 6 期。

王辉：《〈管子〉伦理思想研究》，博士学位论文，东南大学，2010。

王丽：《刘文典〈淮南鸿烈集解〉研究》，硕士学位论文，南昌大学，2010。

王威威：《〈淮南子〉对〈庄子〉"齐物"观念的阐发——以〈齐俗训〉为中心》，《四川大学学报》（哲学社会科学版）2021 年第 5 期。

王文东：《〈淮南子〉对道家生态伦理观的积极阐释》，《阴山学刊》2014 年第 1 期。

王险峰、赵燕玲：《〈淮南子〉对老学的继承与发展》，《河北大学学报》（哲学社会科学版）2010 年第 3 期。

王雪：《〈淮南子〉哲学思想研究》，博士学位论文，西北大学，2005。

熊礼汇：《〈淮南子〉写作时间新考》，《武汉大学学报》（哲学社会科学版）1994 年第 5 期。

许建良：《魏晋玄学与〈吕氏春秋〉和〈淮南子〉》，《学海》2002 年第 2 期。

许建良：《道家"无用之用"的思想及其生态伦理价值》，《哲学研究》2007 年第 11 期。

许建良：《他人优位——道家道德的枢机》，《中州学刊》2008 年第 1 期。

许建良：《实用：法家道德的目标设计论》，《思想战线》2010 年第 5 期。

许建良：《道家万物的视野及世纪意义》，《云南大学学报》（社会科学版）2011 年第 1 期。

许抗生：《〈淮南子〉论"无为而治"》，《安徽大学学报》（哲学社会科学版）2008 年第 6 期。

于首奎：《试论〈淮南子〉的宇宙观》，《文史哲》1979 年第 5 期。

于树贵：《寻找权威的道德基础——汉初德政思想研究》，博士学位论文，中国社会科学院，2002。

袁春华：《〈淮南子〉认识论思想初探》，《复旦学报》（社会科学版）1985 年第 1 期。

袁信爱:《〈淮南子〉中的人学思想》,《哲学与文化》1996 年第 8 期。

曾春海:《〈淮南子〉人与环境关系说及其当代意义》,《辅仁学志·人文艺术之部》2005 年第 32 期。

张丽苹:《〈韩非子〉伦理思想研究》,博士学位论文,东南大学,2012。

张立文:《冲突与医治:〈淮南子〉化解危机的哲学》,《江海学刊》2010 年第 1 期。

张为民:《〈淮南子〉哲学与社会发展思想新论》,《东岳论丛》2001 年第 1 期。

张运华:《〈淮南子〉对道范畴的理论深化》,《西北大学学报》(哲学社会科学版) 1995 年第 4 期。

赵欣:《〈淮南子〉的宇宙论、生命论、艺术论研究》,博士学位论文,山东大学,2010。

周辅成:《论〈淮南子书〉的思想》,《安徽史学》1960 年第 2 期。

周来祥:《〈淮南子〉的哲学精神和美学思想》,《山东大学学报》(哲学社会科学版) 2008 年第 4 期。

图书在版编目（CIP）数据

《淮南子》的伦理思想/莫楠著. -- 北京：社会
科学文献出版社，2023.12
ISBN 978-7-5228-2647-9

Ⅰ.①淮… Ⅱ.①莫… Ⅲ.①《淮南子》-伦理学-
思想评论 Ⅳ.①B234.45②B82-092

中国国家版本馆 CIP 数据核字（2023）第 198144 号

《淮南子》的伦理思想

著　者 / 莫　楠

出 版 人 / 冀祥德
责任编辑 / 罗卫平
文稿编辑 / 孙少帅
责任印制 / 王京美

出　　版 / 社会科学文献出版社·人文分社（010）59367215
　　　　　地址：北京市北三环中路甲 29 号院华龙大厦　邮编：100029
　　　　　网址：www.ssap.com.cn
发　　行 / 社会科学文献出版社（010）59367028
印　　装 / 三河市尚艺印装有限公司

规　　格 / 开　本：787mm×1092mm　1/16
　　　　　印　张：18.25　字　数：300 千字
版　　次 / 2023 年 12 月第 1 版　2023 年 12 月第 1 次印刷
书　　号 / ISBN 978-7-5228-2647-9
定　　价 / 128.00 元

读者服务电话：4008918866